Ich widme mein Buch von ganzem Herzen
meinem Sohn Rudi, meiner Frau Katharina und
meiner gesamten Familie Stumbecker in Dankbarkeit
für die großartige Unterstützung während meiner
beruflichen Laufbahn als professioneller Elvis Tribute Artist
seit 25 Jahren.

Impressum:

Herausgegeben von:
Rudolf Stumbecker
Rusty Management International
Höf 88, 5582 St. Michael/Lg.

ISBN: 978-3-200-04318-3

In Worte gefasst von: Klaus Heitzmann

Lektorat: Eva Weiß

Photos: Rusty Management International

Gestaltung & Produktion: DGS GmbH., Wien, www.BuchDrucker.at

Bildnachweise:

shutterstock_77272621 (bearb. Arnd Thurner): Coverbild und S. 7 (Las Vegas-Emblem)
shutterstock_102574283: S. 164, Mitte links
Lungauer Heimatmuseum Tamsweg: S. 20, S. 21 oben links und unten links
Marktgemeinde St. Michael: S. 26 oben
Flachgauer Nachrichten: S. 42
Lungauer Nachrichten (Rupert Bogensperger): S. 43, S. 100 oben und rechts
Salzburger Nachrichten: S. 104, S. 129
www.siebinger.com: vorderer Nachsatz links, 22. Stern
Covergestaltung Mag. Öhner: S. 108
MS Astor: S. 115 links oben
MS Royal Star: S. 116 links und rechts unten
Kathi Wörndl: S. 125
Fotostudio Roland Holitzky: S. 61, S. 106, S. 136, S. 230 unten rechts
www.blitzlicht.at: S. 231 links
„Senat mit Herz": S. 231 rechts
Fotoquelle unbekannt: S. 114, S. 120; S. 151

16.10.15

 **- Mein Leben mit Elvis Presley**

Rudolf Stumbecker & Klaus Heitzmann

Erschienen im Eigenverlag
Rusty Management International

Also sprach Zarathustra / C. C. Rider – Intro

Tausende Blicke sind auf die dunkle Bühne gerichtet. Im Konzertsaal des Hilton International Hotels von Las Vegas spürt man so richtig die Spannung. Plötzlich beginnt eine Fanfare die Ouvertüre des Richard Strauss– Klassikers „Also sprach Zarathustra" zu spielen, Paukenschläge erhöhen das Knistern, begleitet von einem in Blau gehaltenen Lichterspektakel. Als Stanley Kubrick wenige Jahre zuvor mit diesem musikalischen Thema seinen Filmklassiker „2001:Odyssee im Weltraum" einleitete, machte er es nicht nur weltberühmt, sondern verlieh ihm eine überirdische, apokalyptische Note. Die letzten acht Schläge der Pauke versetzen das Publikum in einen brodelnden Hexenkessel, dann explodiert die ekstatische Stimmung mit dem Schlagzeugeinsatz von Ronnie Tutt, und während die Trompeten zum Bluesklassiker „C. C. Rider" ansetzen, betritt Elvis die Bühne …

Eine Rusty-Biographie zu meinem 25-jährigen Bühnenjubiläum! Diesen Traum habe ich seit einigen Jahren. An sich schreiben Menschen ihre Memoiren am Ende eines langen Weges oder nach Abschluss eines wichtigen Lebensabschnitts. Natürlich bin ich noch nicht am Ende meiner Karriere als „Rusty" angelangt, aber ich halte die Gelegenheit nach 25 Jahren Bühnenerfahrung für günstig, um Bilanz zu ziehen. Mein bisheriges Leben ist sicher nicht alltäglich verlaufen. Vor 38 Jahren erfasste mich ein Feuer für Elvis Presley, das heute noch unverändert in mir lodert und mein gesamtes Leben durchdringt. Vor 25 Jahren stand ich zum ersten Mal als „Rusty" auf der Bühne. Damals begann eine Karriere, von der ich nicht im Traum erwartet hätte, dass sie sich so erfolgreich entwickeln sollte.

Aber wer würde mit mir dieses Buch schreiben? 2010 traf ich bei einem Klassentreffen meinen alten Schulfreund Klaus Heitzmann, der schon einige Bücher zur Geschichte seines Heimatorts verfasst hatte. Als Kinder lebten wir im selben Wohnblockkomplex, wir saßen in derselben Sandkiste, gingen gemeinsam in den Kindergarten und in die Volksschule. Zu Beginn der 1980er Jahre trennten sich unsere Wege. Ich wurde Rusty, während er ein Studium begann, Lehrer für Geschichte und Latein wurde und heute Direktor des Gymnasiums in Tamsweg ist. In diesen 30 Jahren gab es nur kurze, gelegentliche Begegnungen – bis zu jenem Klassentreffen. Dort fragte ich ihn, ob er mit mir dieses Buchprojekt umsetzen wolle. Nach einer kurzen Bedenkzeit sagte er schließlich zu und schlug vor, eine Autobiographie unter meinem Namen zu schreiben. Wir trafen uns also in den folgenden fünf Jahren zu Gesprächsrunden, bei denen ich meine Geschichte erzählte. Er schrieb meine Erinnerungen auf, überarbeitete und ergänzte sie mit Recherchen, die sich neben unzähligen Internetbeiträgen vor allem auf die zweibändige Elvis-Biographie „Last Train to Memphis" und „Careless Love" von Peter Guralnick stützen. Das Ergebnis unserer gemeinsamen Arbeit, in zehn Kapitel gegossen, ist dieses Buch. Es erzählt eine für mich besondere Geschichte, es erzählt mein Leben mit Elvis Presley.

St. Michael, im Juni 2015

Devil In Disguise – Meine Herkunft und Kindheit

Wie du aussiehst, wie du gehst, wie du redest – in allem wirkst du wie ein Engel! Aber ich habe dich durchschaut. Du bist ein Teufel in Verkleidung. Deine Küsse sind Täuschung, du betrügst, du schmiedest Pläne. Weiß der Himmel, wie sehr du mich belogen hast!

1963 brachte Elvis die Single „Devil In Disguise" heraus. Der Reiz dieses Songs liegt in den zwei unterschiedlichen Geschwindigkeitsebenen, hier die getragen gesungene Engelsthematik, da der rasche Teufelsrhythmus. Mit „Devil In Disguise" kam Elvis auf Platz 3 in den amerikanischen Billboard Top 100 und auf Platz 9 in den Rhythm&Blues Single Charts, übrigens der letzte Top Ten-Platz für Elvis im Rhythm&Blues-Sektor. An sich hatte Elvis geplant, ein Studioalbum ohne Filmtracks herauszubringen. Die Songs dafür waren zwar vorhanden, doch zog es sein Manager „Colonel" Tom Parker vor, die Soundtracks zu den beiden Elvisfilmen dieses Jahres „It happened at the world's fair" und „Fun in Acapulco" zu vermarkten. Darin sah er ein bedeutend lukrativeres Geschäft. Deshalb blieb ein Hit wie „Devil In Disguise" als Bonusnummer auf einem Soundtrackalbum weit unter seinem Wert. Als Hintergrundchor war auch für diese Aufnahme in den RCA-Studios die Gruppe „The Jordanaires" engagiert. Seit dem Beginn seiner Karriere 1954 wünschte sich Elvis, gemeinsam mit den Jordanaires eine Platte zu bespielen. Diesen Wunsch erfüllte er sich 1956, als er den Plattenvertrag mit RCA-Records unterschrieb. Die Jordanaires bildeten den Hintergrundchor seiner Hits bis 1969, als Elvis sein Engagement in Las Vegas begann. Von dieser Zeit an bis 1977 war auch „Devil In Disguise" nie mehr im Repertoire des King. Daher singe ich diesen Hit auch nicht mit meiner Las Vegas Band, aber in meinen Halbplayback-Shows gehört es zum Standardprogramm. Der Gedanke an den Song weckt Erinnerungen an meine Kindheit ...

Ein Zeitungsausschnitt, der mein Leben veränderte

„Devil In Disguise" – Ich höre das Lied auf der Musikkassette meiner Mutter immer und immer wieder. Robert Aigner, der Ziehbruder meiner Mutter, hat die Kassette selbst aufgenommen und vorbeigebracht. Die amateurhaften Aufnahmen mit dem Kassettenrecorder erfordern ein wenig Geduld. Wenn im Radio ein cooles Lied gespielt wird, muss man bereits beim Gerät sitzen und sofort die „Play"- und die „Record"-Tasten gleichzeitig drücken. Aber heute höre ich die abrupten Übergänge zwischen den Liedern gar nicht. Ich brauche nur die „Play-" und die „Rewind"-Tasten, um dieses eine Lied anzuhören und dann wie-

der zurückzuspielen, bis das mechanische Zählwerk des Recorders wieder den Anfang von „Devil In Disguise" anzeigt. Schon länger fasziniert mich der Song, aber heute ist es anders. Heute hat meine Patentante Johanna „Hanni" Wahlhütter einen vierseitigen Bildbericht aus der Kronenzeitung ausgeschnitten und vorbeigebracht. Gebannt starre ich auf die beeindruckende Gestalt auf dem gerasterten Schwarzweißfoto mit den schwarzen Haaren, den dichten Koteletten, dem Glitteranzug und den dicken Ringen an ihrer Hand. „Wer ist der Mann?", frage ich Mutti. Sie kämpft mit den Tränen. „Das ist Elvis, Rudi. Ein ganz großer Musiker ist gestorben." – Gestern war der 16. August 1977, seit heute weiß ich, wem die schöne Stimme von „Devil In Disguise" gehört. Der Mann ist jetzt tot, und der vierseitige Zeitungsausschnitt wird mein Leben verändern.

Der Zeitungsausschnitt vom Tod des King bildete den Ausgangspunkt für mein erstes Elvis-Sammelalbum.

Was bringt ein Kind dazu, einen Menschen, der gerade verstorben ist, zu seinem absoluten Vorbild zu wählen und später das persönliche Aussehen und das gesamte berufliche Leben nach ihm auszurichten? Immer wenn ich an diesen August 1977 zurückdenke, stelle ich mir diese Frage und kann sie nach wie vor nicht beantworten.

Winnetou – die Begegnung mit einem Idol

Vor seinem Tod habe ich Elvis nicht einmal gekannt. Er lag nicht im bevorzugten Musikgeschmack meiner Eltern – zumindest für mich nicht fassbar; im Gegensatz zu Peter Kraus, Nana Mouskouri, Reinhard Mey oder Glenn Miller, und natürlich Volksmusik. Aber Musiker hatten für mich bis dahin ohnehin eine geringere Bedeutung. Der absolute Favorit war für mich als Kind im zarten Alter von vier Jahren Winnetou, der große Pierre Brice. Ich habe ihn selbstverständlich nicht als Franzosen wahrgenommen, sondern als deutsch sprechenden Apachen mit Fransenanzug und schwarzem, glänzendem Haar. Alte Klebebilder aus den 1960ern – leider ohne Album – mit Szenen aus den legendären Horst Wendtland-Filmen zählten zu meinen großen Kostbarkeiten. Aber zum Trendleader im Wohnblock stieg ich auf, als mir mein Vater Winnetou und Old Shatterhand als „Big Jim" – Figuren von Matel, damals der absoluten Nummer

Zu meiner Winnetou-Sammlung gehörten natürlich auch die legendären „Big Jim"-Figuren von Matel.

eins am Spielzeugsektor, zum Geburtstag schenkte, und dazu die edelsten aller edlen Pferde: Iltschi und Hatatitla – auch in Plastik. Von nun an konnte ich mit meinen Freunden die beiden großen Helden mit der Winnetou-Signation von Martin Böttcher auf den Lippen über Sandkästen und ausgetretene Rasenflächen reiten lassen, durch Zungenschnalzen ein Pferdegetrappel imitierend, vorbei an Wäschespinnen, Mülltonnen oder Fahrradhalterungen. Natürlich bin ich schon lange aus diesem Alter hinausgewachsen, aber es blieb immer mein Herzenswunsch, Pierre Brice kennen zu lernen.

Erst 2013 ergab sich die Möglichkeit zu einem Treffen. Julia Kent, die Schauspielerin aus München, fädelte diese Begegnung ein. Sie war mit Pierre Brice 1991 und 1992 in der zweiten und dritten Staffel der Fernsehserie „Ein Schloss am Wörthersee" gemeinsam vor der Kamera gestanden. Wie viele andere wichtige Begebenheiten in meinem Leben ging auch meine erste Begegnung mit Julia Kent auf die Initiative meines lieben Freundes Ludwig Auer zurück. Ludwig arbeitete als Betriebsrat bei der Vorarlberger Firma Zumtobel und setzte sich für eine Reihe von caritativen Projekten ein. Vor allem das Langzeitprojekt „Von uns für Euch", das seit 2001 kranken und bedürftigen Kindern hilft und das sein Bruder Robert Auer seit Ludwigs Tod weiterführt, beweist den uneigennützigen Charakter, mit dem mich Luggi immer beeindruckt hat.

Mein Freund Ludwig Auer war immer ein treuer Wegbegleiter.

Für mich hatte Ludwig Auer viele Konzerte organisiert. Unter anderem vermittelte er mir die Konzerte auf der Burg Finkenstein oder lud mich zu den Faschingssitzungen nach Villach ein. Ich kann deshalb wohl mit Fug und Recht behaupten, dass die Verleihung des Villacher Faschingsordens an mich im Jahr 2010 wohl sein Verdienst ist. Leider verstarb Ludwig 2012 viel zu früh an Krebs, und ich nahm entsprechend seinem letzten Willen bereitwillig, aber schweren Herzens die Aufgabe auf mich, bei seinem Begräbnis die Urne zu tragen. Ludwig war einer meiner besten Freunde und er fehlt mir sehr. Eines seiner vielen Verdienste, die ich ihm verdanke, ist mein Kontakt zu Julia Kent. So ging mein Konzertengagement in China 2013 auf ihre Vermittlung zurück. Während dieses Ostasienaufenthaltes, bei dem sie auch dabei war, hatten wir genug Zeit, um auch abseits der offiziellen Auftritte zu plaudern. „Welchen Wunsch hat ein Entertainer wie Rusty?", fragte sie mich eines Abends beiläufig. Ich antwortete, dass es mein großer Wunsch sei, einmal Pierre Brice kennen zu lernen. In diesem Moment bedachte ich nicht, dass sie den großen Winnetou recht gut kennen musste, und so kann es nicht verwundern, dass wir beide erstaunt waren; sie, weil ich einen derartigen Wunsch äußerte, und ich, weil sie antwortete: „Das ist ja kein Problem. Pierre ist ein sehr guter Freund von mir."

So kam es, dass ich am 18. August 2013 mit meiner Frau Kathy auf der Autobahn in Richtung München fuhr, um das Vorbild aus meiner Kindheit zu besuchen.

Pierres Frau Hella hat zwei Drillingsschwestern, und sie waren gerade dabei, Familienbesuche zu absolvieren. Unser Treffen sollte bei einer seiner beiden Schwägerinnen stattfinden. Ich war selten so aufgeregt wie an diesem Tag. Das lag nicht nur an der Bedeutung, die dieses Treffen für mich hatte, sondern auch an den Turbulenzen, die während der Reise auf uns warteten. Nachdem wir unseren Sohn Rudi zur Schwiegermutter gebracht hatten, machten wir uns um 10.00 Uhr auf den Weg, in dem Wissen, dass Pierre Brice spätestens um 17.00 Uhr München verlassen wollte, um mit seiner Frau zur nächsten Schwägerin weiterzufahren. Leider erwischten wir an diesem Sonntag ein Stauwochenende, das sich von St. Michael bis München durchzog. Julia Kent, die schon bei Pierre Brice war, rief mich immer wieder an und versuchte mich anzutreiben. „Der fährt jetzt dann weg!", sagte sie kurz vor 17.00 Uhr durchs Telefon. Ich wusste, dass das meine einzige Chance war, um ihn kennen zu lernen, und spekulierte bereits in meiner Nervosität, wie ich einen Helikopter zur Autobahn holen könnte. Julia war wirklich ein Schatz und hielt ihn hin, sodass Pierre Brice die Weiterfahrt auf den nächsten Tag verschob und noch da war, als wir um 19.15 Uhr völlig fertig eintrafen. Unsere Fahrt von St. Michael nach München hatte mehr als neun Stunden gedauert. Unter normalen Umständen wäre das eine zweieinhalbstündige Fahrt gewesen.

Es war ein wunderschöner lauer Sommerabend. Wir bekamen zur Akklimatisierung einen Aperitif auf der Terrasse, bevor wir zu einem großen Pavillon geleitet wurden, wo Pierre Brice auf uns wartete. Ich hatte meine Winnetou-Bücher mitgebracht, dazu ein paar Fotos aus meiner Kindergartenzeit mit Winnetou-Perücke und Indianerkostüm, das meine Mutter aus einem alten Bauernleinen genäht hatte. Als er die Bilder sah, machte er den Apachen-Gruß aus dem Film und meinte: „Mein Bruder!" Ich habe dann versucht, ihm klar zu machen, was für ein Riesenfan ich bin. Er wehrte sofort ab. „Ich bin nur ein einfacher Mensch", sagte

Ich als Winnetou und mein Bruder Wolfgang als Indianer im Kindergarten.

er in gebrochenem Deutsch. Tatsächlich saß vor mir ein 84-jähriger Schauspieler, der seine größten Erfolge in den 1960er Jahren gefeiert hatte und vor allem mit einer Rolle, der des Apachen-Häuptlings Winnetou, in Verbindung gebracht wurde. Und damit symbolisierte er in diesem Moment alles, was mich mit meiner Kindheit verband. Ich schaute ihn an, dann blickte ich zu den Büchern und Fotos, den Relikten aus den 70er und 80er Jahren, wie ich sie erlebt hatte, und dann gingen bei mir die Emotionen über. Die Tränen liefen über meine Wangen und ich konnte mich überhaupt nicht mehr fassen. Meine gesamte Kindheit stieg in den Gedankenfetzen hoch, die in meinem Kopf herumschwirrten, und plötzlich sah ich alles vor mir: mein Apachenkostüm, das Leben im Wohnblock in Tamsweg, meine Herkunft, ...

Julia Kent vermittelte das Treffen mit meinem großen Vorbild Pierre Brice (v.l.: Julia Kent, Pierre und Hella Brice und Rusty)

Zukunftsträchtige Investitionen

Damals, in den 1970ern, lebten wir in einem Wohnblock am Rande des Ortszentrums von Tamsweg, einer 5700-Seelengemeinde und Bezirkshauptort im Salzburger Lungau. Mein Vater arbeitete als Gendarm, wie man Polizisten damals in Österreich nannte. Dabei verdiente er wahrlich nicht die Welt. Es reichte gerade einmal, um seine Frau und seine beiden Söhne im Alter von fünf und sechs Jahren zu ernähren, die Miete für die kleine Wohnung zu bezahlen und ein wenig für die Schaffung eines Eigenheimes anzusparen.

Die Anschaffung kostenintensiver Kinderträume in Form von Spielsachen blieb daher die Ausnahme, weil sie mit großen Entbehrungen und kleineren Konflikten verbunden war oder mit dem hart ersparten Geld aus der abgebletzten Sumsi-Sparbüchse bezahlt werden musste.

Deshalb habe ich mir einen Traum am 19. Juni 1976 mit den Ersparnissen meines Sparbuchs selbst erfüllt. Das Datum weiß ich deshalb so genau, weil ich als leidenschaftlicher Sammler sogar die Rechnung aufbewahrt habe. 1990 Schilling habe ich für ein silbergraues Bonanzarad ausgelegt. In Österreich hat sich dafür der fetzigere Name „High Riser" durchgesetzt. Die Ausstattung dieses Fahrrades machte mich zu einem absoluten Alpha-Tier im Block: Bananensattel mit einer verchromten Sissy bar als dekorativer Rückenlehne, eine Dreigang-Torpedo Nabenschaltung mit Leerlauf – böse Zungen sagten „Pornoschaltung" dazu – und Trommelvorderbremse. Die aufgeklebte Holzmaserung verlieh dem Drahtesel ein wirklich edles Aussehen, der breite Cross-Hinterreifen und der schmale Sportreifen vorne machten ihn so richtig schnittig. Meine Mutter ist mit mir zur Bank das Geld abheben gegangen und danach zum Konsum, wo ich stolz die Scheine hinblätterte, um mit dem „High Riser" wieder von dannen zu ziehen. Mein Vater hat immer genau darauf geachtet, dass jeder Schilling, den wir bekommen haben, auf das Sparbuch gelegt wurde. Das war sicher der Grund, warum ich mit sechs Jahren so viel Geld auslegen konnte. Ich nehme an, er wollte, dass wir etwas auf der hohen Kante haben, wenn es im Leben einmal eng hergehen sollte. Er hatte selbst in seiner Jugend genug Entbehrungen durchmachen müssen und wusste daher, wovon er sprach. Umso größer war der Schock für ihn, als er erfuhr, wofür ich nahezu meine gesamten Ersparnisse geplündert hatte. Ich habe meinen „High Riser" noch immer und vor kurzem ließ ich ihn von meinem Freund Arnold Sampl renovieren.

Die nächste Investition und Ursache von dicker Luft im Hause Stumbecker kam in Person des Donauland-Vertreters Maximilian Antretter, eines pensionierten Herren, der sein Waffenrad mit der Aktentasche auf der Balance neben sich herschob und seine Abo-Kunden in Tamsweg betreute. Ich weiß

Mit dem „High Riser" mutierte ich zum absoluten Alpha-Tier in der Dechantsiedlung.

nicht mehr, wie lange ich vor dem Bestellkatalog saß und das Ziel meiner Begierde schmachtend angeschaut habe:

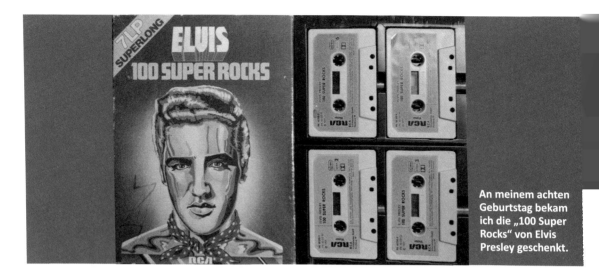

An meinem achten Geburtstag bekam ich die „100 Super Rocks" von Elvis Presley geschenkt.

„100 Super-Rocks" von Elvis Presley und dazu gratis eine „Elvis Golden Records"-Kassette. Diese Sammlung bestand aus vier Kassetten, während es bei der Plattenedition 7 LPs waren. (Auf der zweiten Kassette befand sich auch „Devil In Disguise".) Diese Box, die für mich so einschneidend war, kostete damals knapp 800 Schilling, und meine Mutter hat sie einfach bestellt. Da kann man sich vorstellen, was sich am schönsten Geburtstag meines Lebens zuhause abgespielt hat. Letztendlich durften meine Eltern die Kosten in mehreren Raten abstottern. Ich besitze die „100 Super-Rocks" auch heute noch, und vor ein paar Jahren habe ich die LP-Ausgabe dazu ersteigert.

Seit dem schicksalsträchtigen 16. August 1977 gab es für mich nur noch Elvis. Bis heute. Über kurz oder lang musste da eine Gitarre an die erste Stelle meines Weihnachtswunschzettels rücken. Immerhin hatte sich auch Elvis immer eine Gitarre umgehängt. Ich war wahnsinnig beeindruckt, wenn ich ihn auf Fotos der 1970er Jahre mit Glitteranzug und Gitarre sah. Vielleicht hätte ich das Instrument nie gelernt, wenn ich gewusst hätte, dass Elvis gar nicht so gut Gitarre spielen konnte. Aber das war für mich damals belanglos. Ich brauchte die Gitarre und bombardierte meine Eltern mit meinem Gejammer. „Unmöglich", meinte mein Vater, „viel zu teuer!" Es war dann meine Mutter, die ihn überredete. Also bekam ich am 24. Dezember 1978 eine orange-rötliche Mars-Gitarre. Ich sehe noch heute vor mir, wie ich sie aus dem grünen Nylonsack ausgepackt habe, und spüre noch heute ihren Geruch in meiner Nase. Damals hätte ich mir niemals träumen lassen, dass ich einmal zwei Original-Gitarren des King besitzen würde. Ich saß einfach nur vor dem Christbaum und hielt die

Meine erste „Mars Gitarre" vom Musikgeschäft Neubacher in Tamsweg ermöglichte mir den Eintritt in die Welt der Musik.

neue Gitarre in der Hand – *meine* Gitarre. Sofort begann ich zu spielen. Ich hängte mir wie Elvis die Gitarre um und schlug die Saiten an. Und da hatte ich mein erstes Schockerlebnis: Es klang überhaupt nicht wie „Devil In Disguise", sondern seltsamerweise monoton, unharmonisch und immer gleich schlecht. „Du musst schon die Griffe lernen", meinte mein Vater und riss mich aus meiner frustrierten Versenkung. „Das geht nicht von selbst! Du weißt schon, dass du Musikunterricht brauchst?!" Und diesen Unterricht erteilte mir der Tamsweger Instrumentenbauer und Musiklehrer Hans Neubacher. Nachdem ich zunächst mit meinen acht Jahren nicht bedacht hatte, dass sich eine Gitarre nicht von selbst spielt, bekam ich in den folgenden Monaten mein nächstes Frusterlebnis in Form von Stahlsaiten auf meinen Fingern täglich zu spüren. Musikunterricht kostet nicht nur Geld, sondern auch Tränen. Gerade in der Anfangszeit wollte ich oft aufgeben, aber da war mein Vater – Gott sei Dank – gnadenlos. „Ich habe dir die Gitarre gekauft und dabei viel Geld ausgegeben, also wirst du auch Gitarre spielen lernen."

Wer konnte denn damals ahnen, dass die meisten dieser Ausgaben letztendlich wichtige Investitionen in meine berufliche Zukunft darstellten? Meine Mutter vielleicht noch mehr als ich selbst. Jedenfalls kam der nächste Schock für meinen Vater 1979. Kaum hatte sich mein Sparbuch wieder erholt, da musste ich einfach die nächste größere Ausgabe tätigen, ich konnte gar nicht anders. Wie sollte ich denn all meine Kassetten und mittlerweile auch LPs ohne Stereoanlage abspielen? Ein Plattenspieler der Marke Hornyphone mit integriertem Kassettentape und Radio mit zwei Boxen kostete damals 2990 Schilling. Danach war ich komplett pleite – kein einziger Schilling war mehr am Sparbuch. Dass es zur Stereoanlage noch die LP „Double Dynamite" von Elvis gra-

Mein erster Hornyphone-Plattenspieler von 1979 funktioniert heute noch.

tis dazugab, tröstete meinen Vater weniger. Auch in dieser Situation konnte ich mich auf die Rückendeckung meiner Mutter verlassen; ich glaube, ohne Mutti hätte ich nie Rusty werden können. Seit ich die Stereoanlage hatte, ließ ich mir zu Weihnachten oder zum Geburtstag nur noch Elvis-Platten schenken. Die Stereoanlage gibt es heute noch. Mein ehemaliger Tontechniker Michael Steinacher hat sie renoviert und die gerissenen Membranen der Boxen erneuert. Ich will aber nicht übertreiben, mein Vater freundete sich natürlich bald mit meinen musikalischen Ambitionen an, immerhin hat die Musik in der Familie Stumbecker eine lange Tradition ...

Stumbeckers in Tamsweg. Die Herkunft meines Vaters

Mein Vater Rudolf Stumbecker stammt aus Tamsweg. Auch sein Vater hieß Rudolf Stumbecker. Mein Opa ist Anfang der 1920er Jahre von Wien nach Tamsweg gezogen und arbeitete bei der Bezirkshauptmannschaft. Ich weiß nicht viel über ihn. Die wenigen Fotos, die es von ihm aus den 1920er Jahren bis in die 1950er Jahre gibt, zeigen ihn hauptsächlich beim Musizieren. Dann gibt es noch wenige Bilder, auf denen er in Uniform des Nationalsozialistischen Kraftfahrer-Korps zu sehen ist. Mein Großvater gründete Mitte der 1920er Jahre in Tamsweg ein Salonorchester, das die verschiedensten Veranstaltungen in Tamsweg musikalisch begleitete und von der regionalen Presse hoch gelobt wurde. In den 1930er Jahren leitete er auch ein Vereinsorchester der Lungauer Liedertafel, jenem Tamsweger Chor, dem rund 40 Jahre später auch mein Vater Rudolf Stumbecker angehören sollte. Vor kurzem bekam ich eine Ausgabe der Lungauer Wochenzeitung „Tauern-Post" vom 26. Jänner 1935 in die Hände. Darin wurde ein Ski-Kränzchen in Tamsweg angekündigt: *„Es spielt* das bestbekannte Streichorchester der Lungauer Liedertafel unter der Leitung seines Kapellmeisters Rudolf Stumbecker. Somit ist für eine gediegene Tanz-musik gesorgt." Einen knappen Monat zuvor, am 8. Jänner 1935, war auf der anderen Seite der Welt in Tupelo, Mississippi, Elvis Aaron Presley geboren worden.

„Tauern-Post." 8. März 1924 — Nr. 10.

legte. In Herrn Stumbecker besitzen wir einen Dirigenten und Primgeiger, der seine kleine Schar von Erfolg zu Erfolg führte. Auch die Flügelhornsoli des Herrn Brauner wurden sehr beifällig aufgenommen. Herr Franz N a r o b e, Beamter der hiesigen Bezirkshauptmannschaft, überraschte durch Lieder- und Arienvorträge, die eine ungewöhnliche stimmliche und musikalische Begabung und vollendete Vortragskunst verrieten. Hoffentlich werden wir diesen Sänger, der ohne Uebertreibung als Künstler bezeichnet werden darf, noch öfter zu hören bekommen. Das von den Herren N a r o b e, S t u m b e c k e r und N e u f e l d zu Gehör gebrachte Singspiel „Eine fidele Gerichtssitzung" wurde sehr flott und lustig und mit großer Sicherheit gespielt. In Herrn Bezirksförster Anton W e h r b e r g e r besitzen wir einen mundartlichen Vortragskünstler, dem wir nicht das letzte Mal begegnet zu sein hoffen. Es muß schließlich noch der Mitwirkung unseres Herrn Oberlehrers Hans R o g g l e r gedacht werden, der den Klavierpart tadellos bestritt. Das sehr zahlreiche Publikum kargte nicht mit dem wirklich wohlverdienten Beifall. Alle Mitwirkenden, voran Herr S t u m b e c k e r, mögen überzeugt sein, daß ihr ehrliches Streben beim hiesigen Publikum verständnisvoll gewürdigt wird. Diesem Vortragsabend mögen noch viele ebenso gelungene nachfolgen.

In der „Tauern-Post" vom 8. März 1924 wurden die „ungewöhnliche stimmliche und musikalische Begabung und vollendete Vortragskunst" meines Großvaters gelobt.

Auch nach dem Krieg blieb mein Großvater musikalisch tätig. So viel weiß ich noch aus dem Geschichtsunterricht, dass das ehemalige nationalsozialistische Deutsche Reich in Besatzungszonen aufgeteilt war, sowohl Deutschland als auch das wiedergegründete Österreich. Sogar in Tamsweg waren zwei Jahre lang amerikanische Besatzungssoldaten einquartiert. Das Clublokal der GIs befand sich in der Turnhalle. Mein Großvater hatte es geschafft, trotz seiner nationalsozialistischen Vergangenheit Musiker bei den amerikanischen Soldaten zu werden, angeblich weil er einen über dem Lungau abgeschossenen amerikanischen Flugzeugpiloten verköstigt hatte, bevor er ihn in den Arrest brachte. Clubbetrieb bei den Amerikanern war dienstags und donnerstags, am Samstag gab es öffentlichen Tanz – da „fraternisierten" sich die Amerikaner mit den „Frauleins" und der einheimischen Bevölkerung. Das alles hat mir vor kurzem ein Schulfreund erzählt, der mit mir als Kind im Wohnblock gewohnt und später die Tamsweger Geschichte erforscht hat. Mein Großvater beschäftigte sich also intensiv mit amerikanischer Musik und später erlebte er noch den kometenhaften Aufstieg des King. Ich weiß aber nicht, ob und wie er diese neue Form der Musik des „Hillbilly", „Rockabilly" und letztendlich des „Rock 'n´ Roll" beurteilt hat. Als mein Großvater 1959 starb, war Elvis Presley als GI in Deutschland stationiert und zierte die Titelseiten der damals erst seit drei Jahren erscheinenden Bravo-Hefte.

Seit den frühen 1920er Jahren leitete mein Großvater Rudolf Stumbecker (sitzend, 2. von rechts) ein Salonorchester in Tamsweg.

Mein Großvater Rudolf Stumbecker mit Hans Wieland und Siegfried Lüftenegger beim Musizieren im Tamsweger Café Waldmann in den 1950er Jahren.

Familie Rudolf und Emmi Stumbecker mit Sohn Rudolf und Tochter Margot zu jener Zeit, als in Memphis Tennessee der kometenhafte Aufstieg von Elvis Presley begann.

Weil meine Großmutter Emmi bereits 1955 mit 31 Jahren verstorben war, stand mein 15-jähriger Vater 1959 plötzlich alleine da, auch wenn er Halbgeschwister aus der ersten Ehe meines Großvaters und seine leibliche Schwester Margot hatte. Im ersten Lehrjahr und plötzlich ohne elterliche Unterstützung begannen für ihn harte Jahre, die tiefe Wunden in ihm hinterließen. Das Einzige, was ihn in Tamsweg hielt, waren seine Fußballfreunde. Doch schließlich brach er nach der Lehrzeit seine Zelte in Tamsweg ab und zog für einige Jahre nach Bad Hofgastein und Saalfelden, wo er bedeutend bessere Lebensumstände vorfand. Nach seiner Rückkehr nach Tamsweg lernte er meine Mutter kennen und wechselte den Beruf. Er ging zur Gendarmerieschule in Werfen und fand als Gendarm in Tamsweg eine Arbeit. Damals befand sich eine Autobahnverbindung von Salzburg durch die Niederen Tauern und damit durch den Lungau in den Süden im Bau. 1974 wurde die Tauernautobahn mit der Scheitelstrecke von Rennweg in Kärnten bis St. Michael im Lungau mit dem Katschbergtunnel eröffnet.

In der Dechantsiedlung in Tamsweg verbrachte ich meine Kindheit.

Da ließ sich mein Vater nach St. Michael, wo ein provisorisches Büro der Autobahnpolizei eingerichtet wurde, versetzen. 1975 folgte die Eröffnung des Tauerntunnels, sodass nun eine durchgehende Autobahnstrecke durch den gesamten Lungau bis Eben im Pongau zur Verfügung stand. In Oberweißburg bei St. Michael wurde ein Posten der Autobahnpolizei eingerichtet, wo Vater fortan seinen Dienst bis zu seiner Pensionierung im Jahr 1998 versah.

Schon 1970 war mein Vater bei der Lungauer Liedertafel Tamsweg. Er ist bis heute dabei und auch sonst trotz unseres Umzugs 1981 nach St. Michael im Tamsweger Vereinswesen verwurzelt geblieben. Sportlich vollzog er allerdings den Wechsel in seinen neuen Heimatort. Er trainierte die Fußballmannschaften der Knaben, Schüler und der Jugend von St. Michael, und alle drei Mannschaften stiegen unter seiner Leitung von der Oberliga – Süd in die Sparkassenliga auf. Das war die höchste Liga, die in dieser Altersklasse zu erreichen war. Man kann sagen, er war ein Erfolgstrainer.

Natürlich brachte mein Vater auch meinen Bruder Wolfgang und mich zum runden Leder. Wir lebten noch in Tamsweg, als Wolfgang und ich im Verein in der „Knabenliga" zu spielen begannen, ich als Stürmer links außen. Während uns in Tamsweg Herbert Krabath trainierte, standen wir in St. Michael – mittlerweile in der „Schülerliga" – unter dem Regiment meines Vaters.

Während unserer Schulzeit wurden ich (2. Reihe, 2. von rechts) und mein Bruder Wolfgang (1. Reihe, im Tormanndress) im Jugendkader des Fußballclubs USK St. Michael im Lungau von meinem Vater trainiert.

Auch in meinem neuen Verein blieb ich linker Außenstürmer und avancierte zwei Jahre lang zum Torschützenkönig, vor allem deshalb, weil ich jeden Freistoß verwandelte. Spitze Zungen verglichen mich mit Antonin Panenka, dem damals absoluten Freistoßkaiser von Rapid Wien. Bis zum Beginn meiner Lehrzeit blieb ich dem Fußball treu, dann musste ich damit aufhören, weil der Sport meinem Lehrherrn zu riskant erschien. Mit meinem Wunsch, Sänger zu werden, sank auch mein Interesse für den Fußball. Meinem Bruder Wolfgang ist es hingegen geblieben. Er spielte selbst aktiv und wechselte dann ins Trainergeschäft, während heute bereits seine Söhne Dominik und Mark begehrte Fußballer in den Kampfmannschaften des Oberlungaus sind.

Beim Grandl in Höf. Die Herkunft meiner Mutter

Meine Mutter lernte mein Vater in Tamsweg kennen, weil sie dort beim Bäcker Josef Hochleitner im Verkauf arbeitete. Sie stammt aber vom Grandlbauern in

Höf bei St. Michael ab. Beim „Grandl" hat sich für die Kinder der Umgebung alles abgespielt. Das Grandlgut in Höf war vergleichsweise eine kleine Landwirtschaft. Trotzdem kamen hierher die Kinder der Nachbarschaft zusammen und bekamen Butterbrote mit Marmelade. Die Grandl-Mama, wie wir zu meiner Großmutter immer sagten, ist für mich eine der wichtigsten Bezugspersonen in meinem Leben. 1919 wurde sie in Eisentratten in Kärnten geboren, ihre Mutter starb bei der Geburt. Also trug sie ihr Vater über den Katschberg in den Lungau zum Wastlerbauern in Zederhaus und gab sie dort ab. In der irrigen Meinung, es wäre ein Bub – denn statt ihrem tatsächlichen Namen Berta verstand man „Peata" (für Peter) – wurde sie als Pflegekind aufgenommen. Meine Großmutter heiratete Peter Sack vulgo Grandl in Höf bei St. Michael, dem sie die drei Kinder, Erwin, Helmut und Trude zur Welt brachte, bevor er in den Krieg eingezogen wurde. Aus diesem kehrte er nie zurück und galt als vermisst. Dann lernte Oma ihren zweiten Mann kennen, meinen Großvater Johann Laßhofer.

Mein Großvater Johann Laßhofer, genannt „Date", und ich vor dem Aignergut in der Höf bei St. Michael/Lg.

Er stammte vom Krenbauern in Ramingstein. Weil er aber bereits das sechste Kind in der Familie war, wuchs er bei seiner Großmutter in Kendlbruck bei Ramingstein auf. Mit 17 Jahren zog auch er in den Krieg, wurde verwundet und begann nach seiner Heimkehr als Briefträger in St. Michael zu arbeiten. Meine Großeltern hatten ein ähnliches Schicksal hinter sich: Beide waren Zwillinge, beide kamen aus ärmlichen Verhältnissen, beide wurden als Pflegekinder außerhalb ihrer Familien aufgezogen. 1950 heirateten sie, da war meine Mutter bereits ein halbes Jahr alt. Nach meiner Mutter bekam die Grandl-Mama noch zwei weitere Kinder: 1951 die zweite Tochter Johanna und 1956 ihren Sohn

Heinrich. Während ihrer Schwangerschaft mit ihm nahm sie auch noch Robert Aigner bis zu seinem 3. Lebensjahr als Ziehkind auf. Meine Grandl-Mama ist für mich immer ein ganz besonderer Mensch gewesen. Ich habe von ihr nie ein böses Wort über einen anderen Menschen gehört. Ihr einziger Kommentar bei Problemen war ganz einfach: „Es wird schon alles gut."

Als meine Eltern heirateten, bezogen sie eine kleine Wohnung in der Dechantsiedlung in Tamsweg. Hier lebten sie auch, als ich am 16. Oktober 1969 mit Hilfe der Hebamme Maria Kössler in der Entbindungsstation St. Michael zur Welt kam. Ich war gerade einmal drei Monate alt, als meine Mutter wieder arbeiten ging. Beide Eltern mussten verdienen, um die Wohnung erhalten zu können. In den folgenden acht Monaten lebte ich bis zur Geburt meines Bruders Wolfgang bei meiner Grandl-Mama. Das ist wohl auch der Grund, warum sie mir noch heute so nahe steht.

1950 heirateten meine Großeltern Berta (geb. Müller) und Johann Laßhofer.

Meine Mutter Berta (rechts) mit ihrer Schwester Hanni.

Da sich an den Quadratmetern nichts änderte, wurde unsere Wohnung in der Dechantsiedlung in Tamsweg immer beengter. 1976 kam meine Schwester Ulrike zur Welt und 1978 mein Bruder Helmut. Wie hatte sich doch alles verändert! Meine Eltern hatten zu zweit eine Wohnung gemietet, neun Jahre später lebten wir dort zu sechst. Nun wurde es aber endgültig Zeit, den Wohnraum zu vergrößern. Bereits 1978 begannen meine Eltern in Höf bei St. Michael, neben dem Grandlhof, Haus zu bauen. Im August 1981 zogen wir endlich in das neue Haus ein. Mein kleiner Bruder Helmut war damals kaum drei Jahre alt. Bei seiner ersten Besichtigung drückte der kleine Knirps schon seine Zustimmung zu dem großen Haus aus, aber dann meinte er, dass er jetzt doch wieder nach Hause fahren wolle – in die enge Wohnung in Tamsweg. Für mich bedeutete der Umzug damals nicht nur einen größeren Wohnraum mit eigenem Zimmer, sondern auch eine größere Nähe zu meiner Oma, zu der ich auch in den folgenden Jahren eine enge Beziehung hatte.

In der Geburtenstation von St. Michael im Lungau kam ich am 16. Oktober 1969 um 04.45 Uhr zur Welt. Exakt um die gleiche Uhrzeit wurde am 8. Jänner 1935 Elvis Presley geboren.

Am 24. Juni 2014 besuchte ich meine Hebamme Maria Kößler, im September war sie zu Gast bei meinem Konzert im Salzburger Republic.

Elvis hatte bis zu seinem Tod eine besondere Bindung zu seiner Großmutter Minnie Mae Presley. Sie stand schon bei seiner Geburt Elvis' Mutter Gladys zur Seite und versuchte nach deren Tod 1958 ihre Rolle, so gut es ging, zu übernehmen. Sie begleitete ihn – damals 68-jährig – nach Deutschland, wo er seinen Militärdienst versah, und blieb Zeit seines Lebens eine wichtige Stütze des King in Graceland. Auch in dieser Beziehung finde ich bei mir viele Parallelen zu Elvis. Und ich wollte meiner Grandl-Mama zumindest ein wenig zurückgeben von dem, was ich ihr verdanke. Als ich im Mai 1997 im Auftrag meines Sponsors ABV (Allgemeine Bausparkassen Volksbanken) für eine Woche in die Südtürkei

Eine glückliche Familie 1969: Rudolf und Berta Stumbecker mit ihrem neugeborenen Sohn Rudi und dem Familienauto, einem Fiat 1100R, Baujahr 1959.

Häuselbauer der zweiten Generation: mit meinen Geschwistern Helmut, Wolfgang und Ulli vor unserem neuen Zuhause in Höf 61, St. Michael im Lungau.

Eine stolze Familie: 1970 bekam ich meinen Bruder Wolfgang.

So begannen für mich die 1970er Jahre: In Muttis Armen!

Von Anfang an war meine Grandl-Oma (im Bild mit meinem Großvater Johann Laßhofer und meiner Mutti) eine wichtige Bezugsperson für mich.

Ich hatte die gleiche Latzhose wie Elvis Presley auf der LP „Elvis Country", nur der Hut fehlte!

Rudis kleine „Memphis Mafia": 1970 beim Grandl in der Höf im Garten.

fliegen musste, um ein Engagement in einer Clubanlage zu erfüllen, lud ich meine Mutter und meine Grandl-Mama ein, mich zu begleiten. Für mich war diese gemeinsame Reise ein sehr beeindruckendes Erlebnis, denn meine Oma hatte in ihrem Leben nicht oft die Gelegenheit, Urlaub zu machen. Am 22. Juli 2002 ist meine geliebte Grandl-Mama nach einem arbeitsreichen Leben in Bescheidenheit und zeitweise auch Armut gestorben. „Rudi", sagte sie zu mir leise am Totenbett, während sie mit ihren alten, faltigen Händen, die sich nach jahrzehntelanger Arbeit anfühlten, meine Hand nahm, „und wenn es dir auch schlecht geht, hör nie zu singen auf! Gott hat dir ein Talent mitgegeben, das du nicht vernachlässigen darfst." Wenn ich „Santa Lucia" singe, muss ich immer an sie denken. Das war ihr Lieblingslied von Elvis, und für mich blieb meine Grandl-Mama bis heute eine wichtige Basis, die weit in meine Kindheit zurückreicht.

1997 begleitete mich meine „Grandl-Mama" Berta Laßhofer auf eine Konzertreise in die Türkei.

Am liebsten hatte es meine Oma, wenn ich „Santa Lucia" für sie sang.

... Ich weiß nicht, wie lange ich in meinen Kindheitserinnerungen hängen geblieben bin, Sekunden, Minuten oder länger? Ich war noch immer in dem Pavillon bei München, Julia Kent sprach beruhigend auf mich ein, meine Frau Kathy schaute mich mit glasigen Augen an und Pierre Brice saß mir gegenüber und strahlte genau dieses friedliche Charisma aus wie in den Winnetou-Filmen.

Pierre Brice

„Für Rusty mon
amì, Pierre
Brice." – Für mich
bleibt er
unvergesslich!

Habe ich ihn durch die verzerrende Brille der Bewunderung betrachtet? Für mich lebte Pierre Brice privat genau das, was er in seinen Filmen verkörperte: Frieden, Harmonie und eine Portion Schüchternheit. Geduldig hörte er sich meine Kindheitsgeschichten an, später erzählte er mir seine Erinnerungen an die Dreharbeiten und an seinen Freund Lex Barker, der mit ihm nicht nur als Old Shatterhand am Set zusammenarbeitete, sondern der auch darüber hinaus ein besonderer Freund von ihm wurde. Pierre Brice musste mit seinen Kräften haushalten, deshalb war unser Treffen eigentlich von 19.15 bis 20.30 Uhr geplant. Schließlich war es 01.30 Uhr in der Nacht geworden, als wir einen der schönsten Abende meines Lebens beendeten. Er schlug mir vor, mit ihm in den

Grand Canyon zu den Apachen zu fliegen, wohin er von einem der dortigen Häuptlinge eine Einladung erhalten hatte. Auf jeden Fall wollten wir uns wieder treffen, das vereinbarten wir am Schluss dieses Abends. Mit 25 Autogrammkarten, einer Biographie von Pierre Brice und vielen bewegenden Eindrücken machten wir uns auf den Heimweg. Er hat die Biographie noch signiert: „Für Rusty mon ami!" (Für meinen Freund Rusty!) Ich glaube, er hat es ernst gemeint. Allerdings sollte dieser Besuch unsere einzige Begegnung bleiben. Pierre Brice, der große Winnetou, schloss 2015 im Alter von 86 Jahren endgültig seine Augen.

Ein Traum geht in Erfüllung: Ich treffe Pierre Brice.

Polk Salad Annie – Aus Rudi Stumbecker wird „Rusty"

Polk Salad Annie – Aus Rudi Stumbecker wird „Rusty"

Wer kennt in unseren Breiten schon Kermesbeeren – „pokeweed"? In Mitteleuropa wachsen sie kaum, im Süden der Vereinigten Staaten dafür umso mehr. Das Zeug ist hochgiftig, nur die Blätter werden nach dreimaligem Kochen genießbar und schmecken ein wenig wie Spinat. In den Südstaaten nennt man die Pflanze „polk salad" und sie hielt Einzug in die Küche der armen Leute. Auch Annie, ein Mädchen aus Louisiana, muss sich und ihre Familie von den Blättern dieser Staude ernähren. Ihre Großmutter wurde ein Opfer der Alligatoren („Gators got your granny"), ihre Mutter arbeitet in einer „chain gang", einer Sträflingskolonne, - welche Schande! – ihr Vater sitzt nichtsnutzig zuhause herum und redet sich auf seine Rückenschmerzen hinaus. Ihre Brüder können nichts anderes als Wassermelonen von meinem Truck klauen. Also muss Annie abends hinaus auf die Felder, um „polk salad" zu sammeln und damit eine Mahlzeit zuzubereiten. Mehr haben sie nicht zu essen. Schmeiß ʼrüber ein wenig polk salad, Annie. Du weißt ja, was ein gutes Essen ausmacht!

Tony Joe White stammt aus dem Süden, aus Louisiana. 1969 schrieb und performte er den funkigen Song „Polk Salad Annie", der die einfachen Verhältnisse in den alligatorenverseuchten Sumpfgebieten am Mississippi widerspiegelt, in denen er selbst aufgewachsen ist. Und „sumpfig" klingt auch der Sound, der hier in Louisiana entstanden ist. „Swamp Rock" (Sumpf Rock) verbindet die traditionelle Cajun Music der französischen Einwanderer in Louisiana mit Country, Blues und Folk Music.

Elvis erinnerte sich wohl an seine eigene ärmliche Jugend in Tupelo, Mississippi, nur 300 km nördlich von Louisiana, als er Tony Joe Whites Song hörte, der es sogar auf Platz acht in den „Billboard Hot 100", den bedeutendsten Hitcharts in den Staaten, brachte. Er coverte die Nummer und nahm sie im Frühjahr 1970 in das überarbeitete Standardrepertoire seiner Las Vegas Show auf. Zunehmend begann er, in die Bewegungsabläufe zu diesem Lied Karate-Demonstrationen einzubauen und entwickelte die für ihn so typische Form der Performance dieser Jahre.

Natürlich singe auch ich „Polk Salad Annie" in meiner Las Vegas Show. Der Song versetzt mich zurück zu meinen Wurzeln, in meine Jugendzeit, die den Beginn meiner Karriere markiert. Und das halte ich für die wichtigste Phase in meinem Leben.

1981 waren wir also in das neue Haus in St. Michael eingezogen. Mit dem Wechsel unseres Lebensmittelpunktes ging natürlich auch ein Schulwechsel einher. Ein halbes Jahr war ich ins Gymnasium in Tamsweg gegangen und im 2. Semester in die Hauptschule umgestiegen. Nun besuchte ich die Musikhauptschule in St. Michael. Der musische Zweig war im Jahr zuvor eröffnet worden. Ich stieg damals in die zweite Klasse des ersten Jahrgangs ein. Damit war auch schulisch meine musikalische Ausbildung gesichert. Besonders gern erinnere ich mich an meinen Gitarrenlehrer Gottfried Tippler, der es mir nachsah, dass ich mich nach Gehör zu den Liedern begleitete, ohne auch nur eine Note lesen zu können.

Übrigens besuchten auch alle meine Geschwister die Musikhauptschule in St. Michael. Wolfgang und Ulrike lernten Klavier, Helmut und Hansi spielten so wie ich Gitarre. Das war die Basis für unsere Hausmusik, die besonders im Advent die Familie Stumbecker zusammenführte. Das Klavier, ein altes Piano, hatten wir geliehen bekommen. Vater sang den Bass, ich die Hauptstimme, Heli den Tenor, Ulli den Sopran und die anderen haben verstärkt. Mittlerweile sind die Enkel dazugekommen, unsere Musikgemeinschaft wurde immer größer. Noch heute genieße ich es, mit den Familienmitgliedern gemeinsam zu musizieren.

Doch zurück zu meiner Hauptschulzeit: Ich weiß nicht, was sich meine Schulkollegen über mein äußeres Erscheinungsbild dachten. Schon als Kind hatte mich das Aussehen von Elvis fasziniert, die schwarzen Haare, die Koteletten, der glitzernde Anzug und vor allem sein Schmuck. Davon bin ich eigentlich nie losgekommen, auch wenn seine Musik bei mir im Lauf der Zeit einen immer höheren Stellenwert bekommen hat. Elvis selbst begann im Lauf seiner High School–Zeit sein Aussehen zu verändern. Er ließ sich die Haare wachsen und hielt sie mit Rose Oil Tonikum und Vaseline zusammen,

Der Schüler Rudi Stumbecker in der 2. Klasse der Musikhauptschule St. Michael/Lg. Mein Klassenvorstand war Othmar Scharfetter.

zudem fiel er durch seine Koteletten auf, mit denen er das Aussehen der Fernfahrer kopierte. Auch seine Kleidung war alles andere als dezent, während er gleichzeitig als schüchterner Mensch galt.

Während der Hauptschulzeit begann ich mich auch im Aussehen meinem Vorbild anzunähern. Natürlich musste ich ein Armband tragen, und weil ich kein Geld hatte, um mich mit teuren Klunkern einzudecken, musste ich mit Improvisation mein Ziel erreichen. Also nahm ich von einem Waschbecken die Metallkette des Abflussstoppels und ließ sie zu einem Armband zusammenschweißen. Das entsprach zwar in keiner Weise einem Schmuckstück des King of Rock 'n' Roll, aber für Aufsehen am Schulhof sorgte es allemal. Dann musste ich mich um ein passendes Objekt umsehen, das zu einem schmucken

Fingerring verarbeitet werden konnte. Als ich zuhause so tüftelte und gedankenversunken Löcher in die Luft starrte, fiel mein Blick auf die metallenen und hölzernen Vorhangringe oberhalb des Fensters …

Erste „Elvis"-Auftritte als Kellner in St. Michael und am Arlberg

Nach Abschluss der Hauptschule besuchte ich noch ein Jahr die Handelsschule in Tamsweg, dann beendete ich meine Schulkarriere. Ich wollte arbeiten und Geld für meine Pläne und Interessen verdienen. Auch mein Vater bestand auf eine abgeschlossene Ausbildung, und so begann ich im Juli 1985 mit der Kellnerlehre beim Eggerwirt in St. Michael. Noch heute bin ich meiner Ausbildnerin Rosi Gfrerer für die gute Lehrausbildung dankbar. Lehrjahre sind keine Herrenjahre, und so musste ich bei geringem Gehalt viel schuften. Ich habe in dieser Zeit zwei Dinge gelernt: Zum einen merkte ich, dass ich keine Arbeit scheue. Noch heute habe ich Arbeitstage bis zu 18 Stunden, denn mittlerweile singe ich nicht nur, sondern bin auch mein eigener Manager. Damals bereits wurde mir klar, dass ich ohne Arbeitsbereitschaft keinen Erfolg haben würde. Zum anderen habe ich erkannt, dass ich zu meiner Lehre dazu verdienen musste, wenn ich mir etwas sparen und einen Traum erfüllen wollte. Natürlich ist meinen Lehrherren meine besondere Beziehung zu Elvis aufgefallen. Und so ergab das eine das andere. Dienstags war beim Eggerwirt Tanzabend. Dort trat das steirische Gesangsduo „Gottfried und Elisabeth" auf. Und weil sie auch Elvis-Songs im Repertoire hatten, bekam ich die Möglichkeit, gemeinsam mit ihnen für die Hotelgäste zu singen. Seit meinem 8. Lebensjahr hatte ich begonnen, die Bewegungsabläufe des King einzustudieren und seine Gesangsweise nachzuahmen. Das kam mir nun zugute, denn meinen Erfolg bei diesen Auftritten hatte ich vor allem auch der Performance zu verdanken. Allerdings fiel ich in der Zeit meiner Auftritte für die Arbeit als Kellner aus; an sich ein Wahnsinn, wenn man bedenkt, dass in der Hochsaison das Haus voller Gäste war und jeder Kellner dringend in der Bedienung gebraucht wurde. Dennoch schienen die Chefleute zufrieden zu sein, denn auch zu Silvester stand ich als „Elvis" auf der Hotelbühne. Gemeinsam mit einer Wiener Band gab ich eine halbstündige Gala. Aber auch während der Woche ließ sich mit Elvis ein schönes Geld verdienen. Nach Dienstschluss habe ich mich bei jeder passenden Gelegenheit mit der Gitarre zu den Hotelgästen gesetzt und Elvis-Lieder gespielt. Das kam fantastisch an und die Gäste reichten den Hut herum. So kam beim Spielen mehr zusammen, als ich im Monat als Kellnerlehrling verdient habe. Knapp zehn Jahre nach dem Tod des King gab es noch immer Leute, die regelrecht durchdrehten, wenn sie Elvis-Songs hörten. Es ist wirklich unglaublich, was dieser Mann hinterlassen hat! Und so reifte in mir während der Lehrzeit der Entschluss, eine Karriere als Elvis-Interpret anzusteuern.

1985 begann ich die Kellnerlehre
beim Eggerwirt in St. Michael/Lg.

Mein erster Auftritt beim Eggerwirt zu
Silvester 1986/87 dauerte ganze zwei Stunden.

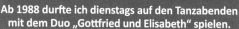

Ab 1988 durfte ich dienstags auf den Tanzabenden
mit dem Duo „Gottfried und Elisabeth" spielen.

Die Trinkgelder bei meinen Auftritten für die
Gäste brachten mehr ein als mein Monatsgehalt.

An den Wochenenden hing ich in „Alis Disco" herum, ein Lokal oberhalb von St. Michael auf dem Weg zum Katschberg. Der Betreiber von „Alis Disco", Albert Karner, legte für mich wahnsinnig oft Elvis-Platten auf. Eines Tages kam er auf die Idee, ich könnte doch für ihn einmal Elvis live singen. Damals bin ich das erste Mal mit dem in Berührung gekommen, was man heute „Karaoke" nennt. Er legte die Elvis-Platte auf und ich sang über die Platte darüber. Das schlug ein wie eine Bombe. Von nun an fuhr ich jeden Freitag und Samstag nach der Arbeit in die Disco und hatte meinen Auftritt. Ich sang insgesamt vier Lieder: „In The Ghetto", „Suspicious Minds", „Kiss Me Quick" und „Are You Lonesome Tonight". Natürlich war das noch kein echtes Engagement, aber ich bekam von Albert Karner die Möglichkeit, regelmäßig vor Publikum aufzutreten. Hätte ich in dieser Zeit andere Lokale in St. Michael unsicher gemacht, wäre ich wohl nicht mit Hubert Kern zusammengetroffen. Er war Stammgast in Alis Disco, schien im Barmilieu zuhause zu sein und an der nötigen Kohle zum Verjubeln mangelte es ihm offensichtlich auch nicht. „Wann immer du mir ‚In The Ghetto' singst, sobald ich in die Disco hereinkomme", meinte er eines Abends zu mir, „kannst du den ganzen Monat gratis trinken, egal was du willst." Ich wäre ziemlich dumm gewesen, wenn ich dieses Angebot nicht angenommen hätte. Kern zahlte mir meine erste „offizielle Gage" – nicht in Geld, sondern in Getränken. Natürlich war ich von 1986 bis 1988 in Alis Disco der King. Ich habe Schlumberger Sekt bis zum Abwinken bestellt und die Damen eingeladen, die sich natürlich gefragt haben: „Woher hat der so viel Geld?" – Und wenn der Herr Kern wieder die Disco betrat, stand ich schon bereit mit meinem „As the snow flies … In The Ghetto". Albert Karner informierte mich regelmäßig telefonisch über sein Kommen, und schon war ich nach Dienstschluss unterwegs in Richtung Katschberg. So waren die nächsten Wochenenden in Alis Disco wieder finanziert.

Ankunft beim Zürserhof, November 1988.

1989 war ich zum Chef de Rang aufgestiegen.

1988 endeten meine Lehrjahre, unmittelbar nach meinem 19. Geburtstag am 16. Oktober, den ich zuhause feierte. Es war der Grundstein meiner Karriere: Die Tanzabende und die Silvester-Galas beim Eggerwirt, die Wochenend-Gigs in Alis Disco und die Unterhaltung der Hotelgäste hatten meinen weiteren beruflichen Weg vorgezeichnet. Für einen sofortigen Einstieg in eine musikalische Karriere war es allerdings noch zu früh. Ein bis zwei Saisonen in der Gastwirtschaft hielt ich für notwendig, um mich auch finanziell auf meinen Plan vorbereiten zu können. Nachdem ich den Eggerwirt verlassen hatte, nahm ich mir zunächst einen Monat Auszeit. In dieser Zeit fuhr ich nach Seekirchen zur Familie Skardarasy, um mich als Kellner für eine Arbeit im Zürserhof am Arlberg zu bewerben. Diese stellte mich ein, und so begann ich am 29. November 1988 meine erste Saison im Zürserhof als „Commis de Rang".

Dort fand ich prächtige Arbeitsverhältnisse vor. Ich hatte eine Fünftagewoche mit einem Arbeitstag von acht Stunden. Mit dem Gehalt war ich mehr als zufrieden, zumal ein sattes Trinkgeld dazukam. Im folgenden Sommer arbeitete ich als „Demichef" in der Grünwalder Einkehr südlich von München. Dort bediente ich Promis wie Horst Tappert, Rolf Schimpf, Rudolf Moshammer, Uschi Glas oder Mario Adorf. In der nächsten Wintersaison kehrte ich als „Chef de rang" an den Zürserhof zurück. Ich mixte an der Tagesbar fleißig Cocktails und bereitete die Aperitifs und Digestifs zu. Montags servierte ich beim Cocktailempfang Champagner für die Gäste.

In dieser Saison näherte ich mich wieder ein Stück meinem Idol. Zum ersten Mal ließ ich mir – wie Elvis – die Haare schwarz färben, damals allerdings noch ohne Koteletten. Da sich der Friseurladen im Haus befand, ging ich einfach in das Erdgeschoß hinunter, setzte mich auf den Friseurstuhl und bat um eine einfache Färbung. Nach vollendeter Prozedur schaute ich in den Spiegel. Was ich da sah, ließ mich im ersten Augenblick zusammenzucken. Ein bleiches Gesicht, verstärkt durch die schwarzen Haare, schaute mir entgegen. War das ich? Daran musste ich mich erst gewöhnen. – Mein Chef Willy Skardarasy war ein leidenschaftlicher Jäger und ging auch an diesem Tag seinem Hobby nach. Er wusste nichts von meinem neuen Styling. Als er von der Jagd zurückkam, begegnete er mir im Hotel und sagte zu mir nur: „Grüß Gott!" – „Aber Herr Skardarasy", sagte ich zu ihm, „kennen Sie mich nicht mehr?" Erschrocken entfuhr es ihm: „Rudi? Um Gottes willen! Was haben Sie denn mit Ihren schönen Haaren gemacht?"

Mittwochs fanden im Zürserhof die Tanzabende statt. Da waren auch namhafte Künstler engagiert. Soweit es meine Arbeit erlaubte, beobachtete ich die Musiker bei der Arbeit und wünschte mir schmachtend, auch einmal da oben auf der Bühne stehen zu können. Allerdings bekam ich damals keine Möglichkeit, vor den Gästen auftreten zu dürfen. Wir Angestellten lebten zu der Zeit im Personalhaus hinter dem Hotel. Da gab es Fitnessgeräte, Poolbillard, eine Sauna und auch ein Dampfbad. Jeder bekam eine Saisonkarte zum Schifahren. Der Familie Skardarasy war es wichtig, dass sich das Personal wohl fühlte und entspannt zur Arbeit erscheinen konnte. Diese Betriebsphilosophie wirkte auf meinen Zugang zu Mitarbeitern sehr prägend. Im Personalhaus konnte ich meine Vorliebe ausleben, was mir im Hotel nicht möglich war. Ich sang Elvis-Songs und begleitete sie auf der Gitarre. Natürlich wurde ich auch dort von einigen Seiten belächelt, … schon wieder Elvis. Aber vor allem meine Kollegen Anita Herrmann und Konrad Resch hörten immer gerne zu. Mit ihnen baute ich eine Freundschaft auf, die bis heute besteht. Anita heißt heute Ferner und leitet mit ihrem Mann Heinz den Rosenhof in Murau, während Konrad Resch im Salzburger Hotel Sacher als Sommelier und als Barchef arbeitet.

Nach zwei Saisonen endete also auch meine Zeit im Zürserhof. Meine Wurzeln vergesse ich nie. Seit 2008 bin ich wieder fixer Bestandteil im Zürserhof mit meinen Shows. Damals bekam ich einen überraschenden Anruf von Willy Skardarasy, der mich fragte, ob ich Lust hätte, im Zürserhof ein Konzert zu geben. Damit hatte ich nicht gerechnet, sagte aber sofort mit Freude zu. Als ich dort ankam, wurde ich in einer Hotelsuite einquartiert. Dann lud er mich zum gemeinsamen Familienessen ein, wo er mir unvermutet die Hand gab und das Du-Wort anbot. Zunächst wusste ich nicht, wie ich damit umgehen sollte, immerhin betrachtete ich ihn immer noch als meinen ehemaligen Chef. Das war wirklich eine große Ehre und machte mich sehr stolz. Dann gingen wir gemeinsam zum Konzert, das an diesem Abend im Hotel stattfand. Und wie es der Zufall wollte, trat dort der Schlagzeuger Franz Trattner mit seiner Band auf. So schloss sich immer wieder der Kreis zu meinen musikalischen Wurzeln, denn am Beginn meiner Karriere traf ich Franz oft im Umfeld meiner Konzerte.

2008 kehrte ich nach vielen Jahren wieder in den Zürserhof zurück – als Rusty mit meiner Las Vegas Show.

Seither zählen Willy und Monika Skardarasy zu meinen persönlichen Freunden.

Am nächsten Tag trat ich selbst auf. Ich ging mit einem mulmigen Gefühl auf die Bühne; am Zürserhof, den ich zuvor nur als Kellner betreten hatte, zu spielen, erschien mir doch ein wenig skurril. Aber mein Auftritt war ein Riesenerfolg mit Standing Ovations. Willy Skardarasy kam auf die Bühne, bevor ich für ihn und seine Frau Monika „My Way" spielte, nahm mir das Mikrofon aus der Hand, erzählte von meiner Zeit als Kellner am Zürserhof und kam dann auf die Geschichte von meiner Haarfärbeaktion zu sprechen. Damals sei er zu der Überzeugung gekommen, der Rudi sei ein Wahnsinniger und werde sich seinen musikalischen Traum sicher erfüllen. Mittlerweile bin ich bereits viermal am Zürserhof erfolgreich aufgetreten. Meine Freundschaft zu den Skardarasys ist nie abgerissen. So hatte ich 2008 zum Zürserhof wieder den Kontakt hergestellt, der im März 1990 beendet worden war.

In der „Army". Der Beginn meiner Karriere

Aufgrund meiner Einberufung zum Österreichischen Bundesheer kehrte ich verfrüht nach Tamsweg zurück und rückte am 2. April 1990 in die Struckerkaserne in Tamsweg ein – zwei Monate Grundausbildung und dann sechs Monate als Ordonanz im Offizierscasino. Elvis erhielt 1957 seine Einberufung zur Army und 1958 in Texas seine Grundausbildung. Dann war er von 1. Oktober 1958 bis 2. März 1960 in Deutschland stationiert. In dieser Zeit ereigneten sich für ihn sehr einschneidende Erlebnisse. Seine Mutter, zu der er ein so inniges Verhältnis hatte, starb mit 46 Jahren, er lernte in Deutschland seine spätere Frau Priscilla kennen, bekam ersten Kontakt mit Amphetaminen, die ihn schließlich in seine Medikamentensucht rissen, und auch zu Karate, das er nicht nur als Ausgleichssport betrieb, sondern auch in seine Bühnenperformance der Las Vegas Show einbaute. Sein Manager „Colonel" Parker untersagte ihm in dieser Zeit jeden öffentlichen Auftritt in Deutschland und zerstreute Elvis' Angst, wieder in der Bedeutungslosigkeit zu verschwinden, mit einer gezielten Marketing-Kampagne, indem er regelmäßig vorher aufgenommenes Songmaterial auf Platte herausbrachte. So hielt der „Colonel" die Berühmtheit seines Schützlings in den Vereinigten Staaten aufrecht, während Elvis selbst in Deutschland weilte.

Meine Zeit beim Heer sollte der Beginn meiner Karriere werden. Den Auftakt bildete ein riesiges Zeltfest in St. Martin bei St. Michael im Mai 1990, zu dem sich rund 2000 Leute einfanden. Als musikalisches Programm wurde eine Country-Band mit dem Namen „Pony Express" engagiert, die auch vier Elvis-Nummern in ihrem Standardprogramm führten. Das wusste ich aber noch nicht, als ich in das Zelt kam. Davon erfuhr ich erst, als mich Hannes Bayr, ein Fußballkollege von mir, darauf aufmerksam machte. Dann

Während meiner Zeit beim Bundesheer wurde aus Rudi Stumbecker „Rusty" (Im Bild: v.l. Fredi Bliem, mein Bruder Wolfgang und ich).

ging er zur Band und erklärte den Leuten: „Wir haben da einen Mann, der super Elvis Presley singt." Sie sagten, ich solle auf die Bühne kommen, um mit ihnen ein Lied zu singen. In der Pause probte ich kurz mit den Musikern die Nummer „All Shook Up", dann kam der Auftritt. Die Leute sind auf den Tischen gestanden, ich war überwältigt. Wir spielten im Ganzen drei oder vier Nummern und es war für mich ein Riesenerfolg, vor allem, wenn ich an die Folgen dieses Auftritts denke. Denn im Anschluss daran kam Ludwig Zitz, der damals als Jugendbeauftragter bei der Raiffeisenbank in Tamsweg arbeitete, zu mir und sagte, dass er mich jemandem vorstellen wolle, denn so ein Talent gehöre gefördert. Also lud er mich zu sich in seine Wohnung ein, wo ich Ende Mai 1990 zum ersten Mal mit Egon Setznagel zusammentraf.

Egon Setznagel war Manager mit einem eigenen Tonstudio, wo er Kassetten produzieren konnte. Nach einem längeren Gespräch bot er mir einen Vertrag an. Er sagte, er wolle mich groß herausbringen. Damit ich für ihn ständig greifbar sein konnte, empfahl er mir, mich als selbstständig anzumelden. Das passte mir sehr, denn ich wollte sowieso eine Musikkarriere als Entertainer einschlagen. Also ergriff ich diese Chance und meldete am 1. Juni 1990 bei meinem künftigen Steuerberater Hans Pertl in Tamsweg die Firma „Stumbecker Rudolf, Rusty Management International" an.

Nun hatte ich eine neue Perspektive und einen Künstlernamen: „Rusty". RU steht für Rudi, ST für Stumbecker. Außerdem spielte Elvis 1965 in seinem 18. Film die Rolle des Nachtclub-Sängers „Rusty Wells". So waren auch in meinem Namen die Bezüge zu meinem Vorbild geschaffen. Natürlich habe ich dabei schon bedacht, dass ich einmal nach Amerika gehen wollte. Wie der Name Rudi Stumbecker dort wirken würde, hatte ich bereits bei einem Österreichaufenthalt meiner Tante Inge gemerkt. Sie war nach Amerika ausgewandert und hatte dort einen Mr. Wyatt geheiratet. Als sie ihre Heimat besuchte, begleitete sie ihr Sohn Klaus Wyatt. „Rud... Rudy Stamb... Stamb ...?" – Ich habe sein Gestammel noch heute in den Ohren. Als Amerikaner war es ihm nicht möglich, diesen Namen auszusprechen. Da wurde mir klar, dass ich unbedingt einen Künstlernamen brauchte, sollte ich einmal in die Staaten reisen wollen.

Aber bis dahin dauerte es noch ein wenig, denn ich diente ja noch immer beim Bundesheer. Dankbar erinnere ich mich an den damaligen stellvertretenden Regimentskommandanten, Oberstleutnant Günther Janda. Er ermöglichte es mir, das Bundesheer mit meiner neuen Karriere zu verknüpfen. Zuerst sorgte er dafür, dass ich mir nicht die Koteletten rasieren musste, die ich seit meiner Vertragsunterzeichnung wachsen ließ und stolz hegte und pflegte. Meine Dienstzeiten in der Ordonanz ließen mir ohnehin viel Zeit, um an meiner neuen Rolle zu basteln und ein Programm auf die Beine zu stellen, aber wenn es sich terminlich spießte, dann war es Günther Janda, der mir die Möglichkeit gab, meine Verpflichtungen als „Rusty" zu erfüllen. Unser freundschaftliches Verhältnis hat bis zum heutigen Tag gehalten.

Oberst Günther Janda, 1990 stellvertretender Regimentskommandant in Tamsweg, besucht regelmäßig meine Konzerte in der Burgarena Finkenstein.

Noch am Tag meiner Selbstständigkeitserklärung, am 1. Juni 1990, unterschrieb ich bei Egon Setznagel einen Fünfjahresvertrag. Er vermittelte die Konzerte, die Gagen waren jeweils zur Hälfte zwischen Künstler und Manager aufgeteilt.

Mein erstes Konzert gab ich am 28. Juli 1990 im Café Lankmayr in Mariapfarr – mit einer Gitarre, die ich mir von meinem viel zu früh verstorbenen Freund Bernd König, dem damaligen Direktor der Sparkasse St. Michael, ausgeliehen hatte. (Diese Gitarre bewahre ich noch heute in Erinnerung an ihn auf.) Die Ringe bekam ich leihweise von Ludwig Zitz. Es war gesteckt voll. Oh Mann, war ich nervös! Das werde ich nie vergessen. Und Pannen hat es genug gegeben, auch bei späteren Konzerten. Mal sind die Playbacks hängen geblieben, dann hat es eine Tonbandkassette ins Gerät hineingezogen. Immer wieder passierte es, dass wir improvisieren mussten. Ich nahm in solchen Situationen die Gitarre und spielte unplugged, bis der Defekt behoben war. Der Stimmung taten derartige unvorhersehbare Hoppalas keinen Abbruch. In der Folgezeit

Mein erster Liveauftritt als Rusty am 28. Juli 1990 im Café Lankmayr/ Mariapfarr.

war ich mit Egon Setznagel fast jeden Tag zusammen, sofern es mein Dienst zuließ. Wir fuhren mit unserem „Tourbus", einem alten Fiat, der ständig Schäden hatte, zu den Konzerten. Für den 23. Oktober 1990 bereitete ich meinen ersten Großauftritt vor 850 Leuten in der Tennishalle Mariapfarr vor. Wir sollten als Vorgruppe zur Saragossa-Band, einer der erfolgreichsten Party-Bands der späten 70er und der 80er Jahre, auftreten. Dafür stellte mein Vater eine Band zusammen.

Am 23. Oktober 1990 trat ich erstmals mit meiner Band als Vorgruppe der berühmten Saragossa-Band auf.

Für die Gitarre gewann er Ernst Galler von der Gruppe „Rainbows", Herbert Rabitsch am Schlagzeug und Hans Perner am Bass kamen von den „Sundrops", am Klavier spielte Herbert Trausnitz von der Gruppe „Happy". Den Hintergrundchor bildeten ein Doppelquartett der Lungauer Liedertafel Tamsweg und der „Lungauer Dreigesang", nämlich Christl Antretter, Martha Bogensperger und Christa Rohringer. Vor uns spielte Franz Trattner, der sich später zu einem der

Die Gruppe „Groove Corporation" ist den Lungauer Musikfreunden bereits von mehreren Konzerten her bekannt. Die Musiker um Horst Hofer und Franz Trattner boten auch in Mariapfarr niveauvolle Musik. Bilder: Rubo (3)

Konzertabend in der Tennishalle Mariapfarr

Saragossa-Band zauberte Karibik-Sound in die Halle

MARIAPFARR. Der Raiffeisenclub Lungau wartete vergangene Woche in der Tennishalle Mariapfarr mit einem großen Konzertabend auf. Gleich drei Gruppen traten bei diesem Konzertereignis auf. „Rusty" Rudi Stumbecker aus St. Michael trat mit Band und Begleitchor als Elvis-Imitator auf. Der junge Lungauer Sänger brachte bekannte Elvis-Hits und erntete viel Beifall. Besonders Rustys Fanclub machte sich dabei lautstark bemerkbar. Von mehrmaligen Auftritten im Lungau her bekannt ist die „Groove-Corporation" mit den Lungauer Musikern Horst Hofer und Franz Trattner. Auch an

diesem Abend brachte die Gruppe niveauvolle Popmusik.

Als Attraktion des Abends war die „Saragossa-Band" angesagt. Mit ihrem ins Ohr gehenden Sound brachte die Gruppe Stimmung ins Publikum.

„Rusty" Rudi Stumbecker mit Band und Begleitchor brachte beim Konzert in Mariapfarr zahlreiche Elvis-Hits. Die Besucher, vor allem der Fanclub, waren begeistert.

Mit Spannung wartete man auf den Auftritt der „Saragossa-Band". Die Münchner Gruppe trällerte auch frisch und munter ihre Karibik-Songs und brachte Stimmung in das Lungauer Konzertpublikum.

Ein Zeitungsbericht erinnert an meinen ersten öffentlichen Auftritt als „Rusty mit Band" am 23. Oktober 1990.

etabliertesten Schlagzeuger in Salzburg entwickelte, mit seiner „Groove Corporation". Natürlich war ich extrem nervös. Unser Programm umfasste die Songs unserer ersten Tonkassette, die mein Manager kurz zuvor mit uns aufgenommen hatte. Sie hieß „Rusty mit Band live" und beinhaltete zehn der berühmtesten Elvis-Hits der 50er und frühen 60er Jahre. Allerdings hatten wir keine passenden Noten. Deshalb schrieb mir der Musiklehrer Horst Aigner unentgeltlich die Notensätze zu den Songs. 23 Jahre später konnte ich diese Ehrenschuld bei Horst begleichen, denn am 10. April 2004 brauchte er mich für ein Elvis-Medley, das er als Kapellmeister mit der Bürgermusik St. Michael aufführen wollte. Ich ließ dafür einen Konzertvertrag sausen, denn einen solchen Gönner meiner frühen Karriere wollte ich nicht im Stich lassen.

Im Oktober 1990 stand ich kurz vor dem Abrüsten vom Bundesheer und es zeichnete sich bereits ab, dass ich sofort danach nach Amerika gehen würde. Ich vereinbarte mit meinem Manager eine Auszeit, um in den Staaten studieren zu können. Schließlich wollte ich die Texte von Elvis' Liedern auch verstehen. Das konnte ich nur in einer der Privatschulen in Amerika lernen. Der amerikanische Südstaatenslang unterscheidet sich erheblich von unserem Schulenglisch, mit dem ich die Elvis-Songs merklich verfälschte. Mit der Kassette „Rusty mit Band live" im Gepäck hob ich am 4. Dezember 1990 ab nach Los Angeles, USA.

In The Ghetto - Palm Springs 1991.
Der Wendepunkt in meiner Karriere

In The Ghetto - Palm Springs 1991.
Der Wendepunkt in meiner Karriere

An einem kalten, grauen Wintermorgen wird in den Slums von Chicago ein Kind geboren. Wie soll hier ein weiteres hungriges Kind ernährt werden? „And his Mama cries." Das Schicksal lässt keinen Ausweg. Ohne Hilfe und Schutz wird es mit seiner Wut aufwachsen. Und wir wenden uns in unserer Blindheit ab, wenn wir ein Kind mit verrotzter Nase auf der Straße spielen sehen, während der kalte Wind durch die Slums von Chicago fegt. Was soll ein hungriger Junge in seinem Kampf ums Überleben lernen, außer zu stehlen? Mit seiner Wut ist er erwachsen geworden und verzweifelt widersetzt er sich dem Schicksal, er kauft sich eine Knarre, er stiehlt ein Auto, er beginnt zu laufen, aber er kommt nicht weit. – Eine Menschenmenge versammelt sich um einen Mann, der auf der Straße liegt, mit dem Gesicht am Asphalt und mit der Knarre in der Hand. Es ist ein kalter, grauer Morgen. Und während der Mann stirbt, bekommt seine Frau ein Kind in den Slums von Chicago. – „And his Mama cries."

„In The Ghetto" wurde 1969 von Scott Mac Davis geschrieben und von Elvis in den American Sound Studios aufgenommen. Dieses Lied traf komplett seine Seele. Er, der aus einem Armenviertel Amerikas stammte, aus den Shut Gun Boxes in Tupelo, Mississippi, wie die Häuser in den Slums genannt wurden, kannte die Ausweglosigkeit, aus der nur wenige ausbrechen können, die dort hinein geboren werden. Schon während er als Sonderling mit seinem seltsamen Aussehen die High School besucht hatte, als er ankündigte, er werde mit seiner Musik viel Geld machen, während er Gelegenheitsjobs annehmen musste, und als er schließlich seinen Durchbruch feierte, fand er bei seiner Mutter Verständnis und Schutz. „And his Mama cries", – für Elvis der Kernsatz des Songs. Es war das einzige politische Lied, das der King jemals gesungen hatte, wenn auch nur zwei Jahre lang: 1969 und 1970. „In The Ghetto" als Schlusssong des Albums „From Elvis in Memphis" markiert auch einen Wendepunkt in der Karriere des King. Jahrelang hatte ihn sein Manager verpflichtet, dümmliche Filme ohne Inhalt und mit schlechter Musik zu drehen. In dieser Zeit gab er kein einziges Konzert, während sich die Musikwelt ohne ihn weiter zu drehen schien. 1968 meldete er sich fulminant mit einem NBC-TV Special Comeback-Konzert zurück, und nun löste er sich musikalisch von seinen Soundtrack-Alben. Die wichtigsten Songs von 1969 „In The Ghetto" und „Suspicious Minds" sollten auch seine letzten Nr. 1 - Hits überhaupt werden.

Hier liegen auch meine Bezüge zu „In The Ghetto". Zwar komme ich keinesfalls aus den Slums, auch wenn in meiner Familie jeder Schilling mehrmals umgedreht werden musste. Allerdings war mir dieses Lied in jenen Zeiten, als es mir nicht gut ging, immer ein Ansporn weiterzumachen; zum Beispiel, als ich nach meiner Kellnerlehre mit dem Wunsch, Elvis-Interpret zu werden, in meinem Umfeld bestenfalls ein spöttisches Lächeln erntete. Damals stand meine Mutter immer an meiner Seite, litt mit mir und stärkte mich. – „And his Mama cries." Bis heute ist „In The Ghetto" mein absolutes Lieblingslied von allen 680 Titeln, die Elvis auf LP aufgenommen hat, geblieben. Der Song hat mich immer begleitet und er wurde auch für meine Karriere 1991 zum Wendepunkt.

19. März 1991: Wie in Zeitlupe sehe ich die Szenerie vor mir: hunderte Elvisse – dicke Elvisse, dünne Elvisse, witzige Elvisse, Elvisse mit Toupets, Elvisse mit aufgeklebten Koteletten, Elvisse aus allen Lebensphasen des King; dahinter sitzen tausende von Zusehern in dem riesigen Konzertsaal. Kameralichter blitzen auf, die zahllosen Glitteranzüge vor mir blenden mich. Neben mir die heißen Monitore – Schweiß rinnt an mir herunter; kaum hörbar, aber dennoch immer vorhanden, das Geräusch der Klimaanlage, die mir die letzte Feuchtigkeit im Mund raubt, und das Gefühl der Ausnüchterung, nachdem ich die Aufregung der vergangenen Stunden mit Whisky zu vertreiben versucht habe. Jetzt klebt mir die Zunge am Gaumen. Aber konnte ich damit rechnen, dass ich am Ende des Tages hier oben auf der Bühne des Erawan Garden Hotels, Indian Wells, bei Palm Springs, stehen sollte – als erster und bis heute einziger nicht amerikanischer Sieger des größten Elvis-Contests. Immer langsamer scheint alles rund um mich wie in einem Film abzulaufen, während die Bilder der letzten Monate vor mir auftauchen, wie diese unglaubliche Geschichte angefangen hat – damals, am 4. Dezember 1990 ...

Von St. Michael nach Los Angeles

Mit einem kleinen Ruck setzte das Flugzeug nach einem elfstündigen Flug auf der Rollbahn des Los Angeles International Airport auf. In meinem Gepäck befand sich meine erste Kassette mit Elvis-Songs, die ich mit meinem damaligen Manager aufgenommen hatte. Ich hatte zu diesem Zeitpunkt zwar noch keine Ahnung, wie ich diese Kassette verwerten sollte, aber wer weiß, vielleicht konnte sie mir noch gute Dienste leisten im Land der angeblich unbegrenzten Möglichkeiten. Mein vordergründiges Ziel war es, mich hier in der Sprache des King of Rock 'n' Roll ausbilden zu lassen und Gesang zu studieren. Das Gefühl bei der Landung lässt sich schwer in Worte fassen. Die Größe, die Weite, das Lichtermeer der Großstadt – alles war mir fremd. Ich war allein und weit weg von meiner Familie, finanziell in einem absoluten Risikospiel, weil ich dieses Abenteuer auf Pump bestreiten musste. Wer leiht schon gern einem jungen Möchtegern-Elvis, der sich als Reinkarnation einer längst verstorbenen

Rock-Ikone aufführt, Geld für eine Musikerausbildung, die eine Laufbahn in einem geordneten Berufsleben nicht wirklich erwarten lässt? Wider Erwarten schenkte mir Günther Eßl, der Direktor der Tamsweger Raiffeisenbank, dieses Vertrauen und trug damit wesentlich dazu bei, dass ich mir meinen Traum während meines Aufenthalts in den Staaten erfüllen konnte. Immerhin stand ich, als ich am 4. Juli 1991 wieder nach Hause kam, zunächst vor einem Schuldenberg von 400.000 Schilling.

Nach meiner Ankunft in Amerika im Dezember 1990: Newport Beach, Orange County, California.

Bei meiner Tante Inge Stumbecker fand ich eine erste Bleibe.

Mein Glück war, dass meine Tante Inge Stumbecker damals in Newport Beach, Orange County, rund 60 km südöstlich des Stadtzentrums von Los Angeles

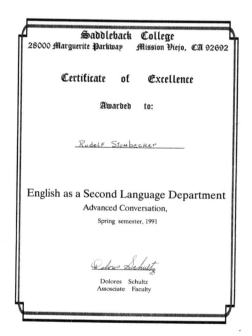

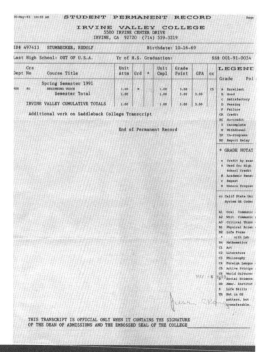

Mein Sprachzertifikat vom Saddleback College, Mission Viejo, und mein Zeugnis vom Irvine Valley College (UCI), wo ich meine Gesangsstimme ausbilden ließ.

lebte und mich zu sich aufnahm. Dort wohnte ich in den ersten drei Wochen. Ich war ihr sehr dankbar dafür, dass sie mir die erste Kontaktaufnahme mit einer fremden Welt ermöglichte. Dennoch war ich von Anfang an auf mich allein gestellt, da Tante Inge aus beruflichen Gründen sehr selten zuhause war. Zunächst musste ich geeignete Schulen für meine Ausbildung finden. Sicher liegt ein wesentlicher Mitgrund, weshalb ich nach meinem Amerika-Aufenthalt finanziell so abgebrannt war, darin, dass ich gerade bei meiner Ausbildung nicht sparen, sondern eine hochwertige Schule durchlaufen wollte.

Noch heute bin ich meiner Gesangslehrerin Miss Patton dankbar für die exzellente Gesangsausbildung.

Bei der Abschlussprüfung musste ich mit Gitarrenbegleitung das Lied „Green Leaves" vortragen.

Für meine Sprachausbildung in Englisch wählte ich das Saddleback College in Mission Viejo bei einer Miss Dolores Schultz. Mission Viejo liegt noch einmal 30 km westlich von Newport Beach. Dazwischen befindet sich die Stadt Irvine, wo ich an der University of California die Gesangsausbildung machen wollte. Diese Gesangsschule in Irvine, Orange County, war mir sehr viel wert, denn ich wusste, dass man hier das Opern- und Operettenfach erlernen konnte. Mir wurde von meiner Gesangslehrerin Miss Patton eine sehr kräftige Stimme attestiert. Allerdings wollte ich die Gesangsausbildung auf ein Semester beschränken, da mir eine Opernstimme eher hinderlich war, wenn ich Elvis singen wollte. Meine Hauptanliegen waren die Atem- und die Gesangstechnik. Und das habe ich gelernt, alles weitere – Gestik, Mimik und Aussprache von Elvis – brachte ich mir selbst bei.

Nach drei Wochen entschloss ich mich, die Gastfreundschaft meiner Tante nicht weiter in Anspruch zu nehmen. Als Geschäftsfrau war sie oft auswärts, und wenn wir uns sahen, redeten wir deutsch. Das war zwar sehr angenehm, stand aber meinem Wunsch, Englisch zu lernen, entgegen. Ich tat ihr auch gerne den Gefallen, deutsche Schlager wie „Süße kleine Schaffnerin" vorzusingen, aber verständlicherweise bevorzugte ich doch ein musikalisches Training in Elvis-Songs.

Also zog ich weiter ins Landesinnere und kam in einer Jugendherberge in Anaheim, Orange County, unter. Das war zwar extrem unbequem im Vergleich zum Komfort im Haus meiner Tante, aber hier musste ich tatsächlich englisch reden, um mich verständlich machen zu können. Mit Essen, Trinken und Quartier war ich versorgt, mehr brauchte ich nicht. Die folgenden Tage in der Jugendherberge nützte ich, um in den Branchenverzeichnissen einen Radiosender ausfindig zu machen, wo ich meine Elvis-Kassette vorspielen konnte. Mit mir im Heim wohnte ein Typ mit Namen Frank, mehr weiß ich nicht mehr von ihm. Frank empfahl mir den Sender „KTLM 99.5". Das war *die* Oldies–Radio Station in Downtown Los Angeles. Die Taxikosten für die rund 30 km zwischen Anaheim, wo meine Jugendherberge stand, und Downtown LA waren immens, ich zahlte zwischen 80 und 90 Dollar; und das bei einem Umrechnungswert von 10 Schilling pro Dollar.

Eine folgenschwere Begegnung

Also nahm ich meine Kassette, die ich in Tamsweg produziert hatte, betrat den Wolkenkratzer, in dem die Radio Station untergebracht war, und fuhr in den 16. Stock. Bei der Chefsekretärin von „KTLM 99.5" war vorerst Endstation. In meinem radebrecherischen Englisch sagte ich zu ihr, ich würde gerne den Chef sprechen. Die Sekretärin meinte, da könne ich lange warten. Na gut, entgegnete ich, dann warte ich halt so lange. Also setzte ich mich auf die Bank und wartete und wartete … den ganzen Tag. Aber der Chef kam nicht. Am Abend fuhr ich wieder nach Hause in die Jugendherberge, um am nächsten Tag in der Früh wieder zurückzukehren. Irgendwie muss die Sekretärin zu ihrem Chef gesagt haben, da sitzt ein ganz hartnäckiger Elvis-Verschnitt draußen. Am zweiten Tag um 14.00 Uhr – die Uhrzeit werde ich nie vergessen – wurde ich endlich in das Chefbüro vorgelassen. Ich betrat den Raum und begegnete zum ersten Mal Kim Simpson, der wohl für einen der wichtigsten Wendepunkte in meinem Leben verantwortlich werden sollte.

Da stand ich also, ein österreichischer Elvis-Fan mit Kotelettenfrisur und einer bislang kurzen und weitgehend höhepunktfreien Karriere als Elvis-Imitator, vor Kim Simpson, dem Manager eines ganzen Radiosenders in der bedeutendsten

Stadt an der kalifornischen Westküste, einem kulturbeflissenen Menschen, der nicht nur als Experte für Oldies an sich galt, sondern ein besonderes Interesse für Elvis zeigte. (21 Jahre später, als ich ihn für drei Wochen nach Österreich einlud, brachte er mir seine Tickets und die originalen Tourbücher von zwei Elvis Livekonzerten in Anaheim und Long Beach mit Programmheften aus dem Jahr 1972 als Gastgeschenk mit.) Höflich zeigte er sein Interesse an meinem Herkunftsland und an dem Grund meines Besuches. Als er mich fragte, wer ich denn eigentlich sei, antwortete ich frech: „Ich bin der weltbeste Elvis!" Im Rückblick auf diese Begegnung kann ich nicht mehr genau begründen, warum ich eigentlich eine derart überhebliche Antwort gegeben habe. War es der verzweifelte Versuch, alles auf eine Karte zu setzen? Darauf meinte Kim Simpson: „Na gut, dann hören wir uns das einmal an." Er nahm die Kassette, legte sie in den Tape Recorder und schaltete ein. Dann herrschte Schweigen, nur das „That's Alright, Mama", das ich mit meiner ersten Begleitband aufgenommen hatte, krächzte aus dem Lautsprecher.

Meine erste Kassettenaufnahme „Rusty live mit Band" nahm ich als Demo-Band mit nach Amerika.

„What the fuck ist that?", rief er, während er den Recorder wieder ausschaltete. Offenbar hatte es ihm überhaupt nicht gefallen. Er empfahl mir in England aufzutreten, wenn ich mit diesem englischen Akzent singen wolle. Ich hätte zwar ein gutes Aussehen für einen Elvis-Interpreten und auch eine brauchbare Stimme, aber an sich hätten wir uns weiter nichts mehr zu sagen. Wie aus der Pistole geschossen entfuhr es mir da: „Jetzt bin ich um die halbe Welt geflogen, lebe im Jugendheim, ich habe hier nichts, keine Eltern, keine Freunde, kein Geld, und Sie schicken mich einfach so bei der Türe hinaus? Was soll ich denn jetzt tun?" – Was danach kam, scheint mir im Nachhinein völlig unglaublich und logisch nicht erklärbar, erwies sich in weiterer Folge aber als Ausgangspunkt einer noch unglaublicheren Geschichte. Während ich völlig enttäuscht schon fast bei der Türe draußen war, rief mich Kim Simpson zurück.

Offenbar hatte ihn meine Verzweiflung berührt, vielleicht erschien ihm auch meine Stimme ausbaufähig. „Hast du einen Anzug mit?", fragte er mich, nachdem er noch einmal meine Elvis-Tauglichkeit vom Aussehen her gemustert hatte. „Ja, hab´ ich mit." Es war der Elvis-Anzug, den mir meine Cousine Monika Rauter im vergangenen Jahr genäht und meine Mutter bestickt hatte. „Ok", meinte er, „dann probieren wir etwas. Wir gehen jetzt ins Studio hinunter." Dort gab es Sprechkabinen, in denen Halbplaybacks in einer Qualität eingespielt werden konnten, die ich bislang noch nicht gekannt hatte. Als erstes Lied spielte er mir „In The Ghetto" ein. Und dazu musste ich singen. Und als zweites Lied schlug er vor, „Suspicious Minds" einzustudieren. „Du musst etwas Schnel-

Kim Simpson vom Sender KTLM 99.5 öffnete mir das Tor zu meiner Karriere in den Vereinigten Staaten.

leres auch haben. In Amerika sind zwei Lieder von Elvis ausschlaggebend: „In The Ghetto" und „Suspicious Minds". In den folgenden zwei Monaten sollte ich die Aussprache dieser beiden Songs üben, den „Tennessee-Slang" des King, immer und immer wieder.

Nach meinem Sieg in Palm Springs überreichte mir Kim das „American Plaque" des Senders mit der Aufschrift „To Rudolph ‚Rusty' Stumbecker in Recognition Of Your Successful American Debut".

Kim trainierte mich dabei. Er brachte mir auch bei, den Sinn der Songs zu verstehen. Sein Erfolgsrezept ist es, zu wissen, was man singt. So kann man sein ganzes Gefühl einbringen. Das macht einen Song aus, so interpretiert man ihn perfekt. „Du musst jedes Lied genauso aussprechen, wie Elvis es getan hat. Dann kommst du zu einem Riesenerfolg." Als drittes Lied studierte ich „Can't Help Falling In Love" ein, denn dieser Song kam meiner damaligen Stimmlage entgegen. Seinen größten Freundschaftsdienst erwies mir Kim, indem er mich wie ein Menschenschinder auf diese drei Songs hin drillte. Schon am ersten Tag, als wir uns kennenlernten, nahm er mich mit nach Garden Grove, wo das Haus – man kann aber ruhig von einer Villa sprechen – von Familie Simpson stand.

Von nun an lebte ich bis zum Ende meiner Ausbildung bei Kim Simpson, hatte ein eigenes Zimmer mit eigenem Eingang, ja sogar eine eigene Nanny, die mir das Essen kochte. Seine Eltern Bobby und Carol Simpson verhielten sich mir gegenüber wie meine eigenen Eltern. Und sie verrechneten mir keine Kosten für Wohnung oder Essen.

Kims Eltern, Bobby und Carol Simpson, verhielten sich mir gegenüber wie meine zweiten Eltern in California.

Natürlich wollte ich mich nicht auf Kosten meiner Gastgeber durchfüttern lassen. Ich hatte schon in der Jugendherberge Ausschau nach Gelegenheitsjobs gehalten. Eine Möglichkeit war die Arbeit als Fensterputzer bei Hochhäusern. Das wäre ein super Job gewesen. In einer Höhe von 80 bis 100 Metern wischt der eine über die riesigen Glaswände und ein Zweiter zieht ab. Drei bis vier Stockwerke bin ich mit hinauf gefahren, dann habe ich von der kleinen Außenkabine hinuntergeschaut und gewusst: Das war's, so etwas mache ich kein zweites Mal. Frank aus dem Jugendheim machte mich auf eine zweite Jobmöglichkeit aufmerksam: Garage Sales – private Flohmärkte. Diese wurden in Zeitungen angekündigt, und dann bin ich in der Früh hingefahren und bot mich als Betreuer für den Verkauf an. Wenn ich genommen wurde, bekam ich 8 Dollar in der Stunde; wenn nicht, bin ich zum nächsten Flohmarkt

Mit Garage Sales – Hausflohmärkten – hielt ich mich finanziell über Wasser.

gefahren. Das war noch lukrativer als Babysitting, da bekam man 3 Dollar in der Stunde. Aber auch beim Babysitting war ich richtig gut, denn ich musste ja auch zuhause auf meinen jüngsten Bruder Hansi aufpassen. Aber am liebsten saß ich vor den Garagen der privaten Flohmärkte, denn da konnte ich auch für das College lernen, wenn nichts los war. Außerdem gab es manchmal auch für mich interessante Verkaufsstücke. Einmal fand ich in einem Haufen Schallplatten das Original „Elvis' Christmas Album" aus dem Jahr 1957. Der Garagenbesitzer war sofort einverstanden, als ich ihm anbot, auf die Bezahlung zu verzichten, wenn er mir die Platte schenkte. Heute hat diese Platte schon einen beträchtlichen Sammlerwert.

So hielt ich mich mit Gelegenheitsjobs über Wasser, denn nach eineinhalb Monaten in den Staaten wurde es für mich richtig eng, als über Nacht meine Kreditkarte gesperrt wurde und ich keinen Knopf Geld mehr hatte, mit dem ich mir etwas zu essen kaufen hätte können. Es bedurfte eines gehörigen organisatorischen Aufwandes, dieses Problem in Österreich zu regeln. Bis heute bin ich dankbar, dass mir letztendlich die Raiffeisenbank in Tamsweg mit einem erhöhten Kreditrahmen unter die Arme griff. Aber bis dahin lernte ich zu begreifen, was es bedeutet, richtig Hunger zu haben. Als ich einmal so richtig ausgezehrt daherkam, meinte Kim: „Was ist denn mit dir los? Der Kühlschrank ist für dich gefüllt. Da brauchst du mich gar nicht zu fragen." Aber es war für mich unangenehm, auf seine Hilfe so angewiesen zu sein. Ich weiß bis heute nicht, warum er das für mich getan hat. Meine Mutter fragte ihn einmal, warum er mich aufgenommen hat. Er redete von einer Art Seelenverwandtschaft zwischen ihm und mir, und weil er von meiner Hartnäckigkeit beeindruckt gewesen war. Aber wirkliche Klarheit darüber habe ich bis heute nicht. Ich bin ihm einfach nur dankbar.

Der Elvis Contest in Palm Springs

So spielte sich mein Leben in diesen Wochen zwischen Garden Grove, der Sprachschule in Mission Viejo, der Gesangsschule in Irvine und dem Studio von KTLM in Downtown Los Angeles ab. „Nein, das klingt nicht wie Elvis! ... So wird das nichts! ... Du musst das besser hinkriegen! ... Streng Dich mehr an, Rusty! ... Klingt schon besser! ... Ja, so ist es in Ordnung!" – Nach zwei Monaten waren die beiden Songs endlich so im Kasten, dass Kim zufrieden war. Und dann nahm er die Tapes und schickte sie zum großen Elvis Wettbewerb nach Palm Springs ein. Augenzwinkernd meinte er: „Wenn wir damit unter die besten 1000 kommen, ist das Weltklasse." Immerhin gab es für diesen Contest über 4000 Anwärter.

Palm Springs: Hier verbrachten Elvis und Priscilla Presley nach ihrer Hochzeit am 1. Mai 1967 im Aladdin Hotel, Las Vegas, die Flitterwochen. Noch heute gibt es das Honeymoon-House. Hierher zog sich der King immer wieder zurück, hier fühlte er sich am wohlsten. Ein Jahr nach dem Tod des King, also 1978, fand hier der erste Elvis Contest statt. Das ist keine Karaoke-Show, wo du reingehst, zwei Lieder heruntersingst und dann der größte Elvis-Interpret bist. Da sitzt eine Fachjury, die unter der Patronanz von „Elvis Presley Estate Enterprises" steht,

2008 kehrte ich nach Palm Springs zurück und besuchte das Honeymoon-House von Elvis Presley.

also jener Organisation, die das Erbe des King verwaltet. Erst 2008 wurde dieser Contest auf Wunsch von Priscilla Presley von Palm Springs nach Memphis verlegt.

Die Jury hatte die Aufgabe, die eingesandten Kassetten von über 4000 Bewerbern zu bewerten. Nur die besten 400 wurden nach Palm Springs zu den Endausscheidungen eingeladen. Und eines Tages kam Kim zu mir und zeigte mir ein Schreiben, in dem stand, dass ich unter den besten 400 war. Ich habe mich oft gefragt, was der ausschlaggebende Grund war, dass ich in die Endausscheidung gekommen bin. Sicher, das erste Lied, das ich gesungen habe, „In The Ghetto", ist mit so viel Gefühl rübergekommen, dass die Jury davon überzeugt wurde. Ich glaube nicht, dass es „Suspicious Minds" war, wie viele meinen. Andererseits hat sicher auch eine Rolle gespielt, dass auf meiner Kassette der Absender eines namhaften Radiosenders stand und nicht der kaum aussprechbare Name Rudi Stumbecker. Kim hat diesen Umstand immer bestritten und führt den Sieg auf meine Stimme zurück, aber ganz so wird es wohl nicht gewesen sein, denn ich hätte es aufgrund meiner Ausbildungszeiten schon zeitlich nicht alleine geschafft.

Wie auch immer – wir sollten also nach Palm Springs fahren, dorthin, wo sich Elvis noch 15, 20 Jahre zuvor regelmäßig aufgehalten hatte. Plötzlich wurde für mich alles so greifbar nahe. Elvis hatte die Staaten seit seiner Zeit in der Army, als er in Deutschland stationiert war, nie wieder verlassen. Deshalb war alles, was mich bisher mit Elvis verband, eine halbe Welt weit entfernt, und nun sollte ich dorthin reisen, wo er seine Flitterwochen verbracht hatte. Es mag seltsam anmuten, dass mir diese Gedanken nahegingen, abgesehen davon, dass sich allmählich Nervosität bei mir breit machte; aber es ging um den Mann, auf den ich schon damals meine gesamte Karriere ausrichten wollte. Es ging um die Erfüllung eines Kindheitstraums.

Kim nahm mich in seinem Auto mit. Die Reise führte rund 180 Kilometer ins Landesinnere von Kalifornien. Palm Springs, ein El Dorado für reiche Golf- und Tennisfans, ist eine 40.000-Einwohnerstadt am Rande eines Wüstengebietes und am Fuß des Mount San Jancinto, auf den die längste Seilbahn der Welt führt. Besonders eindrücklich blieben mir die vielen Windräder in Erinnerung. Palmenalleen säumten die Straßen, und ein mildes Klima empfing uns nach einer zweistündigen Autofahrt. Wir quartierten uns im Golden Gate Inn ein – eine Empfehlung von Tante Inge. Die Betreiber, Elvira und Rudolf Ebert, wurden seither sehr gute Freunde von mir.

Rudy und Elvira Eberts vor ihrem „Golden Gate Inn" in Palm Springs, California.

Während der Zeit des Elvis Contests wohnten auch meine Tante Inge und ich im „Golden Gate Inn".

Meine Aufgabe hier in Palm Springs war es, noch einmal live zwei Lieder zu singen – so wie alle anderen Elvis-Impersonatoren auch. Das dauerte über eine Woche. Gott sei Dank hatte ich gerade Ferien, sodass ich meine Ausbildung nicht unterbrechen musste. Nach meinem Auftritt hingen wir am Pool herum oder spielten Tennis. Die Möglichkeiten dazu hatten wir ja im Golden Gate Inn.

Schließlich kam die große Schlussveranstaltung am Dienstag, dem 19. März 1991 im Konzertsaal des Erawan Garden Hotels in Indian Wells, einige Kilometer außerhalb von Palm Springs. Unsere Gastgeber, Elvira und Rudi Ebert, und sogar Tante Inge waren gekommen, um das Finale des Elvis-Contests zu sehen. Kim riet mir, ich solle mich ruhig verhalten, um kein Aufsehen mit meinem europäischen Akzent zu erregen. Also beschränkte ich mich auf ein paar „How are you?" oder „Thank you!" und begann meine Nervosität mit Whisky zu bekämpfen. Die Plätze 400 bis 51 standen auf Listen, die Namen der besten 50 sollten verlesen werden. Schon zu dem Zeitpunkt, als ich meinen Namen auf den Listen

Im Erawan Garden Hotel, Palm Springs, traten die besten Elvis-Interpreten gegeneinander an (Screenshots aus einem NTSC Video von 1991).

nicht vorfand, vermutete ich, dass man auf mich vergessen hatte. Also saßen Kim und ich zwischen hunderten anderen Elvis-Interpreten und hörten der Verlesung der Platzierungen zu und beklatschten jeden, den die Jury aufrief. Je später der Abend wurde, ohne dass mein Name fiel, desto ruhiger wurden Kim und ich, er vor Anspannung, ich aufgrund des Whiskys. Als die besten zehn dran waren, dachte ich: Das war's, sie haben auf mich vergessen. Und je resignierter ich mich zurücklehnte, desto stärker geriet Kim unter Strom. 40 Nennungen waren bereits aufgerufen worden und mein Name war noch immer nicht gefallen.

Die besten zehn mussten noch einmal auf die Bühne. Als ich zum x-ten Mal darüber klagte, dass ich vergessen worden sei, meinte Kim gereizt, ich solle endlich ruhig sein. Nacheinander traten die besten Elvis-Artisten auf und präsentierten ihre Lieder. In der Endausscheidung der vergangenen Tage waren nicht nur die Stimme, sondern auch die Bewegungen und das Aussehen bewertet worden. Den Bewegungsablauf des King hatte ich für „meine" beiden Lieder perfekt einstudiert, auch beim Aussehen hatte ich einige Vorteile aufzuweisen – die Größe von 1,80 m oder sogar dieselbe Schuhgröße. Aber zu diesem Zeitpunkt hielt ich das für reine Spekulation. Nach wie vor erschien mir alles so unreal. Wie von selbst geriet ich in den Sog der Erinnerungen an die wichtigsten Stationen der vergangenen Monate, die mich hierher geführt hatten, während ganz weit weg von mir ein Elvis nach dem anderen auf die Bühne ging, um nach seiner Präsentation dem nächsten Platz zu machen.

Um 00.25 Uhr des 20. März wurde schließlich der letzte Elvis-Impersonator aufgerufen – der Sieger. Die Moderatorin tat sich offenbar mit der Aussprache schwer und buchstabierte deshalb den Namen – die 14 bedeutendsten Buchstaben meiner Karriere: „It's a funny name. I spell it R-U-D-I-S-T-U-M-B-E-C-K-E-R, I hope it's right, *Rudy Stambecker*." Kim geriet völlig aus der Fassung und schrie unentwegt zu mir: „You won, Rusty! You won!" Sie hatten auf mich

nicht vergessen, ich war der Sieger aufgrund meiner „outstanding performance".
Und dann stand ich auf der Bühne. Direkt vor mir applaudierten hunderte
Elvisse: dicke Elvisse, dünne Elvisse, witzige Elvisse, Elvisse mit Toupets, Elvisse
mit aufgeklebten Koteletten, Elvisse aus allen Lebensphasen des King; dahinter
saßen tausende von Zusehern in dem riesigen Konzertsaal. Kameralichter blitz-
ten auf, die Glitteranzüge blendeten mich. Neben mir die heißen Monitore –
Schweiß rann an mir herunter; kaum hörbar, aber dennoch immer vorhanden,
das Geräusch der Klimaanlage, die mir die letzte Feuchtigkeit im Mund raubte.
Aber gerade das brachte mich wieder zurück in die Realität, hierher auf die
Bühne des großen Konzertsaals im Erawan Garden Hotel in Palm Springs. Ich
sang „In The Ghetto", jenen Elvis-Song, der mir so viel bedeutet, den Turning
Point nicht nur in seiner Karriere, sondern in diesem Moment auch in meiner.
Als zweiten Song setzte ich nicht „Suspicious Minds", sondern unseren Joker
„Can't Help Falling In Love" drauf. Das war immer das Schlusslied in den Kon-
zerten des King, und jetzt wurde es zum „Outdoor-Song" meines Auftritts und
des gesamten Elvis-Contests. Die Menge tobte, als ich meinen Abgang machte.

Erschöpft nach dem Contest, aber glücklich über den Sieg!

Nach dem Sieg

Als erster Nicht-Amerikaner hatte ich diesen Contest gewonnen, und bis heute
schaffte es auch keiner mehr, der nicht aus den Staaten kam. Für andere mag
eine Goldmedaille bei den Olympischen Spielen der große Traum sein, der

Nobelpreis oder eine andere Spitzenauszeichnung. Für mich ist es dieser Sieg. Ein Sieg, mit dem ich niemals rechnen durfte. Ich habe mir später immer wieder die Frage gestellt, was den Ausschlag für diesen Erfolg gegeben hat. Glück, Ehrgeiz, die Patronanz eines Radiosenders, Bestimmung oder Zufall?

In diesen Stunden nach dem Sieg war es jedoch nicht an der Zeit, darüber nachzudenken. Ich bekam einen Pokal mit der Gravur *Rudolph „RUSTY" Stumbecker in recognition of outstanding performance as „ELVIS IMPERSONATOR" 1st Place Palm Springs*. Ich durfte mich in das „Goldene Buch" des Erawan Garden Hotels eintragen und wurde von allen Seiten beglückwünscht. Danach gingen wir ins Golden Gate Inn und feierten bei den Eberts bis weit in den nächsten Morgen hinein. Unsere Gastgeber waren so begeistert, dass sie Kim und mir die Kosten für Übernachtung und Verpflegung schenkten. Die Lokalzeitungen und die lokalen Fernsehstationen berichteten über meinen Sieg. Meine Herkunft aus Europa war für die Medien eine besondere Sensation. Meine Mutter, meine damalige Freundin und meinen Manager informierte ich von dem Sieg in langen Briefen, denn das Telefonieren war zu teuer.

Der schönste Preis, den ich für den Sieg erhalten hatte, war aber nicht die Trophäe, sondern eine Woche Urlaub in Memphis, Tennessee, für zwei Personen. Auf diesen Trip habe ich Kim Simpson mitgenommen, der selbst auch noch nie zuvor dort gewesen war. So flogen wir in den nächsten Ferien, am 5. April 1991, vom John Wayne Airport in Santa Ana, Orange County, nach Memphis. Für mich erfüllte sich ein ultimativer Traum. Ich hätte mir nie gedacht, dass ich mit 21 Jahren die Möglichkeit bekommen würde, Tupelo und Memphis mit Graceland zu besuchen. Was ich zu Beginn unserer Reise noch nicht wusste, war, dass Kim im Vorfeld eine Überraschung für mich organisiert hatte. „Morgen gehen wir ins Sun Records Studio", kündigte er eines Abends an. Das war jenes Studio in Memphis, Union Avenue 706, in dem Elvis Presley, Jerry Lee Lewis, Carl Perkins oder Johnny Cash von 1954 an ihre ersten Platten aufgenommen hatten; der Geburtsort des Rock 'n' Roll. Wenngleich es das Studio in seiner ursprünglichen Form nicht mehr gibt, sind Besuche in Form von „Historical Tours" und sogar Aufnahmesessions möglich. Daher sang ich am nächsten Tag in das gleiche schwere Mikrofon, vor dem Elvis 37 Jahre zuvor seine Karriere begonnen hatte, den Song „Can't Help Falling In Love". Das Tape brachte ich meiner Mutter als Geschenk mit. Dennoch war der aufregendste Moment dieser Reise für mich, als ich zum ersten Mal vor dem Grab des King stand. Ich habe Graceland jeden Tag besucht, doch am berührendsten waren für mich die Momente im Elvis Meditation Garden. „God saw that he needed some rest and called him home to be with him." – „Gott sah, dass er Ruhe brauchte, und rief ihn heim zu sich, damit er bei ihm sei."

Meine Ausbildung dauerte noch bis zum 2. Juli. Zwei Tage später kehrte ich nach Hause zurück, als Sieger des größten Elvis Contests, mit einer Gesangs-

Der Siegespokal von 1991 für „Rudolph ‚Rusty' Stumbecker"

und Sprachausbildung, die es mir ermöglichte, meine weitere Karriere als Elvis Tribute Artist zu perfektionieren, und um viele Eindrücke reicher.

Die Reaktionen zu Hause waren verhalten. Meine Familie freute sich irrsinnig mit mir, aber für die österreichische, geschweige denn Lungauer Öffentlichkeit blieb dieser Sieg weitgehend bedeutungslos. Viele Jahre später geriet ich sogar in die skurrile Situation, meinen Amerika-Aufenthalt beweisen zu müssen, weil mir vor Gericht vorgeworfen wurde, alles nur erlogen zu haben. Wie sollte mir das möglich sein, wenn die Echtheit meines einzigen Souvenirs aus dieser Zeit, des Pokals, den ich in Palm Springs bekommen hatte, angezweifelt wurde? Rettung kam vom Ehepaar Ebert, den Inhabern des Golden Gate Inn, die extra eingeflogen werden mussten, um die Wahrheit meiner Geschichte zu bezeugen; einer Geschichte, die den Angelpunkt meiner Karriere bildete. Vielleicht ist es mir deshalb so wichtig, jeden Zweifel an ihrer Richtigkeit auszulöschen. Darum lasse ich einen weiteren Zeugen zu Wort kommen, der alle Phasen unmittelbar miterlebt hat: Kim Simpson. 2012 besuchte er auf meine Einladung hin Österreich und ergriff zu Beginn meiner „Las Vegas Show" im Republic in Salzburg das Wort:

> „In 1991 I was the station manager at KTLM – Radio Station. At that time Rusty came in with a pre-recorded tape and wanted to know what we thought to. After listening to the tape, I told him, I loved the quality of his voice, but he sang Elvis with an English accent. It was great just when you perform it in England, but if you wanna sing Elvis in the United States, you've gotta get an American accent. So after several months of training I told Rusty: OK, we've gotta do two more songs at KTLM. Just find out, how are you doing with your accent. Truth being, I wanted an unbiased opinion. Now, every year in Palm Springs they hold an Elvis Impersonation Contest. They usually have over 4000 contestants. And I thought: Well, if we can get into the top 1000, he's doing great with his accent. So without Rusty knowing, I sent in the tape entering the contest. All of a sudden he makes it into the top 400. So we got to go to Palm Springs. So I drive Rusty to Palm Springs thinking, alright you'll do one song or two and then we'll drive back. Before I know it, he made it into the top 100 … and then the top 50 … and then the top 10. Now they only announced the people, that have been eliminated from the contest. So the entire time Rusty was saying: They forgot about me, they don't remember me, they forgot about me. I said: Rusty, remember, they only announce first place at the very end of the contest. Just to help him feel a little better. When the announcer said: This year's first price belongs to – well the name is a little bit funny, so I'm gonna have to spell it – that caught my attention – he went on to spell: R-U-D-I-S-T-U-M-B-E-C-K-E-R. I hope I got that right. I jumped up and said: Rusty!

Für meinen Sieg hatte ich eine Reise nach Memphis gewonnen. Ankunft am Memphis International Airport am 5. April 1991.

In den Sun Studios nahm Elvis seine ersten Platten auf. Hier bekam ich die einmalige Möglichkeit, für meine geliebte Mutter über das Originalmikro von damals „Can't Help Falling In Love" aufzunehmen.

Abstecher nach Tupelo, Mississippi,
zu Elvis' Geburtshaus.

Endlich auf Graceland Mansion.
Ein Traum wird wahr!

Der Moment, in dem ich erstmals vor Elvis Presleys
Grab stand, war für mich sehr ergreifend.

Auch für Kim war es ein sehr bewegendes
Ereignis.

You won! You've got to get on stage. And to this day no other Non-American has ever won that contest."

1991 war ich Manager des Radiosenders KTLM. Damals kam Rusty mit einer aufgenommenen Kassette und bat mich um meine Meinung. Nachdem ich die Kassette gehört hatte, sagte ich zu ihm, dass mir die Qualität seiner Stimme gefiel, doch sang er Elvis mit einem englischen Akzent. Das wäre ausgezeichnet, wenn du es in England vortragen würdest, aber wenn du Elvis in Amerika singen willst, musst du einen amerikanischen Slang bekommen. Nach einigen Monaten des Trainings sagte ich zu Rusty: Wir brauchen bei KTLM noch zwei Songs. Schau einmal, wie es Dir mit deinem Akzent geht. In Wirklichkeit brauchte ich eine unvoreingenommene Meinung. Jedes Jahr wurde in Palm Springs ein Elvis Interpretationswettbewerb veranstaltet. Gewöhnlich nehmen über 4000 Bewerber teil. Ich dachte, wenn wir unter die besten 1000 kommen, ist das mit seinem Akzent ausgezeichnet. Ohne dass es Rusty wusste, sandte ich die Aufnahmen ein, um am Wettbewerb teilzunehmen. Da kam er plötzlich unter die besten 400. Also mussten wir nach Palm Springs. Also fuhr ich Rusty nach Palms Springs und dachte: Gut, dann führst du einen Song oder zwei

Kim erzählte 2012 im Salzburger Republic seine Erinnerungen an meinen Sieg in Palm Springs 1991.

auf und dann fahren wir wieder nach Hause. Bevor ich mich versah, kam er unter die besten 100, dann unter die besten 50 und schließlich unter die Top Ten. Es wurden nur jene Leute aufgerufen, die gerade aus dem Bewerb ausschieden. Die ganze Zeit hindurch sagte Rusty: Sie haben auf mich vergessen, sie denken nicht an mich. Ich sagte: Rusty, der erste Platz wird erst ganz am Schluss des Contests bekannt gegeben – einfach nur, damit es ihm ein wenig besser ging. Als der Moderator sagte: Der erste Platz im heurigen Jahr geht an – also der Name klingt ein wenig seltsam, ich muss ihn buchstabieren – da wurde ich aufmerksam – begann er zu buchstabieren: R-U-D-I-S-T-U-M-B-E-C-K-E-R. Ich hoffe, das war richtig. Da sprang ich auf und sagt: Rusty, du hast gewonnen! Du musst auf die Bühne. Und bis zu diesem Tag hat noch nie ein Nicht-Amerikaner den Wettbewerb gewonnen."

Meinem Mentor Kim Simpson werde ich immer dankbar sein!

Viva Las Vegas – An der Pulsader des King of Rock 'n' Roll

Ich brenne darauf, in die Lichter der Großstadt einzutauchen und mit dem ganzen Geld, das ich verpulvere, die Einsätze in die Höhe zu treiben. Draußen warten tausend hübsche Mädchen, bei mir kommen sie an den Richtigen! Viva Las Vegas! Wenn der Tag 40 Stunden hätte, würde ich auch nicht eine Minute verschlafen. Bei Black Jack, Poker und Roulette brauchst du ein starkes Herz und Nerven wie Drahtseile. Alles ist drin, alles oder nichts! Viva Las Vegas, mit all deinem Neonflimmern und dem Scheppern der einarmigen Banditen – alle Hoffnungen gehen den Bach runter. Tag oder Nacht? Das macht dort keinen Unterschied. Wenn du einmal dort warst, bist du nicht mehr derselbe. Ich mache jedenfalls alles mit, auch wenn's mich den letzten Cent kostet! Und wenn ich zum Schluss völlig pleite bin, na wenn schon! Mir bleibt die Erinnerung an eine Wahnsinnszeit. Alles auf eine Karte! Fortuna, lass die Würfel glühen und gib mir eine Sieben bei jedem Wurf! Viva, viva Las Vegas!

Die Geschichte des Films „Viva Las Vegas" ist schnell erzählt: Der Amateurrennfahrer Lucky Jackson möchte am Grand Prix von Las Vegas teilnehmen, genauso wie sein italienischer Kollege Graf Elmo Mancini. Dort verliebt er sich in die Schwimmlehrerin Rusty (diesmal ein Frauenname) Martin. Umgekehrt verliebt sich auch Rusty in Lucky, und um ihn vom Rennfahren wegzubringen, versucht sie ihn eifersüchtig zu machen, indem sie sich Elmo Mancini an den Hals wirft. Wie kann der Film schon anders ausgehen als mit einem Grand Prix–Sieg für Lucky und der Hochzeit mit der schönen Rusty? Wieder ein Film, der nur als Kulisse für die Präsentation von Elvis-Hits herhalten musste, darunter ein Cover des Ray Charles–Hits „What'd I Say", die neapolitanische Barkarole „Santa Lucia" und natürlich der Titelsong „Viva Las Vegas". Das einzig Elektrisierende am Film selbst war die Romanze, die sich zwischen Elvis und seiner Filmpartnerin Ann-Margret während der Dreharbeiten 1964 entwickelte und medienwirksam ausgeschlachtet wurde.

Elvis musste sich das Publikum von Las Vegas erst erobern, als er am 23. April 1956 zum ersten Mal im Venus Room des New Frontier Hotels direkt am Strip von Las Vegas auftrat. In den folgenden zwei Wochen gab er 28 zwölfminütige Shows, je eine um 20.00 Uhr und eine um Mitternacht. Wenngleich der mäßige Erfolg dieser Konzerte zeigte, dass das Publikum in Las Vegas für die Musik und das Auftreten eines Elvis Presley damals noch nicht bereit war, begann ihn die Glanz- und

Glitzerwelt der Casinostadt aufzusaugen. Als ein Star unter vielen zog er sich in den folgenden Jahren hierher zurück, um dem Stress am Filmset und dem Rummel inmitten seiner Fans zu entrinnen. Noch sprach man nicht vom „King of Las Vegas". Das sollte sich am 31. Juli 1969 ändern. Elvis hatte mit einem Fernseh-Special sein fulminantes Bühnen-Comeback gefeiert, nun gab er im „International Hotel" von Las Vegas sein erstes Livekonzert nach acht Jahren. Nichts hatte er von seiner Popularität eingebüßt. Dieses Comeback-Konzert und auch die 58 folgenden Auftritte im „International Hotel" waren restlos ausverkauft – das hatte es in Las Vegas zuvor noch nicht gegeben. Diesen Besucherrekord konnte danach nur einer brechen: er selbst, und zwar 1970 und 1972. Insgesamt gab der King innerhalb von sieben Jahren 837 Konzerte in der Stadt. Elvis und Las Vegas verschmolzen zu einem untrennbaren Begriffspaar. Wenn der „King of Las Vegas" auftrat, waren die Konzerthallen zum Bersten gefüllt, wenn sich der „King of Las Vegas" in der Stadt befand, mutierten die anderen Topstars zu Randfiguren.

April 1991: Es ist mein erster Trip nach Las Vegas. Leute, ich kann euch gar nicht sagen, wie aufgeregt ich bin. Ich lebe bei Kim Simpson in Garden Grove, Orange County. Gerade bin ich vom College nach Hause gekommen. Ich studiere hier in Amerika Gesang und amerikanische Sprache, weil ich sowohl stimmlich als auch sprachlich Elvis möglichst nahe kommen möchte. Anders wird es kaum möglich sein, meinen Berufswunsch als Elvis-Interpret auf Dauer professionell auszuüben. Außerdem habe ich vor einem Monat den Elvis-Contest in Palm Springs gewonnen. Jetzt sitze ich neben Kim im Auto. Wir fahren den Orange Freeway von Garden Grove hinauf nach Norden. Das Siedlungsgebiet wird nur durch eine Geländeerhebung unterbrochen, die vom Brea Canyon durchschnitten ist. Wir durchfahren den Canyon, dann passieren wir wieder schachbrettartig angelegtes Stadtgebiet. Bei Pomona nehmen wir den San Bernardino Freeway nach Osten, vorbei am Ontario International Airport LA. Mag die Stadt, durch die wir gefahren sind, gerade noch Pomona geheißen haben, jetzt ist es Ontario, in Wirklichkeit sind die Stadtgebiete zusammengewachsen und wir spüren hier überall den Puls einer Großstadt, und die heißt Los Angeles. Doch nun biegen wir auf den Ontario Freeway nach Nordwesten und lassen das Siedlungsgebiet hinter uns. Zwischen den San Bernardino Mountains und den San Gabriel Mountains windet sich ein enger Pass, dann geht es in Richtung Wüste. Einige Siedlungen wie Hesperia oder Victorville lassen wir noch hinter uns, dann führt die Straße schnurgerade durch menschenleeres, trockenes Niemandsland. Wo eine Erhebung im Weg stand, wurde die Straße durch die Felsen gesprengt. Gute vier bis viereinhalb Stunden brauchen wir für die

Las Vegas zog mich sofort in seinen Bann und hat mich nicht mehr losgelassen.

280 Meilen. Da wir erst am späteren Nachmittag weggefahren sind, wird es unterwegs dunkel. Aber schon Meilen, bevor wir unser Ziel erreichen, stelle ich mir verwirrt die Frage: Warum geht jetzt die Sonne auf? Vor uns taucht eine grell-weiße Halbkugel auf, so hell scheint uns das Lichtermeer von Las Vegas entgegen. Ich kann nur empfehlen, Las Vegas nicht über den Mc Carran International Airport anzufliegen, sondern mit dem Auto von Los Angeles gegen Abend hinzufahren.

Das Lichtermeer, von dem man empfangen wird, ist unglaublich beeindruckend, und der Anblick lohnt sich allemal. Dann tauchen wir in die Stadt ein. Ich weiß gar nicht, wo ich zuerst hinschauen soll, während wir zum Las Vegas Boulevard mit den vielen imposanten Mega-Hotels am Las Vegas Strip kommen. Einige davon haben die Karriere des King der 70er Jahre mitgeprägt, einige davon sollten auch für mich bedeutend werden.

Das Mirage Hotel und Casino – Warum ich Siegfried & Roy privat besuchen durfte und Wedding Chapels nicht mag

Das Mirage Hotel & Casino war das erste Megaresort, das nach heutigen Maßstäben errichtet wurde und einen wesentlichen Impuls zum heutigen

Erscheinungsbild von Las Vegas gab. In 30 Etagen sind 3044 Zimmer und Suiten untergebracht. Wenn du heute das Mirage Hotel betrittst, tauchst du in die Welt des Amazonas ein, denn es wurde im Stil des tropischen Regenwaldes eingerichtet. Wasserfälle, die tropische Bepflanzung und ein künstlicher Vulkanausbruch zogen mich sofort in den Bann.

Bei meiner ersten Ankunft im Mirage Hotel war ich nur beeindruckt.

Zehn Meter hohe Feuerfontänen begrüßten uns, als wir das Hotel betraten. Alle halben Stunden wiederholte sich das Spektakel und ich war so fasziniert, dass ich gar nicht erst zur Rezeption weiterging, sondern stehen blieb und mich gar nicht satt sehen konnte. Für mich war alles so neu und unwirklich. Als ich eingecheckt hatte, kehrte ich sofort wieder zurück und genoss das feurige Schauspiel. Im hinteren Bereich des Hotels gab es den „Secret Garden" mit einem Delfin-Pool und Wildkatzen, vor allem aber mit den berühmten Tigern des Künstlerduos „Siegfried und Roy". Würde ich die beiden Künstler jemals kennen lernen? Die beiden traten im Siegfried & Roy Theatre des Mirage Hotels vom Februar 1990 bis zum

Der Eingang zum Secret Garden im Mirage Hotel .

3. Oktober 2003 mit ihrer Tigershow auf. 5.750 Mal versetzten sie insgesamt rund 10,5 Millionen Zuseher in elektrisierende Spannung. Für mich verkörperten die beiden so richtig die Erfüllung des amerikanischen Traums.

Lange Zeit später, im Jahr 2002, spielte ich in Rosenheim für Walter Liebl, den Stiefvater meines Schwagers, ein Konzert zum 60. Geburtstag. Der stellte mich einem Mann vor, den ich zuvor noch nie gesehen hatte: „Das ist der Bruder vom Sigi Fischbacher." – „Mhm, angenehm. Und wer ist Sigi Fischbacher?" – „Ja, weißt du nicht? Das ist der Siegfried, von Siegfried & Roy!" Bis zu diesem Zeitpunkt hatte ich gar nicht gewusst, dass Siegfried gar nicht aus Amerika stammte, sondern ein waschechter Bayer aus Rosenheim war, und Roy Horn kam aus Nordenham an der Wesermündung gegenüber von Bremerhaven. Und als ich 2003 wieder nach Las Vegas flog, bekam ich von seinem Bruder einen Brief für Siegfried mit – für mich ein wahrer „Sesam öffne Dich".

Also ging ich wieder ins Mirage und sagte beim Empfang: „Ich bin da und würde dem Siegfried eine Nachricht überbringen." – „Ja was glauben Sie, wie viele Leute daherkommen und Siegfried eine Nachricht überbringen wollen." – „Aber die ist von seinem Bruder." So kam ich mit ihm zunächst in Telefonkontakt, wo er ankündigte, dass wir uns nach der Show sehen würden. Also besuchten wir die Show, ich, mein Bruder Helmut und Kim Simpson, den wir mitgenommen hatten, und wir durften sogar gratis hinein. Nach der Show bekamen wir die Erlaubnis, ihn backstage zu besuchen.

2002 traf ich mit Helmut und Kim Siegfried erstmals backstage.

Dort lud Siegfried mich und meinen Bruder Helmut für den nächsten Tag zu einem Besuch in sein Haus ein. Und wenn ich sage „Haus", dann meine ich den legendären „Jungle Palace" der beiden im Norden der Stadt, damals außerhalb des Siedlungsgebiets. Als wir hinauf fuhren, verwendeten wir bereits ein Navigationsgerät. Wir mussten vorher die Telefongesellschaft anrufen, die uns die gewünschte Route auf das Telefon übertrug, dann ein Druck auf die Starttaste und schon ging es los. „You reached the right direction!" Es gab ja noch keine Cell Phones, keine Handys. Wir waren ziemlich beeindruckt von der Anlage, als wir durch die großen Eingangstore gingen. Überall waren Kameras installiert, und dann stand plötzlich ein weißer Tiger vor mir, mit Riesenpranken, zurückgespitzten Ohren und einem leisen Fauchen, das mir die Koteletten im rechten Winkel vom Gesicht wegstehen ließ. Jetzt ist es aus, dachte ich mir, jetzt muss ich sterben. Neben mir stand mein Bruder Helmut wie vom Donner gerührt und raunte nur leise mit kaum wahrnehmbaren Lippenbewegungen: „Nicht bewegen, nicht mehr sprechen." Ich habe immer gesagt, dass der Tiger mein absolutes Lieblingstier ist. In diesem Augenblick allerdings hatte ich kein großes Bedürfnis für derartige Sympathiekundgebungen. Ich weiß nicht, wie lange wir so dastanden, bis ein lautes Lachen die knisternde Stille zerriss. „Der tut dir nichts!", hörte ich Siegfried im urigsten Bayerisch rufen. Ich dachte nur: „Das haben schon viele gesagt!" Außerdem fragte ich mich, wie lange uns die beiden schon beobachtet hatten. Und dann haben sie uns ihr Haus und das Gelände rundherum gezeigt, wo die Tiger schliefen, wo sie zur Welt gekommen waren. Die schwimmenden Tiger im Pool und ihr Fell anzugreifen war eines meiner beeindruckendsten Erlebnisse in Amerika.

Siegfried lud mich und meinen Bruder Helmut in den „Jungle Palace", die Privatvilla von Siegfried & Roy, ein. Tiger, wohin man schaut!

Wir besichtigten das Anwesen. Siegfried hatte im „Jungle Palace" eine eigene bayerische Stube eingerichtet, mit Wimpeln und Bierkrügen. Er tischte uns Schweinsbraten, Weißwürste und Sauerkraut auf, sodass wir uns wie im tiefsten Bayern und nicht wie in Las Vegas fühlten. Dann erzählte er uns von seiner Jugend, wie er einmal mit dem Fahrrad von Rosenheim nach Salzburg gefahren war, weil dort ein Zirkus auftrat, und wie er nach Amerika gekommen war. Roy Horn war leider nicht dabei, er musste sich um die Tiere kümmern. Wir waren den gesamten Nachmittag bei Siegfried im „Jungle Palace". Dieser Besuch war für mich ein besonders bewegendes Erlebnis!

Rusty mit Siegfried 2003 backstage.

Wenige Monate danach fand die Show von Siegfried & Roy ihr jähes Ende, als Roy von einem Tiger gebissen wurde. Ihm ist damals ein furchtbarer Fehler unterlaufen, der ihm nie hätte passieren dürfen: Er rutschte aus, die Leute schrien auf und der Tiger meinte, die Leute würden ihn attackieren. Deshalb packte er ihn mit seinen Zähnen im Genick, um ihn aus der Gefahrenzone zu ziehen. So erzählte es mir Siegfried einige Jahre später. Roy Horn war ja gleichsam als Hebamme bei den Geburten der Tiger selbst dabei, was sehr ungewöhnlich ist, weil ein Tigerweibchen einen Menschen sonst nie zu einer Geburt zulassen würde. Der letzte Satz, bevor Roy ins Koma fiel, war: „Tötet nicht den Tiger Montecore." Tatsächlich überlebte der Tiger und starb erst 2014. Bei Roy blieb die gesamte rechte Seite gelähmt.

1991, als ich zum ersten Mal nach Las Vegas kam, konnte ich von derartigen Abenteuern nur träumen. Der Grund für unsere damalige Reise lag darin, dass Kims Tante Robin in Las Vegas heiraten wollte. Ich hatte Robin bei einer Barbecue-Party in Garden Grove kennen gelernt. Kim und seine Tante hatten ein sehr inniges Verhältnis, und deshalb versprach er ihr bei diesem Fest: „Wenn du in Las Vegas heiratest, sorge ich für die musikalische Umrahmung durch einen Elvis-Interpreten." Und darum bin ich die 280 Meilen durch die Wüste von Nevada gefahren und habe die Vulkanausbrüche im Mirage Hotel zu sehen bekommen, wo die Abendunterhaltung geplant war. Die Hochzeit fand in der Little Church of the West am Strip, im Westen von Las Vegas statt.

1991 führte uns die Hochzeit von
Kims Schwester Robin nach Las Vegas.

Als Hochzeitsgeschenk sang ich „You Don't
Have To Say You Love Me" für die Braut.

Da stand ich nun neben dem Priester und sang vor der rund 25-köpfigen Hochzeitsgesellschaft „You Don't Have To Say You Love Me", Robins Lieblingslied von Elvis. Ich weiß nicht, wie meine Stimme geklungen hat. Ich kannte damals das Liederrepertoire des King aus den 1970er Jahren kaum. Bisher hatte ich nur seine Tophits aus den 50er und 60er Jahren gesungen. Außerdem war die Technik denkbar simpel. Kim drückte auf die Play-Taste eines Kassettenrecorders, der mit einem kleinen Verstärker verbunden war, und ich sang dazu. CDs oder Karaoke-Bänder gab es damals noch nicht, schon gar nicht in Europa. Kim besaß aber eine von diesen „It's easy to sing Elvis" – Kassetten mit einer Instrumentalaufnahme der Studioversion des Songs. Eigentlich nicht die Voraussetzungen für ein unvergessliches Klangerlebnis. Aber nach dem Lied, noch bevor die Zeremonie zu Ende war, kam Robin mit Tränen in den Augen zu mir und umarmte mich. Das mag jetzt ziemlich klischeehaft und nach billiger Las Vegas–Sitcom klingen, mit Wedding Chapel und übergewichtigem, Bauchgurt tragendem Elvis–Imitator. Aber man muss sich schon vor Augen halten, dass ich kaum ein Jahr nach dem Beginn meiner Karriere als Elvis-Interpret Las Vegas–Luft schnuppern und damit eine wichtige Erfahrung sammeln durfte. In dieser Phase hätte ich auch froh sein müssen, wenn ich von einem Dorfbierzelt zum nächsten getingelt wäre. Mein Auftritt bei Robins Hochzeit blieb im Übrigen mein einziger Ausflug in die Welt der Hochzeits-Elvisse von Las Vegas. Ich habe es für mich schon damals nicht als Ziel betrachtet, Hochzeiten als Elvis zu besingen, schon gar nicht in einer der Wedding Chapels von Las Vegas. Zufällig kam ich einige Jahre später zu einer Hochzeit mit einem dieser „Rent-an-Elvis"–Typen. Die Braut wurde von einem Elvis-Imitator im Glitteranzug in die Kapelle geführt und dort dem Bräutigam übergeben. Ein lieblos hingesungenes „Can't Help Falling In Love" während des Ringeaufsteckens und ein aufdringliches „Viva Las Vegas" am Ende der Hochzeit vermittelten einen kläglichen Las Vegas–Touch. Und dann küsste er auch noch die Braut, die ganz fasziniert wirkte. Nachher unterhielt ich mich kurz mit dem Elvis–Imitator. Er meinte, 15 Dollar für zwei Lieder seien ein gutes Geld, das man hier in Vegas als Elvis machen könne. Da wusste ich, warum ich diesen Weg nie einschlagen wollte. Nicht einmal, als mein eigener Bruder Helmut, für den ich wirklich so ziemlich alles tun würde, in Las Vegas heiratete, konnte ich mich überwinden, in einer Wedding Chapel als Elvis zu singen.

Der berühmte „Las Vegas Strip".

In den zwei Tagen nach der Hochzeit zeigte mir Kim ganz Las Vegas, immerhin hatte er in früheren Jahren hier als Taxifahrer gejobbt. Als wir durch die Stadt fuhren, habe ich mich, fast nach dem Motto „Elvis is in town", immer wieder zum Fenster hinaus gelehnt, die Finger zum Victory-Zeichen ausgestreckt und „Bright lights city gonna get my soul … Viva Las Vegas" hinausgegrölt. Wir fuhren zum Treasure Island, wo die Piratenschlachten nachgestellt werden. Zwei Schiffe fuhren auf einander zu, beschossen sich gegenseitig und brennende Stuntmen flogen aus 15 Metern Höhe ins Wasser. Natürlich waren wir auch im „New Frontier", wo Elvis 1956 seinen ersten Las Vegas–Gig hatte.

In Treasure Island werden beeindruckende Piratenschlachten nachgestellt.

Dort fuhren wir noch mit einem Bell Boy, einem echten Hotelpagen, die Aufzüge hinauf und hinunter. Und dieser Bell Boy zeigte mir die Suite von Elvis, in der er geschlafen hatte. Dann besuchten wir auch das Hilton Hotel, das ehemalige International Hotel, wo Elvis ab 1969 seine Auftritte hatte. Da stand ich nun auf der Bühne des Ball Rooms, wo auch Elvis gestanden war. Ich sah die x–Markierung auf dem Boden. Dort sollen sich die Künstler zu 70 bis 80 % ihres Auftritts aufhalten, um optimal ausgeleuchtet zu sein. Ich war im Himmel und begann zu träumen. Wie gerne hätte ich ein Engagement in einem Hotel in Las Vegas … im Caesars Palace, wo Tom Jones auftrat, oder überhaupt im Hilton Hotel …

Das Union Plaza Hotel und Casino – Von meinem wichtigsten Fernsehauftritt bis zu meinen ersten Vegas-Engagements

Das Union Plaza Hotel eröffnete mit 1037 Zimmern und Suiten bereits im Jahr 1971. Es steht nicht am Las Vegas Strip, sondern weiter nördlich in Downtown Las Vegas. Gegenüber dem Hotel beginnt die Freemont Street, die 1994 zur Gänze als Erlebnismeile überdacht wurde. Bekannt ist die Street wegen ihrem berühmten Wahrzeichen, dem „Vegas Vic", einer beleuchteten Cowboy-Figur, die 1951 als Werbeträger über dem Pioneer Club errichtet wurde. Der Vegas Vic hatte einen beweglichen Arm mit einer Zigarette in der Hand. Das Union Plaza wurde direkt neben der ehemaligen Union Pacific Railroad Station eröffnet, daher stammt auch der Name des Hotels. Um klar zu machen, weshalb ich 1994 mein erstes Las Vegas–Engagement im Union Plaza Hotel hatte, muss ich ein wenig ausholen.

1993 war ich mit meinem Manager wieder in Amerika. Eigentlich wollten wir Memphis besuchen, aber dann rief mich Kim Simpson an und bat uns, zu ihm zu kommen, weil er mit uns nach Las Vegas fahren wollte. Er hätte etwas ganz Heißes für mich, meinte er geheimnisvoll. „Du wirst sehen, das wird dein großer Schritt in Amerika." Also disponierten wir um und besuchten ihn. Kim arbeitete nicht mehr bei KTLM als Station Manager, sondern moderierte Talk Shows für die lokale Fernsehstation MultiVision Channel 3 in Orange County. Schon früher hatte ich Kim

Vor meinem Fernsehauftritt 1993 im Sender von MultiVision Channel 3 in Orange County, bei Talkmaster Kim Simpson.

einmal gefragt, ob er meinen Sieg in Palm Springs in einer seiner Shows bringen könnte. Allerdings war nach meinem ersten Amerika-Aufenthalt unser Kontakt weitgehend abgerissen. Deshalb war ich überrascht, als er mir nun anbot, in seiner Talkshow aufzutreten, bevor wir nach Vegas fuhren. Pro Tag zeichnete er zwei bis drei Sendungen mit jeweils drei Gästen auf. Jeden Tag in der Woche strahlte der Sender dann eine Talkshow aus. Kim plauderte nacheinander mit seinen Gästen. Ich durfte in einer Sendung mit dem weiblichen Pornostar Amber Lynn und mit Bill Cosby auftreten. MultiVision Channel 3 in Orange County war ein eher kleinerer Sender, allerdings konnte er in ganz Kalifornien, Nevada, Las Vegas und in Arizona empfangen werden, und da reden wir von rund 47 Millionen Menschen, die der Kanal erreichte.

Schon das Styling vor Beginn der Aufzeichnung war für mich sehr aufregend. Besonders beeindruckte mich das riesengroße Studio von MultiVision Channel 3. Wenn das bei den kleineren Privatsendern schon solche Dimensionen hatte, wie sehen dann die großen Studios der staatlichen Sender wie NBC aus? Ich war so nervös, der ganze Fuß zitterte beim Styling.

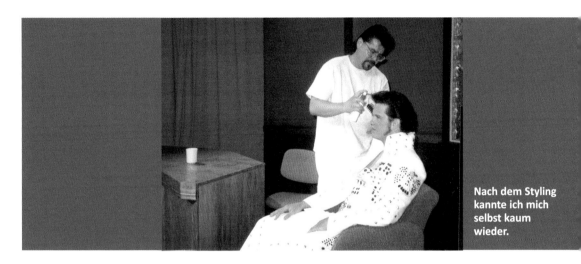

Nach dem Styling kannte ich mich selbst kaum wieder.

Dann bekam ich die erste Maske, ein volles Makeup mit Lippenstift. Als ich mich im Spiegel sah, rief ich erschrocken: „So gehe ich nicht hinaus." Die Stylistin klärte mich auf, dass das für die Scheinwerfer notwendig sei. Und dann betrat Bill Cosby das Studio. Ich hatte ja so viele Sendungen von ihm gesehen und war ein Riesenfan von ihm. Beeindruckt ging ich zu ihm hin und stellte mich vor. „Excuse me, Mr. Cosby, I'm the Elvis Impersonator, I'm performing here like you." So habe ich damals geredet. Das würde ich heute ganz anders machen. „Ah, okay, good looking guy", antwortete er in seinem Schwarzen-Dialekt. „Nice to meet you!", und dann gab er mir die Hand. Für ein weiteres Gespräch hatten wir keine Gelegenheit mehr, weil mein Auftritt in der Talk Show bevorstand. Es war für mich der aufregendste Fernsehauftritt überhaupt. Ich wusste gar nicht mehr, wo mein Herz saß, ich war so nervös und habe einen völligen Blödsinn dahergeredet. Mein Englisch war noch nicht so ausgebildet, und ich wusste, dass im Hintergrund Bill Cosby zuhörte. Eigentlich habe ich nicht viel mehr getan als bestätigend das nachzuplappern, was mir Kim in den Fragen bereits in den Mund gelegt hatte. Wir redeten über den Grund meines neuerlichen Aufenthaltes in Amerika, meine Reise nach Memphis, Tennessee, wo ebenso wie in Palm Springs jährliche Elvis Contests stattfanden. Dann befragte er mich über meine damalige Österreich-Tournee „Separate Ways" mit der dazu eingespielten CD, und schließlich ging Kim auf den geplanten Trip nach Las Vegas ins Union Plaza Hotel ein. Im Rahmen meines Auftritts sang ich auch zwei Songs in der Show: „If You Love Me Let Me Know" und „Let Me Be There". Die Lieder waren zwar um einen Ton tiefer gesetzt als das Original, kamen aber trotzdem gut an, weil der Dialekt schon gepasst hat.

Kim moderierte die Talk Show ...

... danach hatte ich einen Gesangsauftritt.

Nach der Aufzeichnung wollte ich mit Bill Cosby wieder ins Gespräch kommen, aber leider bedrängten ihn die Zuseher derart um Autogramme, dass wir vor lauter Hektik und Gedränge nicht dazukamen, ein gemeinsames Foto zu machen. Zumindest ist sich ein gemeinsames Bild mit Amber Lynn ausgegangen. Als dann die Talk Show im Fernsehen lief, war ich ganz von den Socken, weil schon in den „Headline News" von Mul-

Kim Simpson verabschiedet Rusty in seiner Talkshow.

tiVision Channel 3 ein knapp zweiminütiges Kurzportrait von mir gezeigt wurde, unter anderem mit der Einblendung eines Fotos von meinem Heimatort St. Michael. Auch bei dem Interview, das im Vorfeld mit mir gemacht wurde, war ich ziemlich nervös und brachte nur heraus, dass ich 1991 in Palm Springs gewonnen hatte, dass ich Amerika liebte und dass Amerika ein großes Land sei. Ich bekam ein Video des Beitrages und meines Auftritts in der Talk Show mit nach Hause. Man kann sich gar nicht vorstellen, wie groß meine Freude über diese Videokassette war. Natürlich wollte ich sie in Österreich dann jedem herzeigen. Das erwies sich aber als ziemlich enttäuschender Flop für mich. Denn einerseits hatte ich nicht bedacht, dass das amerikanische NTSC-System mit dem europäischen PAL-System inkompatibel ist und die Videoabspielung deshalb vor dem versammelten Freundeskreis nicht funktionierte, und andererseits hoffte ich über den Werbeeffekt für meine Heimatgemeinde, dass ich eine Plakatspende über 500 Schilling für meine Konzerte herausverhandeln könnte. Das ginge allerdings nicht, wurde mir mitgeteilt. Ich könne doch nicht glauben, dass wegen so einem Bild von St. Michael im Lungau im Fernsehen auch nur ein Amerikaner seinen Urlaub bei uns verbringen würde. Der Funken der Begeisterung über meinen Erfolg in Amerika sprang in meiner Heimat nicht auf mein Umfeld über. Die Haltung zu dem, was ich musikalisch zu verkörpern versuchte, blieb im Lungau weiterhin gespalten.

Einige Tage nach der Talk Show fuhren wir mit Kim Simpson nach Las Vegas. Er hatte ein Treffen mit einem gewissen Raymond Walker arrangiert, der als Manager im Union Plaza Hotel arbeitete. Walker musterte mich von oben bis unten und ich spürte regelrecht seine Skepsis, als er fragte: „Und du kannst wie Elvis singen?" Offenbar hatte er meinen Auftritt in Multi-Vision Channel 3 gesehen und war sich nicht ganz im Klaren, ob ich nicht doch Vollplayback gesungen hätte. Also wies er mich an, mich auf die Bühne zu stellen. Da war bereits eine Band, bestehend aus fünf oder sechs Filipinos, die „Teddy Bear" zu spielen begann, als ich die Bühne betrat. Und dann sang ich mit. Als wir fertig waren, grinste Walker verschmitzt und sagte in einem wissenden Ton, wir sollten jetzt die Elvis-Kassette aus dem Player herausnehmen und dann live singen. Der Bandleader entgegnete, dass es da keine Kassette gab und dass alles live gespielt und gesungen worden sei. Jetzt sah mich Walker nicht mehr wissend, sondern verdutzt an. Am selben Abend stand ich bereits auf der Bühne und sang für das Publikum fünf Elvis-Songs. Damals befand sich meine Umkleidekabine im Union Plaza noch am Klo. Ich hatte meinen „Taubenanzug" mit, den mir meine Cousine Monika Rauter geschneidert und meine Mutter bestickt hatte. Meinen Schmuck hatte ich jedoch zuhause gelassen. Einige Szenen dieses Auftritts sind als Film festge-

Bei meinem ersten Probeauftritt in der Omaha Lounge im Union Plaza Hotel 1993 sang ich „Teddy Bear".

halten, da ich mir vor unserer Abreise eine Kamera ausgeliehen hatte und mein Manager einige Sequenzen mitfilmte. Nach diesem ersten kurzen Las Vegas–Gig bot mir Raymond Walker ein Engagement für einen Monat an, um zu sehen, ob ich mich auch für Folgeauftritte bewähren konnte. Wir vereinbarten eine Konzertserie für die Dauer vom 29. April bis zum 28. Mai 1994. Meine Las Vegas-Auftritte waren aus dem herkömmlichen Management ausgelagert. Dafür trug ich immer selbst die Verantwortung. 1994 flog ich also wieder nach Las Vegas, um mein erstes echtes Engagement in den Staaten zu erfüllen – als Elvis Interpret in einem Hotel in Las Vegas. Hatte ich es nun geschafft? Hatte ich nun meinen Himmel erklommen, gleichauf mit Stars wie Liberace, Tom Jones oder Engelbert Humperdinck?

1994 war es dann so weit: mein erstes Engagement im Union Plaza!

Die Omaha Lounge, wo ich meinen Auftritt bestritt, fasste ein Publikum von 200 bis 300 Leuten und war somit der kleinste Konzertsaal des Hotels. Mein Konzert wurde wie bei den Elvis-Auftritten der 1970er Jahre mit „Also sprach Zarathustra" eingeleitet, dann betrat ich die Bühne. Der erste Auftritt war für mich entsetzlich! Ich war total nervös, bis ich die Begeisterung im Publikum in der Omaha Lounge bemerkte. Die Stimmung war sensationell und mein Auftritt machte rasch die Runde, sodass „Rusty in Concert" immer ausverkauft war. Für gewöhnlich gab ich eine Show pro Tag, die eine Stunde dauerte. Einmal brodelte die Stimmung so über, dass mein Anzug von aufgepeitschten Zuschauerinnen zerfetzt wurde. Für die restliche Zeit musste ich mit einem Sack von einem Kostüm vorlieb nehmen. Die Lounge war immer voll, und da die Türen ins Casino hinaus offenstanden, hatte ich auch viele Zaungäste, die von der Casinohalle aus zusahen. Raymond Walker blieb der Erfolg meiner Konzerte nicht verborgen und er wollte mit mir für 1995 einen Jahresvertrag aushandeln. Dem konnte ich aber unmöglich zustimmen. Ich hätte es weder körperlich noch stimmlich ausgehalten, ein Jahr lang täglich eine Show oder gar zwei Shows zu spielen. Also schlug ich vor, diesen Jahresvertrag auf zwölf Jahre zu splitten und jedes Jahr für einen Monat nach Las Vegas zu kommen. Walker stimmte zu. Nun hatte ich langfristig den Fuß in den Hoteltüren von Las Vegas.

Meine erste Las Vegas-Autogrammkarte „Rusty in Consert" mit einem seltsamen Druckfehler.

Das Mandalay Bay Hotel und Casino – Auf dem Weg zum Star

Das südlichste Hotel am Las Vegas Boulevard hieß Hacienda Resort Hotel and Casino. Es wurde 1956 mit 266 Zimmern und dem größten Swimming Pool am Strip eröffnet. 40 Jahre war das Hacienda Hotel fixer Bestanteil von Las Vegas, dann erhielt es einen neuen Eigentümer und wurde 1996 geschlossen und gesprengt. An seiner Stelle entstand in den folgenden beiden Jahren das Mandalay Bay Hotel und Casino. Mit mehr als 4766 Zimmern und Suiten gehört es zu den weltweit größten Hotelkomplexen mit einem künstlichen Strand und einer Wellenanlage. Im „Mandalay Bay" befinden sich eines der größten Konferenz-Zentren der Welt, das „Events Center", eine Halle mit 12.000 Plätzen, ein Theater, die „House of Blues Music Hall", eine Vielzahl an Restaurants, die riesige Aquarien-Anlage „Shark Reef" sowie die Laden-Passage „Mandalay Place". Der erste Turm wurde im Februar 1999 eröffnet, der zweite Turm 2003. Der Neubau war zunächst als „Paradise Project" mit Hawaii-Bezug geplant, wurde später aber auf „Mandalay Bay" umbenannt. Mandalay ist eine Binnenstadt des hinterindischen Staates Birma am Irawadi,

Das Mandalay Bay Hotel in Las Vegas.

dementsprechend nimmt das Hotel in seiner Themengestaltung auf die kulturellen Gegebenheiten dieser Region Rücksicht.

Ich hatte meine Vereinbarungen im Union Plaza nicht, wie üblich, mit dem Hotel, sondern mit Raymond Walker persönlich getroffen. Als er daher das Union Plaza verließ, ging ich mit ihm mit. Damals kündigte sich bereits an, dass anstelle des abgerissenen Hacienda Hotels ein ganz gro-ßes Themenhotel, das „Mandalay Bay", entstehen würde. Als ich 1999 zum ersten Mal vor dem neuen Hotel stand, war ich völlig sprachlos. Ein derartiger architektonischer Gigant stellte alles in den Schatten, was ich erwartet hatte. Von Beginn an war „Rusty in Concert" Teil des Showpro-gramms im neuen Mandalay Bay Hotel, und das blieb ich bis 2008. Die Erinnerungen an meine Arbeit in diesem Hotel ließen alles verblassen, was ich vorher in Las Vegas erlebt hatte. Und als ich nach 15 Jahren – meinen Probeauftritt 1993 mitgerechnet – mein Las Vegas-Engagement beendete, hatte ich den Eindruck, als wäre ich schon immer im Mandalay Bay aufgetreten. Außerdem empfand ich es als besonders erhebendes Gefühl, auf dem riesigen Ankündigungsturm eines weltberühmten Hotels meinen Namen zu lesen. Ich stand zwar nicht ganz oben, dieser Platz blieb den Weltstars vorbehalten, aber schon in der zweiten Reihe der großen Anzeige stand „Rusty in Concert"!

Für meine Auftritte hatte ich 1995 bei Erika Macheiner in Mariapfarr einen neuen Anzug schneidern lassen, nun aber mit Swarowski-Steinen. Ich merkte, dass das Outfit einen wichtigen Beitrag zu meinem Erfolg leistete.

„**Rusty Live In Concert**" am großen Ankündigungsturm!

Die Liederauswahl stellte ich nun auf die Las Vegas Show von Elvis um, also auf das Songmaterial beziehungsweise die Arrangements des King aus den 1970er Jahren. Lieder wie „Hound Dog" präsentierte Elvis in Las Vegas mit dem großen Fünfzigmannorchester viel schneller als in den 1950er Jahren. Das versuchte ich nun in meinen Shows nachzuempfinden. Diese dauerten nur mehr 40 Minuten, allerdings musste ich pro Tag zwei Shows geben; eine Dinner-Show um 20.00 Uhr und eine Midnight-Show um 24:00 Uhr. Die beiden Shows hatten eine unterschiedliche Liedauswahl von 15 bis 20 Songs. Und wenn die Stimmung in der Dinner-Show super war, kündigte der Announcer meinen Midnight-Auftritt an. Auch von der Location her machte ich in den folgenden Jahren einen großen Aufstieg. Zunächst spielte ich im „Small Theatre" mit einem Fassungsvermögen von 600 bis 700 Personen. Später gab ich meine Shows in der „House of Blues Music Hall". Hier finden rund 1800 Zuschauer Platz. Statt der fünf oder sechs Filipinos im Union Plaza spielte ich im Mandalay Bay mit einem Dreißigmannorchester. Ich hatte als Elvis-Interpret den Puls der Stadt getroffen. Die Konzerte waren über die Jahre hin bis auf wenige Restkarten immer ausverkauft. Das mussten sie auch sein, weil sonst das Hotelmanagement den Vertrag mit mir vorzeitig beendet hätte. In Las Vegas kann ein aufgehender Stern sehr schnell wieder im Dunkel versinken. Dass ich mich bis zur vollständigen Erfüllung meines Vertrages halten konnte, macht mich noch immer sehr stolz.

Ich weiß an sich nicht, wer bei meinen Shows im Publikum saß. Doch im Jahr 2000 machte Leonhard Kalb, Installateurmeister aus St. Michael, mit seiner Frau und einer Gruppe anderer Ingenieure einen Las Vegas–Trip. Da fiel ihm die Ankündigung „Rusty in Concert" auf dem Mandalay Bay auf. Das Ticket kostete 120 Dollar, allerdings kam man damit in die Dinner-Show und in die Midnight-Show inklusive Essen und Getränke. Dazwischen konnte man selbstverständlich den Raum verlassen und dann wieder kommen. Der Leo konnte nicht glauben, dass damit der Rudi aus dem Lungau gemeint war, und entschloss sich, mit einem Kollegen die Show zu besuchen. Da die Show ausverkauft war, bekamen sie nur sehr weit hinten Resttickets. Ich hatte damals bereits das große Dreißigmannorchester. Im Hintergrund sah man eine hologrammartige Lichtershow mit einer Satellitenkugel, über der immer wieder der Schriftzug „Las Vegas – Salzburg" und „Mozart" mit den typischen Funksende- oder Morsegeräuschen wie bei Elvis' großer „Aloa from Hawaii"–Show im Jahr 1973 aufleuchtete, damit die Leute sich orientieren konnten, woher ich kam. Dann ging die Signation von „Also sprach Zarathustra" los. Als dann die großen Pauken eingeschlagen wurden, lösten sich die Hologrammbilder wie Seifenblasen auf und ich trat auf, weil schon der Titelsong „CC Rider" losging und sich das obligate Geschrei im Publikum erhob. „Bist du verrückt, das ist ja der Rudi!", dachte da der Leo, wollte nach vorne kommen, wurde aber von der Security zurückgehalten. So habe ich mit Freude nachträglich erfahren, dass jemand aus meiner Lungauer Heimat meine Show im Mandalay Bay miterlebt hat.

Ab 1995 bekam ich ein eigenes Zimmer, zunächst allerdings noch in sehr bescheidenem Rahmen. Zumindest musste ich mich nicht mehr in irgendeiner Toilette umziehen. Im Mandalay Bay wurde meine Suite dann immer komfortabler, mit einer Fläche von 275 Quadratmetern und einem Jakuzzi, wie in den Staaten der Whirlpool nach dem führenden Markenhersteller genannt wird. Ein großer und komfortabler Regenerationsbereich war insofern notwendig, weil man als Künstler ja kaum das Hotel verlassen konnte. Gerade in den ersten Jahren hielt ich mich während meines Las Vegas–Monats nur im Hotel auf. Das liegt an den klimatischen Verhältnissen. Das extrem heiße und trockene Wüstenklima von Nevada lässt größere Spaziergänge oder eine abendliche Kneipentour nicht zu, ohne schwere Verkühlungen zu verursachen, da die Hotels mit Klimaanlagen heruntergekühlt werden. Von kulturellen Erlebnissen oder Ausflügen in der Freizeit konnte daher keine Rede sein. Wenn ich keinen Auftritt hatte, blieb ich im Zimmer. Gerade in den ersten Jahren hatte ich panische Angst davor, dass meine Stimme versagen könnte. Immerhin haftete ich ja selbst für meinen Auftritt und damit auch für meine Gesundheit. Natürlich wäre es reizvoll gewesen, in der riesigen Poolanlage des Mandalay Bay zu schwimmen; die hatte sogar einen Sandstrand dabei. Aber einerseits wäre ich dann aus dem Autogramme-Schreiben nicht herausgekommen, andererseits hatte ich ständig Angst um meine Stimme. Damals streckte ich sogar das Bier mit warmem Wasser. Ich war abgeschottet wie in einem Gefängnis. Somit bleiben für mich neben den Erfolgen bei den Konzerten auch die Gefühle der Langeweile und der Einsamkeit in Erinnerung, wenn ich an Las Vegas denke. Erst bei meinen letzten Aufenthalten, bei denen mich mein Bruder Helmut oder meine Frau Kathy begleiteten, nahm ich mir die Freiheit, mich in Las Vegas ein wenig umzusehen.

Das Caesars Palace Hotel und Casino – Begegnungen mit den Weltstars

Die Ausmaße des Caesars Palace Hotel und Casino sprengen alles, was man sich im Hotelbereich vorstellen kann. Im Stil eines römischen Palastes gebaut, öffnete das Hotel 1966 am Las Vegas Boulevard seine Pforten. Es soll die Pracht eines römischen Imperators wie Gaius Julius Caesar wiederspiegeln, und daher hat es auch seinen Namen. 3960 Gästezimmer und Suiten sind in sechs Zimmertürmen, einem Roman Tower, einem Centurion-Tower und einem Forum Tower untergebracht. Am Parkgelände wurden 1981 und 1982 Formel 1 – Rennen ausgetragen. Seit 2003 gibt es das Colosseum, eine Theateranlage mit über 4000 Sitzplätzen. Hier treten die absoluten Superstars auf. Für mich war das Colosseum im Caesars Palace natürlich um einige Schuhnummern zu groß.

In den letzten drei Las Vegas–Jahren holte ich sehr viel nach, was ich bei den früheren Aufenthalten versäumt hatte. Natürlich gab es auch davor vereinzelt vorsichtige Ausflüge aus dem Hotel. Ich erinnere mich an eine wunderschöne Frau, mit der ich den Stratosphere Tower besuchte, um mit ihr in 280 Metern Höhe den sternklaren Himmel zu betrachten. Wir ließen uns mit dem „Big Shot" 40 Meter am Turmmast hochkatapultieren, um im freien Fall auf den Ausgangspunkt zurückzukehren. Kurzfristig spürten wir das Gefühl der Schwerelosigkeit. Das war in dem Jahr nach meiner Scheidung. Ich nehme an, es hätte auch eine wunderbare Romanze werden können, wenn sie nicht in den Himmel geblickt, sich dann verträumt mir zugewandt und gefragt hätte: „Gibt es bei euch in Europa auch Sterne am Himmel?" Da merkte ich plötzlich, dass ich einen wichtigen Termin im Hotel übersehen hatte. – 2005 kam ich mit meinem Bruder Helmut wieder zum Stratosphere Tower, diesmal aber wegen einer ganz anderen Attraktion. Oberhalb des „Top Of The World Restaurant" befindet sich „The X-Scream"", eine Art Achterbahn, mit der man über die Brüstung hinausschießt und in 280 Metern Höhe über dem gähnenden Abgrund zu stehen kommt. Wir fuhren mit dem Lift nach oben, dann gingen wir zur Brüstung und blickten hinunter. Schon da fing es so richtig zu kribbeln an. In der Achterbahn halte ich die Hände immer nach oben, auch bei Loopings oder Drehbewegungen. Aber dieser „X-Scream" zeigte sogar mir die Grenzen auf. Die Sicherheitsbügel gingen automatisch herunter. Wir dachten zunächst, die Achterbahn fährt einfach entlang des Towers, aber dann schossen wir plötzlich über die Brüstung hinaus und hingen über dem Abgrund, bis es uns wieder hinaufzog. Das wiederholte sich zweimal. Mein Bruder Helmut wirkte nach der Fahrt irgendwie indisponiert. Natürlich dreht es dir das Innere nach außen, aber dass er dann gleich zwei Stunden mit mir nicht mehr geredet hat …

Als Musiker bleiben mir natürlich wichtige Konzerte und Begegnungen mit anderen Künstlern in Erinnerung. So durfte ich Celine Dion im Colosseum des Caesars Palace erleben. Seit 2003 etablierte sie sich als eine der Superstars von Las Vegas. Und auch bei einem Konzert von Elton John war ich im Publikum. Er gastierte seit 2004 mit seiner „Red Piano Show" im Colosseum des Ceasars Palace.

Seit ich im Mandalay Bay meine Auftritte hatte, bekam ich als Künstler kostenlose Entertainer-Karten mit der Möglichkeit, Backstage-Besuche zu machen. 2006 meldete ich mich mit meinem Bruder Helmut zu einem Besuch bei Tom Jones an. Er trat seit den beginnenden 1970er Jahren in den Clubshows von Las Vegas auf und entwickelte sich zu einem der führenden Superstars. Wir besuchten sein Konzert im MGM Grand Hotel am Las Vegas Strip. Angesichts des bevorstehenden Treffens stieg mein Nervositätspegel, sodass ich die Show gar nicht so mitverfolgte und am nächsten Tag noch einmal hingehen musste, um sie zu genießen. Aber nach der Show gingen wir hinter die Bühne, und dort trafen wir ihn: „The Tiger". Schon bei seinen ersten Worten habe ich gemerkt: Das ist doch nie und nimmer ein Amerikaner. Ich wusste damals nicht, dass er aus Wales stammt. Zuerst machten wir die obligaten Fotos, dann bekam er einen halben Liter eiskaltes Bier serviert. Obwohl das Glas außen gefroren war, stürzte er es in einem Zug hinunter. Bis zu diesem Zeitpunkt habe ich immer warme Getränke nach einem Auftritt getrunken. Er aber meinte, wenn man in der Stimmungslage zwischen Bariton und Tenor sei, nur kalte Getränke nach einem Gig! Ob es für den Magen gut ist, sei dahingestellt. Seither sind meine Getränke nach den Konzerten eisgekühlt und ich litt tatsächlich an keiner Verkühlung mehr.

2006 erlebte ich Tom Jones in Concert und backstage.

Nach diesen philosophischen Getränkebetrachtungen erzählte mir Tom Jones, welche Freundschaft ihn mit Elvis verband. 1975 trat Tom Jones in Caesars Palace auf, während Elvis im Las Vegas Hilton Hotel, dem ehemaligen International Hotel, gastierte. Tom Jones meinte, er könne Elvis Paroli bieten, doch waren seine Konzerte nicht ausverkauft, während Elvis völlig ausverkauft war. Einmal stimmte er sein berühmtes „Green Green Grass Of Home" an, als ein Raunen durch das Publikum ging, das sich zu einem tumultartigen Aufschrei steigerte. Selbstzufrieden legte er seine ganze künstlerische Kraft in den Gesang, bis er merkte, dass Elvis im Karateanzug mit 20 Leibwächtern den Konzertraum betreten hatte. Dann kam er auf die Bühne und klopfte ihm auf die Schulter. „Hi Tom!", meinte er, und verließ auf der anderen Seite wieder die Bühne. Die Stimmung beruhigte sich wieder, plötzlich begann die Unruhe im Publikum von neuem, weil Elvis mit dem ganzen Tross wieder über die Bühne zurückkehrte. Es gab dort nämlich keinen Ausgang. „See you in Concert,

Tom!", meinte er noch und verließ den Konzertraum. Tom Jones besuchte sein Konzert, trat aber danach nie wieder auf, wenn gleichzeitig Elvis in der Stadt war. Er sagte zu mir: „Es gibt eine Regel. Man sollte niemals in Las Vegas auftreten, wenn Elvis ‚The King' in town ist." Denn Elvis war mit seinen Engagements immer das Highlight in Las Vegas. Zu diesem Zeitpunkt gab Elvis nur mehr die Dinner- und die Midnight-Show, weil er gesundheitlich bereits angeschlagen war, nur zweimal spielte er um 4 Uhr in der Früh, damit sich Tom Jones auch das Konzert anhören konnte. Ab 1976 nannte man Tom Jones „The Tiger of Las Vegas", mit hautengen Schlaghosen. Dann begann er mit Watte ein längeres Gemächt vorzutäuschen. Und wenn er auf die Frage: „Wie lang ist der Schwanz eines Tigers?" von einer Dame die Antwort „Probably three feet!" bekam, dann holte er sich die Lacher mit der Antwort: „Hey Baby, you can call me Tiger!" – Diese und ähnliche Anekdoten erzählte mir Tom Jones an jenem Abend. Für mich war das Treffen mit ihm die bedeutendste Begegnung mit einem Las Vegas Superstar.

2006 besuchte mich meine Frau Kathy in Las Vegas, weil ich im Mandalay Bay Priscilla Presley treffen sollte. Zur gleichen Zeit gastierte im „The Orleans Hotel and Casino" Engelbert Humperdinck.

Im selben Jahr besuchten Kathy und ich auch Engelbert Humperdinck im Orleans Hotel.

Ich zierte mich zunächst, weil ich den Konzertbesuch mit meinen eigenen Showauftritten unter einen Hut bringen musste, und meinte, dass es sicher keine Karten mehr gäbe. Aber als wir auf ihr Drängen hin dennoch zum The Orleans kamen, merkten wir, dass sehr wohl noch Restkarten erhältlich waren. Die Chance, Engelbert Humperdinck backstage kennen zu lernen, wollte ich mir keinesfalls entgehen lassen. Wenn schon, denn schon! Also zückte ich wieder meine Entertainerkarte, gab mich als „Elvis-Impersonator" vom Mandalay Bay zu erkennen und wollte uns für das Treffen anmelden. Das wurde jedoch abgelehnt, weil Engelbert heute seine Familie zu Besuch hätte. Auch die Managerin von Engelbert kam zum Ticket-Verkauf und bestätigte den Familienbesuch. Damit wollte ich mich jedoch nicht abspeisen lassen und griff intuitiv zu einer List. Ich wuss-

te, dass Engelbert Humperdinck im Musikantenstadl aufgetreten war und Karl Moik kannte. Also meinte ich spontan: „Das ist aber schade, denn ich bin der Sohn von Karl Moik." – „Wer?" – „Karl Moik, der Moderator vom Musikantenstadl in Austria, wo Engelbert aufgetreten ist. Das ist mein Vater." Darauf kam eine dritte Person, die mich aufforderte, meine Identity Card zu zeigen. Das konnte ungemütlich werden. „Ich habe keine ID mit", antwortete ich. „I am the entertainer of the Mandalay Bay, Elvis Presley. That's my ID, and I'm the son of Karl Moik!"

Engelbert Humperdinck live im The Orleans Hotel.

„Mmh, I know Charley, but I only know his son Wolfgang." Der Mann schien sich mit Karl Moiks Familienverhältnissen auszukennen. Dennoch blieb ich bei meiner Geschichte: „Und ich bin der zweite Sohn. Ich werde heute noch meinen Vater anrufen …" – „Nein, das ist nicht notwendig", unterbrach er mich. Und so durfte ich mit meiner Frau Kathy Engelbert Humperdinck persönlich treffen. Auch er erzählte mir Geschichten von Elvis. So habe ihm der King erklärt, wie er sich wirkungsvoller auf der Bühne präsentieren konnte: „Beine gespreizt macht sexy." Den gleichen Tipp hatte er auch Tom Jones gegeben. Bestimmte Geschichten der beiden deckten sich. Aber neu war für mich folgende Anekdote: „Elvis hat behauptet, dass er die breiten Koteletten in Las Vegas erfunden hätte. In Wirklichkeit habe ich sie schon 1967 so im Sideburn-Style getragen", also schräg über die Wange. Und das zu einer Zeit, als Elvis noch „Sideburns" hatte, die gerade nach unten geschnitten waren.

Bei der nächsten Weihnachtsfeier, die Rudi Quehenberger beim „Bierführer" in Goldegg alljährlich für seine Freunde ausrichtet, traf ich Karl
Moik und beichtete während meines Auftritts öffentlich meine unsau-
bere Identitätsvortäuschung. Er war zunächst baff, dann lachte er und
meinte: „Ein richtiger Entertainer." Zumindest ihm gegenüber konnte ich
Abbitte leisten.

Im „Bierführer" in Goldegg beichte-te ich Karl Moik, dass ich mich als seinen Sohn aus-gegeben hatte.

In dieser Zeit, als ich ihn kennen lernte und öfter zu treffen begann, hörte
er gerade auf, den legendären „Musikantenstadl" zu moderieren, der
25 Jahre lang mit seinem Namen eng verbunden war. In den folgenden
Jahren intensivierte sich unser Kontakt so, dass er mich sogar zu seinem
75. Geburtstag in Oberalm einlud. Er lobte meine Arbeit öffentlich in
einer Talkshow von Markus Lanz im ZDF. Damals übte er heftige Kritik
an der Führung des „Stadls". Dreimal war er in Salzburg ausgestrahlt
worden, ohne dass er gleichsam als Nachbar eine Einladung bekommen
hätte. Dies war nur eines von mehreren Mosaiksteinen, die zeigten, wie
schäbig mit ihm umgegangen wurde. Andy Borg, sein Nachfolger als
Moderator, hätte sich wirklich gewünscht, dass Karl Moik zum 30-Jahre-
Jubiläum des „Musikantenstadels" kommen würde. Aber Karl wollte
nicht mehr. Zu Markus Lanz sagte er wörtlich: „Ich bin am Samstag" –
bei der dreißigjährigen Jubiläumsshow – „bei einer Veranstaltung mit
Rusty, der hat bei einem Contest von 4000 Bewerbern den besten Elvis
Presley-Verschnitt gewonnen!" Und auf die Frage, ob er da hingehe,
bekräftigte Karl: „Ja, da gehe ich hin!" Später einmal meinte er zu mir:
„Rusty, eines tut mir nachträglich wirklich Leid, dass ich dich mit deiner
Las Vegas-Band nie zu mir in den Musikantenstadl geholt habe. Ich kann-

te dich damals einfach zu wenig und wusste nicht, was für ein großartiger Entertainer du bist." Was für ein Sprungbrett wäre das gewesen! Aber jetzt, da ich nach seinem Tod sehr oft an ihn zurückdenke, sind derartige Spekulationen für mich völlig nebensächlich. Karl Moik war nicht nur auf der Bühne, sondern auch im Privatleben ein einzigartiger Mensch!

Mit Karl Moik ist ein ganz Großer des heimischen Showbusiness von uns gegangen.

Nachdem 2008 mein Las Vegas–Engagement 15 Jahre nach meinem ersten Vorsingen bei Raymond Walker zu Ende gegangen war, kam ich erst wieder 2014 in die berühmteste Wüstenstadt des Bundesstaates Nevada. Ich begleitete Hubert Palfinger zu einer Kranausstellung im Commercial Center von Las Vegas, wo er sein neuestes Modell vorstellte.

Wynn Las Vegas – Hubert Palfinger und mein Wiedersehen mit Las Vegas

2005 öffnete das Wynn Las Vegas seine Pforten. Mit einem Kostenvolumen von 2,7 Milliarden Dollar war es zu diesem Zeitpunkt das teuerste Hotelprojekt der Welt. Errichtet vom Immobilien-Mogul Steve Wynn auf dem Gelände des ehemaligen Desert Inn Hotels am Las Vegas Strip, fasst es in 50 Stockwerken 2716 Zimmer und Suiten. Das Wynn Las Vegas zählt nicht zu den typischen Themenhotels, doch zieht seine Hauptattraktion, der „Lake of Dreams", ein künstlicher See am Hotelgelände, auf den Bilder projiziert werden, luxuriös verwöhnte Gäste an. In dem Gebäudekomplex befinden sich 18 Restaurants und Bars, 26 Geschäfte, zwei Wedding Chapels und ein riesiges Konferenzzentrum. Dem Hotel ist auch ein

Golfplatz mit 18 Löchern angeschlossen. Auch das gibt es sonst nirgend-wo in Las Vegas. Und schließlich gibt es hier eine Kunstgalerie mit Bildern aus der privaten Sammlung von Steve Wynn. Dazu zählen Werke von Édouard Manet, Andy Warhol, Vincent van Gogh, Paul Cézanne und das Meisterwerk „Le Rêve" von Pablo Picasso. „Le Rêve" – „Der Traum": So heißt auch die für das Hotel konzipierte Wasserrevue, die in einem eigenen Bühnengebäude mit einem großem Schwimmbecken und einem mechanischen Unterwasserlabyrinth aufgeführt wird.

Das Wynn Hotel in Las Vegas

Am 14. August 2009 sollte ich in Salzburg die Gala auf der Geburtstagsfeier von Hubert Palfinger jun., dem Aufsichtsratsvorsitzenden der Palfinger AG, spielen. Das Unternehmen befindet sich bereits in dritter Generation in Familienbesitz, und seit Jahren ist die Firma als Aktiengesellschaft internationaler Marktführer in der Kranherstellung. Das Fest fand in Evelyn und Tobias Brandstätters „Café Bazar" statt, dem Stammcafé von Hubert Palfinger. Mit Harry Böhacker, der mich über seine Musikagentur kontaktiert hatte, vereinbarte ich, dass die Technik zu bezahlen sei, meinen Auftritt hingegen könne er als Geburtstagsgeschenk für den Jubilar ansehen. Wir unterschrieben also die Verträge und fuhren an besagtem Tag zum Soundcheck. Ich werde nie vergessen, wie die Party begann. Von einem 30 Meter hohen Kran, der auf der anderen Salzachseite stand, war ein „Flying Fox" bis zum Partylokal gespannt. Über diese Stahlseilrutsche flog Hubert Palfinger spektakulär über die Salzach. Mir wurde schon vom Zusehen schlecht. Hubert muss ein großes Vertrauen in seine Kräne legen, mich würde da kein Mensch hinaufbringen. Nach meinem Auftritt, der bei den Partygästen wirklich sehr gut ankam, ging wieder jeder seiner Wege. Rudi Quehenberger stellte den Kontakt zwischen uns wieder her, indem er Hubert Palfinger zu meinem Konzert im Republic und später mit der gesamten Familie zur alljährlichen Adventfeier in den

„Bierführer" in Goldegg einlud, wo ich ebenfalls regelmäßig eine kurze Showeinlage zum Besten gebe. Während der Adventfeierlichkeiten durfte ich mich an den Tisch von Familie Palfinger setzen. Erstmals kamen wir ins Plaudern, und später zeigte ich den beiden Söhnen von Hubert die Originalgürtel von Elvis, die sie auch anprobieren durften. Bei diesem Gespräch erzählte mir Hubert plötzlich, dass er im März 2014 nach Las Vegas und Indianapolis fliegen wolle, und er überraschte mich mit dem Vorschlag, ich könnte mitkommen, es wäre noch ein Platz in seinem Privatjet frei. Dieser Nachmittag sollte der Beginn einer wahren und ehrlichen Freundschaft werden. Die Einladung nach Las Vegas, wo er im Convention Center ein neues Produkt vorstellte, bedeutete eine große Ehre für mich. Bei dieser Reise ging ein weiterer Traum für mich in Erfüllung. Wie der King flogen wir im Privatjet über Las Vegas, und ich bekam die Gelegenheit, Hubert das Mandalay Bay Hotel, in dem ich so viele Konzerte gegeben hatte, aus der Vogelperspektive zu zeigen. Nach der Landung checkten wir im Wynn Hotel ein. Es war für mich ein erhebendes Gefühl, von meiner Suite den direkten Ausblick auf das ehemalige International Hotel zu genießen, in dem Elvis von 1969 bis 1976 aufgetreten war und 837 Konzerte absolviert hatte. Die Zeit in Las Vegas war zwar eng bemessen, dennoch ließ ich es mir nicht nehmen, Hubert „mein" Las Vegas und meine Wirkungsstätten zu zeigen. Einige Leute kannten mich noch von früher und noch immer war für mich Elvis überall spürbar. Irgendwie fühle ich mich nach wie vor mit dieser Stadt verbunden.

Danach ging es weiter nach Indianapolis und schließlich zurück in die Heimat. Mittlerweile besucht Hubert regelmäßig meine Konzerte. Besonders stolz machte es mich, als auch sein Vater, Kommerzialrat Hubert Palfinger sen., zu meinem Republic-Konzert mit der Las Vegas Band im September 2014 kam,

Rückkehr nach Las Vegas mit Hubert Palfinger 2014

zumal er selten an größeren Veranstaltungen teilnimmt. Dafür hatte er sogar auf Festspielkarten verzichtet. „Nach der Pause", so soll er zu seinem Sohn gesagt haben, „stehen wir bei den Songs auf, da gibt es kein Sitzenbleiben." Ich glaube, er hat mein Konzert wirklich genossen. Ihn als Ehrengast in meiner Las Vegas Show im Republic zu begrüßen, war wahrlich eine große Ehre für mich!

Am 25. September 2015 eröffnet die Firma Palfinger ihren neuen Firmensitz in Bergheim und ich werde die Eröffnungsgala mit meiner Las Vegas-Band spielen. Ein großer Höhepunkt für mich in meinem Jubiläumsjahr – 25 Jahre Rusty. Hubert zählt mittlerweile zu meinen engsten Vertrauten. Er ist ein wunderbarer Mensch und wahrer Freund, der mein Leben sehr bereichert. Gelegentlich lädt er mich zu einem Fußballspiel von Red Bull Salzburg zu sich in die Sky Box ein, aber meistens treffe ich Hubert Palfinger bei seiner Stammtischrunde im „Café Bazar", wo wir uns an unsere gemeinsame Reise nach Las Vegas erinnern – mein Las Vegas, das Las Vegas von Elvis Presley.

Heartbreak Hotel – Am Beginn einer Karriere

Seit sie mich verlassen hat, fand ich einen neuen Platz zum Verweilen, da unten am Ende der einsamen Straße im Heartbreak-Hotel. Ich bin so einsam, dass ich sterben möchte. Auch wenn sich dort viele Menschen aufhalten, findest du immer einen Raum, in dem man schwermütig seinen Liebeskummer beweinen und so einsam sein kann, dass man sterben möchte. In diesem Hotel hört der Page nicht zu weinen auf, der Empfangschef ist in Schwarz gekleidet, und beide sind schon so lange auf dieser einsamen Straße unterwegs, dass sie nicht zurückkehren können und so einsam sind, dass sie um ihren Tod beten. Also wenn du davon erzählen möchtest, wie du verlassen wurdest, komm die einsame Straße herunter ins Heartbreak Hotel. Dort bist du so einsam, bin ich so einsam, dass wir sterben möchten.

„Heartbreak Hotel" beweist, dass Mitte der 50er Jahre die Tophits der Billboard Charts nicht unbedingt mit seichten Party-Texten zugemüllt sein mussten. Das zentrale Thema dieses Songs ist die Einsamkeit, eine tödliche Einsamkeit, räumlich in die Metapher eines Hotels verpackt. Ausgangspunkt für den Song bildete der Zeitungsbericht über einen Mann, der Selbstmord verübt und eine Nachricht hinterlassen hatte, die lautete: „Ich gehe auf einer einsamen Straße." Ein Millionenhit sollte es werden, versicherte Mae Boren Axton, die den Song gemeinsam mit Tommy Durdon komponiert hatte. Sie war Lehrerin in Jacksonville und Publizistin für Fanpost-Magazine, komponierte Lieder und arbeitete für Elvis' Manager „Colonel" Tom Parker. Elvis machte 1955 gerade den Sprung vom regionalen Plattenlabel „Sun Records" in Memphis, Tennessee, zum international operierenden Label RCA Records (Radio Corporation of America). Er sollte seine erfolgreiche Experimentierfreudigkeit bei „Sun Records" auf die neue Plattenfirma übertragen, und da kam dieser depressive Song im traditionellen Shout-Blues-Stil gerade recht. Elvis war davon begeistert, seit er ihn zum ersten Mal gehört hatte, und spielte ihn bereits bei der ersten Aufnahmesession für RCA Records am 10. Jänner 1956 ein. Damals ließ die Aufnahmequalität noch so zu wünschen übrig, dass Elvis im Stiegenhaus singen musste, um jenen Hall in seiner Stimme zu erzeugen, den er im Song haben wollte. Am 27. Jänner wurde „Heartbreak Hotel" als Single veröffentlicht und einen Tag später von Elvis bei der landesweit ausgestrahlten „Jimmy and Tommy Dorsey Stage Show" präsentiert. Drei Monate später stand „Heartbreak Hotel" für 8 Wochen auf Platz 1 der Pop-Charts, in den Country-Charts hielt er sich sogar für 17 Wochen auf Platz 1 und in den Rhythm & Blues-Charts erreichte er Platz 3. Mit zwei Millionen Exemplaren entwickelte sich die Single zum meistverkauften Titel des Jahres 1956 und erhielt die „Goldene Schallplatte". „Heartbreak Hotel" gilt als Initialzündung für den internationalen Durchbruch des King.

4. Juli 1991 – Independence Day. Acht Monate zuvor war ich nach Amerika gegangen, um die Sprache des King und Gesang zu studieren. Ich hatte als einziger Nicht-Amerikaner den Elvis-Contest in Palm Springs gewonnen und damit eine wichtige Basis für meine Karriere geschaffen. Aber was war das wert, jetzt, wo ich wieder mit beiden Beinen auf österreichischem Boden stand ... in diesem Moment für mich ein ungewisses Land mit einer unsicheren Zukunft. Wie würde meine Rückkehr zuhause aufgenommen werden? Noch wusste ich nicht, wie es weitergehen sollte. Elvis wurde oft von diesem Gefühl der Unsicherheit übermannt, und das nicht nur 1953, als er erstmals seine Schritte zaghaft über die Türschwelle von Sun Records in Memphis setzte; oder als er 1960 aus Deutschland von seinem Militärdienst in die Staaten zurückkehrte. Würde er an seine früheren Erfolge wieder anschließen können oder war seine Karriere zu Ende? Oder 1968, als er nach einer jahrelangen Konzertpause, in der sich seine Karriere auf das Abdrehen seichter Musikfilme beschränkt hatte, wieder auf die Bühne zurückkehrte.

Rückkehr aus Amerika

Nur: Ich konnte 1991 mit meinen 22 Jahren noch auf keine Karriere zurückblicken. Alles lag vor mir. Das einzig Handfeste, was ich zu diesem Zeitpunkt hatte, waren 400.000 Schilling Schulden. Würde ich mich etablieren können? Oder anders gefragt: Würde ich mir als „Elvis" eine Existenz aufbauen können oder wäre es nicht sinnvoller, in das Gastgewerbe zurückzukehren und die „Elvis-Spinnerei", wie mir einige Kollegen rieten, aufzugeben? Die erste Möglichkeit, ein Lebenszeichen von mir zu geben, bot mir mein Manager wenige Tage nach meiner Rückkehr. Wir aktivierten wieder die Band, mit der ich bereits vor meiner Amerikareise zusammengearbeitet hatte, und traten als Vorgruppe zu einem Konzert von Jazz Gitti am Tamsweger Sportplatz auf. Irgendwie war für mich damit das Eis gebrochen. Der Erfolg dieses Auftritts vor den tausend Zuschauern im Konzertzelt nahm mir meine Unsicherheit, dieses brennende Gefühl für Elvis Presley war wieder da. Fulminanter hätte die Rückkehr des King nach seinem Deutschlandaufenthalt im März 1960 nicht sein können. Frank Sinatra, der noch drei Jahre zuvor angekündigt hatte: „Mit diesem Teufel werde ich nie gemeinsam auf der Bühne stehen!", erwies nun als Fernsehmoderator dem heimgekehrten Rock 'n' Roll–Star auf der „Welcome Home–Show" seine Reverenz. Ich habe immer Parallelen von mir zu Elvis gesucht, wohl wissend, dass dies eigentlich unmöglich ist. Aber als ich nach meinem Auftritt hörte, wie Jazz Gitti ihr „A Wunda, a Wunda, es is a Wunda g'schehn" ins Publikum trällerte, spürte ich eine Euphorie in mir, als ob ich mich auf meiner eigenen „Welcome Home – Party" befunden hätte.

1991 reaktivierten wir die Band: v.l.: Herbert Trausnitz, Johann Perner, Rusty, Herbert Rabitsch und Ernst Galler.

2004 traf ich Jazz Gitti wieder in Wien.

.eisser .bend mit Rusty und Jazz-Gitti

Am 4. Juli brachten Jazz-Gitti und der Elvis-Imitator "Rusty" mehr als 2 000 Fans beim Sportlerfest in Tamsweg zum Kochen. Rusty machte seinem Ruf als "Einheizer" alle Ehre. Er war gerade aus Amerika gekommen, wo er an der Musikhochschule in Irivne seine Stimme perfektionierte und durch zahlreiche Auftritte, u.a. in Las Vegas, Erfolge sammelte. Sein Können wurde sogar mit dem "Golden Plag" und dem "Golden Micro" ausgezeichnet. Die Amerika-Reise machte sich dann auch in Tamsweg bemerkbar: Ein täuschend echter "Elvis" begeisterte die Besucher, die teilweise sogar auf den Tischen zu tanzen anfingen. Die Jazz-Gitti brauchte dann nur mehr die

Stimmung im Publikum aufrecht zu erhalten, was der Wiener Ulknudl natürlich nicht schwerfiel. Den Tamswegern war ein heißer Abend

Zeitungsbericht über mein Comeback nach meiner Rückkehr aus Amerika 1991.

Von nun an war mir klar, ich würde versuchen, mir eine professionelle Musikerkarriere aufzubauen – als Elvis-Interpret. Schon damals ahnte ich einiges, was auf mich zukommen würde, wenn auch vieles unvorhersehbar war. Ein mitleidiges Lächeln hier, eine abfällige Bemerkung da. Gut meinende Stimmen aus der Musikbranche, ich solle es lassen und ins Gastgewerbe zurückkehren, waren zwar unangenehm, aber die Häme, die mir zum Teil aus meinem nächsten Umfeld entgegenschlug, tat mir besonders weh und schmerzte mich noch eine ziemlich lange Zeit. Was hätte mich daran gehindert, neben einem sicheren Job als Kellner risikolos die Gäste mit Elvis-Songs zu unterhalten? Es ist schwierig, dieses Gefühl der Nähe in Worte zu fassen, das mich mit meinem Vorbild verbindet. Gleichzeitig bin ich mir völlig im Klaren, wie unrealistisch jeder Versuch einer Annäherung sein musste. Elvis starb, als ich sieben Jahre alt war, und ich fühlte mich demnach auch nie als seine Reinkarnation. Aber seine Musik weiter zu transportieren war für mich immer ein zu wichtiges Anliegen, um es nebenberuflich oder als Hobby zu betreiben. Dieser Aufgabe, seine Musik und sein Auftreten möglichst unverfälscht zu vermitteln, verschrieb ich meine gesamte Konzentration. Darum begann ich auch mein Aussehen meinem Idol anzupassen. Aber warum sollte man ein Rusty-Konzert besuchen, wenn man die Originalstimme des King auf einer Elvis-CD oder DVD kaufen konnte? Es ging mir darum, die Stimmung eines Live-Konzerts sichtbar zu machen und die Spannung, die sich zwischen dem Star und seinem Publikum entwickelt, nachzuvollziehen. So etwas erreicht keine Live-CD oder Konzert-DVD. Genauso schwierig wie eine Beschreibung meines Berufs gestaltet sich der Versuch einer korrekten Berufsbezeichnung. Der amerikanische Ausdruck „Imitator" umschreibt eher ein komödiantisches Nachäffen, weshalb ich über viele Jahre den unverfänglicheren Begriff „Impersonator" gewählt habe.

Meine Band nach der Neubesetzung: Von links: Klaus Aigner (Bass), Ernst Galler (Gitarre), Herbert Trausnitz (Piano), Rusty, Michael Wilfer (Drums), meine Schwester Ulli und Marion Petzlberger (Chor).

2012 empfahl mir schließlich mein amerikanischer Mentor Kim Simpson die Verwendung der Berufsbezeichnung „Elvis Tribute Artist". Sie kommt der Ernsthaftigkeit, mit der ich meiner Profession nachgehe, am nächsten, weil so – im Gegensatz zum Begriff „Impersonator" – eine klare Abgrenzung zum nach wie vor kursierenden „Elvis lebt" – Gefasel gezogen wird. Es geht darum, die Musik von Elvis weiterzutragen und nicht darum, eine Reinkarnation des King vorzutäuschen. Man lernt eben nie aus!

1991 stand ich also am Anfang meiner Karriere. Toni Gruber und Ludwig Zitz von der Raiffeisenbank Tamsweg waren bereits vor meinem Amerikaaufenthalt auf mich aufmerksam geworden. Nun organisierten sie über Raiffeisen einige Konzerte für mich. Eines der größten, auf dem ich in der Anfangszeit spielte, war im Kongresssaal von Telfs in Tirol mit 580 Zuschauern. Ich wurde von Alois Langgartner, unserem Chauffeur oder „Kilometerraser", wie er sich selbst bezeichnete, nach Telfs gebracht. Da mein Manager krank geworden war, übernahm Alois an diesem Abend diese Rolle und gab sich lautstark als mein Manager aus, sodass wir aus dem Lachen nicht herauskamen. Wie einige andere meiner Wegbegleiter ist auch er bereits verstorben, und ich sehe es als wichtigen Freundschaftsdienst, das Andenken an sie weiterzutragen. Tirol war überhaupt ein erfolgreiches Pflaster. Nach Telfs spielten wir in Kirchbichl und danach in Innsbruck. Überall erwartete uns ein begeistertes Publikum, das mir den Beweis dafür erbrachte, dass der Boden für einen Elvis-Interpreten Anfang der 1990er Jahre sehr wohl geebnet war. Die meisten Konzerte spielte ich in diesem ersten Jahr jedoch im Lungau, zum Beispiel im Anton Proksch–Jugendgästehaus unterhalb der Burg Moosham. Hier wurde die Bühne für ein Konzert aufgebaut, das den Rahmen für einen Beitrag im ORF-Nachrichtenmagazin „Salzburg Heute" bildete.

Eigentlich fasste dieser Fernsehbericht alles zusammen, worauf es mir in meiner Karriere ankam: „Ich möchte, dass die Herzen für Elvis Presley weiterschlagen." Meine Mutter wurde über den Beginn meines Elvis-Engagements befragt, der Anzug, den sie mir bestickt hatte, gezeigt, und mein Erfolg beim Elvis Contest in Palm Springs erwähnt. „Somit wäre St. Michael also um eine Attraktion reicher und zwischen Heimatabend und Verleihung der goldenen Wandernadel freuen sich auch die Touristen über die Abwechslung." – Ich war zufrieden mit dem Ergebnis. Ich hatte mich erstmals bundeslandweit dem Fernsehpublikum präsentieren können.

„Separate Ways" – Mit Raiffeisen unterwegs durch Österreich

Auch 1992 bildeten Toni Gruber und Ludwig Zitz eine wichtige Basis für meine Karriere. Über den Raiffeisen-Jugendfreizeitclub ermöglichten sie mir eine Reihe von Konzerten. Wir nannten die Tournee „Separate Ways Tour 92", und sie führte mich zwischen April und August 1992 quer durch ganz Österreich von Wien über Linz bis Millstatt und sogar zu meinem ersten Auslandskonzert nach Portorož. Dort erhielt ich die „Tour Trophäe" - einen gläsernen Elvis-Kopf mit einem goldenen Mikrofon. Vielleicht wirkt eine derartige Auszeichnung für einen Außenstehenden eher unbedeutend, aber für mich markierte sie den Endpunkt meiner ersten Tournee und damit des ersten großen Meilensteins in meiner damals noch so kurzen Karriere.

Als Promotion zu dieser Tour spielten wir unsere zweite Musikproduktion ein, diesmal nicht nur eine Musikkassette, sondern auch eine CD, aufgenommen von der bekannten Plattenfirma Bellaphon.

Eintrittskarten zu meiner „Separate Ways Tour" 1992.

„Separate Ways" erschien 1992 als Promotion-CD zu meiner gleichnamigen Tournee.

Für mich war diese Produktion ein besonderes Erlebnis, zumal wir musiktechnisch am Beginn des Digitalzeitalters standen und eine eigene CD damals keine Selbstverständlichkeit darstellte. Dazu fuhren wir für eine Woche nach Lannach bei Graz, wo wir die Songs mit Profimusikern einspielten. Entsprechend dem Namen der gesamten Tour hieß auch die CD „Separate Ways". Bei der Liederauswahl für die CD legte ich einen Schwerpunkt auf Songs, die Elvis in den 1970er Jahren aufgenommen hatte. Das Lied „Separate Ways" entstand bei einer Aufnahme-Session im März 1972, kurz nach Priscillas Trennung von Elvis. Unter dem

„Rusty" – der Elvis Presley aus dem Lungau
In den USA studierte er den Memphis-Slang

Zur Zeit tourt er mit „Separate Ways" — Tägliches Training ist unbedingt notwendig

Von Karin Zauner

ST. MICHAEL. Winnetou war sein großes Vorbild. Bei Elvis Presley ist er gelandet. Rudolf Stumbecker aus St. Michael im Lungau ist Elvis-Imitator. Schon im zarten Kindesalter haben den blonden Jungen schwarze Haare fasziniert. Als die Rock-'n'-Roll-Legende Presley 1977 starb, bekam Rudolf von seiner Mutter das erste Schallplatten-Album des berühmten Musikers geschenkt. Damals war er gerade acht Jahre alt. Seit dieser Zeit ist er erklärter Elvis-Fan.

„Rusty" ist Stumbeckers Künstlername. Das Wort setzt sich aus den ersten Buchstaben seiner Namen zusammen. „Außerdem hat Elvis in einem Film so geheißen", erzählt Rudolf Stumbecker. Mit den Filmen seines Idols ist er übrigens nicht zufrieden. „Die waren schwach", fügt er hinzu. Auch die Lebensweise des Stars ist ihm zuwider. Drogen und Alkohol lehnt er ab. Der 22jährige gelernte Koch und Kellner — er war Chef de rang im Zürser Hof — ist ein wandelndes Elvis-Presley-Lexikon. Und wie Elvis hat auch die Lungauer Version die Haare schwarz gefärbt.

Wegen des Bundesheeres kam er mit 19 Jahren in den Lungau zurück. Bei Bierzeltfesten wurde er häufig von Freunden aufgemuntert, Elvis nachzumachen. Über Mundpropaganda hat sein jetziger Freund und Manager, der Tamsweger Egon Setznagel, vom Talent des Burschen gehört. Setznagel betreibt neben einem Schreibwaren- und Büromaschinengeschäft seit acht Jahren gewerblich ein Tonstudio in Tamsweg. Im Juli 1990 unterschrieb „Rusty" bei ihm einen Fünfjahresvertrag.

Die erste Cassetten-Live-Produktion wurde im Herbst 1990 aufgenommen. Im Dezember ging „Rusty" nach Amerika und besuchte dort das Sattleback-College für Musik in Kalifornien. Zusätzlich absolvierte er ein Sprachstudium für den unverwechselbaren Memphis-Slang. Beides schloß er mit Auszeichnung ab. Bei einem „Impersonator-Bewerb" in Palm Springs setzte sich der Österreicher unter 42 US-Mitstreitern als Sieger durch. „Die Organisatoren konnten es nicht glauben, daß ich kein Amerikaner bin", berichtet Rusty.

Seit seiner Rückkehr in die Heimat letzten Sommer tritt er durchschnittlich viermal im Monat auf. Von Vorband-Shows bei Jazz-Gitti bis zu Firmenfesten macht er alles. Manchmal sind es 1400 Zuschauer, manchmal auch nur knapp 200, vor denen er seine Künste zeigt.

Er lese nur englische Bücher und trainiere täglich mehrere Stunden, sagt Rusty. Das Studium der Mimik und der Bewegungen von Elvis sei mühsam. Vor allem das Nachahmen seiner Stimme erfordere viel Kraft. Als er spontan den Unterschied zwischen seiner eigenen Stimme und der nachgemachten vorführt, ist das wirklich beeindruckend.

Mit der „Neidgesellschaft" im Lungau hat er seine Probleme. Viele belächelten ihn. Je mehr Erfolge er feiere, desto freundlicher würden aber die Leute. Zur Zeit sind Rusty und Setznagel mit „Separate Ways" auf Tournee. Mit zwei eigenen Tour-Bussen waren sie in Österreich und Slowenien erfolgreich unterwegs. Der Tourabschluß findet am 12. oder 19. September in St. Michael statt.

Der Lungauer „Rusty" verkörpert den Elvis der 70er Jahre

Am 24. August 1992 erschien ein super Zeitungsbericht in den Salzburger Nachrichten über Rusty.

emotionalen Eindruck seiner eigenen Erfahrungen besang der King melancholisch das Ende einer Liebe. Der Song findet seinen Höhepunkt in der Frage, wie das gemeinsame Kind die Trennung der Eltern verkraften sollte: *„Some day when she's older, maybe she will understand, why her mom and dad are not together. The tears, that she will cry, when I have to say goodbye, will tear at my heart forever."* Dann nahmen wir den Kris Kristofferson – Song „For The Good Times" auf, den Elvis auf derselben Session eingespielt hatte wie „Separate Ways", sowie die beiden Olivia Newton John–Hits „Let Me Be There" und „If You Love Me (Let Me Know)" aus dem Jahr 1974. Ich widmete dieses Lied meinem Gönner in Los Angeles, Kim Simpson. Schließlich kamen mit „Moody Blue", „Pledging my love" und „Way Down" noch drei Songs von Elvis' letztem Album mit auf die CD, die er im Oktober 1976 aufgenommen hatte.

„Nix is fix" – Über Georg Danzer zu einem ORF-Auftritt, den ich so nicht wollte

Nun konnte ich mich auf Konzerten in ganz Österreich präsentieren. Und mit dem Angebot eines professionellen Elvis-Interpreten wuchs auch die Nachfrage. Sobald ich einmal Aufmerksamkeit erregt hatte, knüpften wir neue Kontakte, die wiederum zusätzliche Engagements vermittelten. Mir schien es fast so, als sei eine Lawine, ausgehend von einem kleinen Schneeball, losgetreten worden. Allerdings musste ich mich aufgrund meiner zunehmenden Popularität von meiner alten Band trennen, als Herbert Trausnitz die Band verließ. „Du bist jetzt schon so weit, du brauchst Profimusiker", meinte er bei seinem Abschied. Herbert versteht ohne Zweifel sein Metier. Mit Charly und Jogl Brunner aus Murau hatte er gemeinsam in der Gruppe „Happy" gespielt, zog sich aber ins Privatleben zurück, während die beiden unter dem Namen „Brunner und Brunner" die österreichische Schlagerwelt zu erobern begannen. Meine anderen Bandmitglieder kamen in Konflikte mit ihren Stammbesetzungen, die sie verständlicherweise nicht im Stich lassen wollten. Für mich war dieses „Aus" damals ein harter Schlag, aber in Wirklichkeit hatte Herbert Trausnitz mit seiner Entscheidung hundertprozentig Recht. Es war Zeit für etwas Neues.

Im Oktober 1993 trat ich bei einem Ball in Purkersdorf bei Wien auf. Dort traf ich zum ersten Mal Georg Danzer. Er machte mich auf einen Umstand aufmerksam, den ich bislang noch gar nicht bedacht hatte. „Du hast eine sensationelle Stimme und ein sensationelles Aussehen, Rusty, auch das Auftreten ist beeindruckend, aber die Gitarre passt nicht. Die Gitarre ist das Aushängeschild eines Musikers. Und du brauchst eine originale Elvis-Gitarre. Erst dann bist du gut drauf." Danzer war sicherlich ein Experte auf diesem Gebiet, immerhin hatte er eine große Gitarrensammlung, darunter eine originale Elvis-Gitarre, die er einem amerikanischen Soldaten abgekauft hatte. Drei Mal besuchte ich in der Folgezeit Georg Danzer in seinem Haus bei Wien und bewunderte die große Zahl an Sammlerstücken in Glasvitrinen an den Wänden seiner Kellerräume. Und er zeigte mir auch die „Gibson J-200" von Elvis Presley, ein Originalstück aus dem Jahre 1968 mit Zertifikat. Schon in den ersten Jahren seiner Karriere entschied sich der King aufgrund des vollen Klangkörpers für eine Gibson-Gitarre und trat auch in vielen Filmen und später bei wichtigen Konzerten damit auf. War es nicht folgerichtig, dass ich, wenn mich schon Georg Danzer auf die Notwendigkeit einer Elvis-Gitarre aufmerksam gemacht und mir dann seine Sammlung gezeigt hatte, mit aller Vehemenz darauf hindrängte, dass er mir die Gitarre aus seiner Sammlung verkaufte? Es folgten zähe Verhandlungen, bis er mir 1997 letztendlich doch das begehrte Stück verkaufte. Ich stand nun im Besitz meiner ersten originalen Gitarre des King of Rock 'n' Roll!

Kurze Zeit nach unserem ersten Treffen 1993 meinte Georg Danzer zu mir: „Ich habe da einen Job für Dich, Rusty." Danzers Austropop-Kollege Rainhard Fendrich erhielt 1993 im ORF eine eigene Comedy-Show unter

1997 verkaufte mir Georg Danzer eine originale „Gibson J-200"-Gitarre des King aus dem Jahr 1968.

dem Titel „Nix is fix". Für die zweite Ausgabe, die im Jänner 1994 ausgestrahlt wurde, suchte Fendrich mehrere Elvisse für einen gemeinsamen Auftritt. Bei den Proben wurden uns nur die Positionen bekannt
gegeben, wo und wie wir choreographisch auf die Bühne kommen sollten. Fendrich stand im Elvis-Outfit und mit Perücke auf der Bühne und
stimmte den Song „Suspicious Minds" an. Danach traten nacheinander
zwölf Elvis-„Apostel" auf und sangen mit. Ich war als vierter Elvis an
der Reihe und erkannte erst an diesem
Abend, dass er mit den zwölf Elvissen
eine Art „letztes Abendmahl" darstellen
wollte. Ich habe mich doppelt verarscht
gefühlt. Einerseits wurde das Phänomen
Elvis in eine Richtung verrissen, die mir

Fotocollage zu meinem ominösen Auftritt
in der Rainhard Fendrich-Show.

Mit Rainhard Fendrich vor meinem Auftritt
in der „Nix is Fix"-Show 1994.

nicht recht war, andererseits hat für mich eine Anspielung auf eine bib-
lische Szenerie wie das letzte Abendmahl in einer Comedy-Show nichts
verloren. Mit Jesus Christus ist nicht zu spaßen. Ich hatte schon damals
eine religiöse Ader und darum schäme ich mich bis heute für diesen Auftritt. Umgekehrt verzeichnete die Show eine sehr hohe Zuschauerquote.
Ich verstehe eigentlich nicht, weshalb die Rainhard Fendrich–Show trotz
der hohen Popularität nach der zweiten Ausgabe 1994 nicht fortgesetzt
wurde. So bin ich ins „große" Fernsehen gekommen und erhielt vermehrt
Konzertanfragen. Die lange Durststrecke, die mit meiner Rückkehr aus
Amerika und den damit verbundenen Schulden begonnen hatte, schien
sich nun zu beruhigen. „Rusty" war eine Marke geworden, mit der ich
arbeiten konnte.

Vanessas Teddybär – Benefizkonzerte und mein Engagement für die Kinderkrebshilfe

Vom Beginn meiner Karriere an habe ich an Benefizkonzerten mitgewirkt. Ich verzichte gern auf meine Gage, wenn ich sehe, dass damit etwas Gutes bewirkt werden kann. Mir ist schon nachgesagt worden, ich würde das machen, um im Rampenlicht zu stehen. Natürlich lege ich Wert darauf, dass eine Benefizgala auch eine Breitenwirkung erreicht. Aber es geht mir dabei in erster Linie darum, ein Bewusstsein für das jeweilige Problem in der Öffentlichkeit zu schaffen. Außerdem beschränken sich Charity-Konzerte nicht auf ein unbezahltes Heruntersingen von Elvis-Liedern. Die Geschichten, die sich dabei abseits der Bühnenbeleuchtung abspielen, haben in mir Spuren und Bilder hinterlassen, die mich bis heute prägen und ohne die in meiner Karriere vieles einfacher, aber auch oberflächlicher abgelaufen wäre.

Bereits 1991 sang ich in Schwarzach im Pongau erstmals für die Kinderkrebshilfe. 1994 fand in der Wiener Stadthalle ein Charity-Konzert der Kinderkrebshilfe Wien statt. Bei dieser Benefizgala trat die Crème de la Crème der österreichischen Musikbranche, wie Georg Danzer, Rainhard Fendrich, Etta Scollo oder George Nussbaumer, der blinde Musiker aus Vorarlberg, auf. Durch Georg Danzer bekam ich die Möglichkeit, bei diesem großartigen Konzert mitzuwirken. Drei Elvis-Songs standen auf dem zeitlich gedrängten Programm. Da stand ich nun vor einem Publikum von 10.000 bis 12.000 Zusehern – ohne Zweifel ein großer Erfolg in meiner Karriere. Seitlich auf der Bühne verfolgten die krebskranken Kinder des St. Anna-Spitals das Konzert mit. Ich werde die Kinder mit ihren Perücken, ohne Augenbrauen und gezeichnet von den Chemotherapien nie vergessen. Meinen Auftritt eröffnete ich mit

Videokassette zu meinem Auftritt in der Wiener Stadthalle bei „Künstler helfen Kindern" zugunsten des St. Anna-Kinderspitals.

„Teddy Bear". Bevor ich zu meinem zweiten Lied „In The Ghetto" überleiten konnte, kam ein Mädchen namens Vanessa zu mir auf die Bühnenmitte. Sie war nicht älter als acht oder neun Jahre. Auch sie trug aufgrund ihrer Chemotherapie eine Perücke. Dann umklammerte sie meinen Oberschenkel und bat mich, ein zweites Mal „Teddy Bear" zu singen. Ich war völlig verdattert und wusste für einen Moment nicht, wie ich mich verhalten sollte. Schließlich wollte ich auch noch meine anderen Lieder singen, hatte aber nur ein beschränktes Zeitkontingent. Auf das Publikum muss diese Szenerie besonders ergreifend gewirkt haben, denn es begann zu applaudieren, sodass ich schließlich zu Vanessa sagte: „O.K., ich spiele für dich noch einmal Teddy Bear." Und während ich sang, hielt sie weiter meinen Oberschenkel umklammert. Ich wusste zu diesem Zeitpunkt noch nicht, dass Vanessa ein riesengroßer Elvis-Fan und „Teddy Bear" ihr absoluter Lieblingshit war.

Nach dem Auftritt übernachtete ich in Wien, aß gemeinsam mit den anderen Stars der Benefizgala zu Mittag und besuchte danach das St. Anna Kinderspital zu einer Führung. Die sterilen Räume mit den Geräten und Schläuchen für die Chemotherapien prägten sich mir unvergesslich ein. Und dann zeigte mir die kleine Vanessa ihr Zimmer. Es war völlig austapeziert mit Elvis-Postern und drei Postern von … mir! Und dann fragte mich Vanessa leise: „Wenn ich sterbe, singst du mir am Grab Teddy Bear?" Ich war wie vom Blitz getroffen, versuchte jedoch, so gut ich konnte, zu antworten: „Vanessa, ich glaube nicht, dass du vor mir stirbst. Ich bin ja viel älter als du, außerdem bin ich so viel auf der Autobahn und im Flieger unterwegs. Da kann mir immer etwas passieren." Nein, meinte sie, sie wüsste, dass sie sterben müsse. Sie habe noch vier Wochen zu leben. Ich war 24 Jahre alt, als ich die kleine Vanessa getroffen habe. Damals kam ich zum ersten Mal so intensiv mit dem Tod in Berührung, und das in Verbindung mit einem so kleinen Mädchen. Wir vereinbarten, dass sie zu meiner Beerdigung kommen würde, wenn ich vor ihr sterbe, und umgekehrt, und dass einer dem anderen zur liebevollen Erinnerung einen Teddybären ins Grab legen würde. Allerdings konnte ich ihr nicht versprechen, das Lied „Teddy Bear" zu singen, da meine Stimme bei so traurigen Ereignissen nicht standhält. Ich verstand nicht, wie ein kleines Kind so gefasst über seinen bevorstehenden und unausweichlichen Tod reden konnte. Später klärte uns ein Primar auf, dass die Kinder auf ihren Tod vorbereitet werden. Es sei ihnen bewusst, dass sie sterben müssten. Es sei im Gegensatz zu den Erwachsenen für sie kein Schock. Darin lag der Grund für Vanessas Gelassenheit. Es hat nicht vier Wochen gedauert, sondern fünf, bis ich vom St. Anna Kinderspital einen Brief bekam, in dem stand, dass Vanessa gestorben war. Für mich war es klar, dass ich mein Versprechen einhalten wollte. Allerdings war am Tag des Begräbnisses ein Konzert geplant, das ich absagen musste. Damals hatte ich zum ersten Mal eine Auseinandersetzung mit meinem Manager. Aber letztendlich stand ich am offenen Grab des Mädchens und ließ einen Teddybären hineinfallen.

Vanessas Schicksal war für mich ein wichtiger Anstoß, mit der Kinder-krebshilfe weiterzumachen. Dieses Anliegen begleitete mich meine gesamte Karriere hindurch. Ich habe mich auch für die Bergbauern-hilfe, für die Multiple Sklerose-Forschung, für Schmetterlingskinder und andere wohltätige Zwecke eingesetzt. Aber mein Hauptanliegen blieb die Kinderkrebshilfe. Im letzten Telefonat, das ich mit Georg Danzer geführt habe, meinte er: „Bitte mach weiter! Schaut, dass auch in Zukunft Künstler für die Krebshilfe da sind."

Wenn ich alles zusammenrechne, haben meine Kollegen und ich in den letzten 20 Jahren über 800.000 Euro gesammelt. Besonders in Erinne-rung bleiben mir dabei die vier Konzerte, die ich in meiner Heimat auf den von Mario Schitter ausgerichteten Recon-Festen für die Kinderkrebs-hilfe Salzburg und für das Nachsorgezentrum „Sonneninsel" in Seekir-chen gegeben habe. Doch ist das, was ich in diese Richtung unternehme, genug? Der Gesamterlös all meiner Benefizkonzerte würde nicht einmal die Kosten für ein einziges Dialysegerät abdecken. Wie viele kranke Men-schen würden eine Therapie brauchen und stehen auf der Warteliste, weil zu wenige Geräte vorhanden sind?

Bands und Produktionen

Zwischen 1990 und 2002, also in der Zeit des Managements von Egon Setznagel, habe ich mit vier Bands zusammengearbeitet und sechs CD- oder MC-Produktionen veröffentlicht. Die Musikkassette „Rusty mit Band live" nahmen wir mit meiner ausschließlich Lungauer Besetzung 1990 auf. Ich habe sie als Demo-Band für meine Amerikareise gese-hen. Deshalb enthielt sie auch zehn der bekanntesten Gassenhauer von Elvis aus den 50er und frühen 60er Jahren.

„Separate Ways" entstand mit einer Profiband als Promo-CD und Mu-sikkassette für die Raiffeisen-Tour 1992. Im November 1993 lernte ich über den Freund meiner damaligen Schwägerin den Pianisten und Bandleader Norbert Langer aus Asten bei Linz kennen. Mit drei weiteren Profimusikern und zwei Chordamen bildete er für die folgenden zwei Jahre meine Begleitband. Die Trennung erfolgte 1995, weil sie – natürlich allesamt exzellente Musiker! – die Elvis-Songs zu jazzig spielten und zu wenig auf jene Authentizität achteten, die mir wichtig erschien.

Danach entstanden zwei weitere Produktionen. Die Musik dazu wurde von professionellen Studiomusikern in Burbank, California, eingespielt.

Meinen Gesang nahm ich in einem österreichischen Tonstudio auf. Bei diesen beiden Produktionen hatte ich also keine Begleitband im Studio wie bei den beiden ersten Tonträgern. Zunächst wählte ich aus einer großen Zahl 14 Liebeslieder aus und produzierte 1994 „In Love with Rusty". Die Liedauswahl

Rusty im Tonstudio für die Produktion „In Love With Rusty" 1994.

entschied ich danach, wie gut die Lieder bei den Konzerten ankamen, und natürlich ließ ich meine persönlichen Favoriten von „In The Ghetto" bis „Puppet On A String" einfließen. Deshalb umfasste „In Love with Rusty" einen musikalischen Bogen des King von den 1950er Jahren bis hin zu seinen letzten Aufnahmesessions vor seinem Tod. Die zweite Produktion war 2001 eine Spiritual- und Gospel-CD mit dem Titel „How Great Thou Art". Fälschlicherweise wird Elvis Presley oft ausschließlich als Symbol einer revoltierenden Jugend gesehen, der mit wilden Rock 'n' Roll–Nummern eine ganze Generation aufpeitschte. Das ist zwar richtig, aber in Wirklichkeit stammte Elvis aus einem tiefreligiösen Milieu, dem er bis zu seinem Tod treu blieb und durch zahlreiche Gospelaufnahmen musikalisch Ausdruck verlieh. So kann es auch nicht wundern, dass er zu Lebzeiten drei Gospel-Alben und zwei Christmas-Alben aufgenommen hat. Bemerkenswert erscheint mir dabei, dass Elvis nur für drei Produktionen die größte Auszeichnung der Musikbranche, den Grammy Award, erhalten hat, und das waren die zwei Gospelalben „How Great Thou Art" aus dem Jahre 1967 und „He Touched Me" aus dem Jahre 1972 sowie der Live-Gospelsong „How Great Thou Art" aus dem Jahre 1974 von der LP „Elvis Recorded Live on Stage in Memphis".

Außerdem produzierten wir zwei Konzertmitschnitte als Live-CDs, die gemeinsam mit meinen Las Vegas–Bands aufgenommen wurden. Aus meinen Las Vegas–Engagements heraus, die mich seit 1994 zwölf Jahre lang für einen Monat nach Amerika führten, entwickelte ich die Idee, das Feeling der Las Vegas–Konzerte von Elvis in Österreich nachvollziehbar zu machen. Darauf musste die Liedauswahl abgestimmt werden, und wir brauchten auch eine Band, die diesem Anspruch gerecht werden konnte und bereit war, unter dem Namen „Las Vegas Band" mit mir zusammenzuarbeiten. Schon die erste Vegas-Band bestand aus Klasse-Musikern,

Zwischen 1994 und 2000 entstanden vier
weitere CD-Produktionen: In Love With Rusty

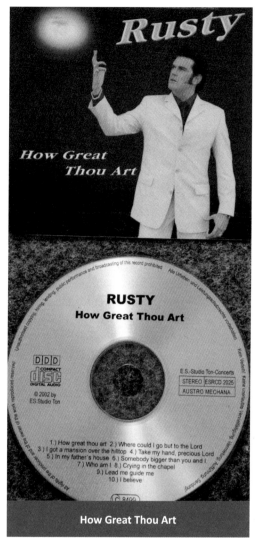

How Great Thou Art

die unter dem Namen „Hydra" seit 1975 als Partyband auf sich aufmerksam machte, mit den nationalen Größen des österreichischen Musik-
business zusammenarbeitete und als Begleitband von Peter Rapp in
der ORF-Show „Peter's Party" einem breiten Fernsehpublikum bekannt
wurde. In der damaligen Besetzung spielte Lenny Dixon am Schlagzeug.
Seine Referenzen lesen sich wie ein „Who is Who" der österreichischen
Musikszene. Er verließ allerdings bald die Band, da er zeitlich durch
Engagements bei Peter Cornelius zu sehr in Anspruch genommen war.
Deshalb übernahm nach ihm Karl Seidelmann die Drumsticks. Er zählte
bereits damals zu den musikalischen Größen in Wien und baute später
zu seiner musikalischen Karriere eine Künstleragentur auf.

Rusty & Band Live In Concert

**One night with you...
back to the roots with Rusty**

Didi Fischer, der die Band „Hydra" damals am Bass begleitete, hat mittlerweile in das Kleinkunst-Genre gewechselt. Die Lead Guitar wurde von Wolfgang Wamser gespielt. Er hält heute mit seinem Wiener Blues/Rock-Trio „The Crush" die Rockmusik der 60er und 70er Jahre aufrecht. Gerold Horak, Irene Krammer und Gabor Papai sind noch heute Bandmitglieder von „Hydra". Mit dieser ersten „Las Vegas Band" spielte ich von 1996 bis 1999. Am 4. Dezember 1996 gaben wir ein Konzert im Star Club Vienna, das vom Soundingenieur Martin Mayer mitgeschnitten wurde. Aus diesem Material schnitt dann mein Manager die CD „Rusty & Band. Live in Concert". Es war die erste Produktion, die ausschließlich aus Arrangements bestand, wie sie von Elvis bei den Las Vegas–Konzerten in den 1970er Jahren präsentiert

1996 mit meiner ersten Las Vegas Band „Hydra" im Starclub in Wien.

worden waren. Ich war begeistert von dem Ergebnis. Was ich nicht wusste, war, dass die CD ohne Rücksprache mit dem Soundingenieur Martin Mayer gepresst worden war. Und so ergab das eine das andere. Ich spielte 1998 mit der „Las Vegas Band" ein Konzert im Salzburger Stadtkino, dem späteren „Republic". Es war ein sensationeller Erfolg. Im Anschluss an das Konzert begann mein Manager mit dem CD-Verkauf. Martin Mayer, der bei dem Konzert als Soundingenieur dabei war, fragte mich plötzlich, woher die CDs seien und machte uns auf die damit verbundene Urheberrechtsverletzung aufmerksam. Der ganze „Spaß" kostete uns letztendlich 260.000 Schilling, die sich mein Manager und ich teilen mussten. Die Forderungen hatten ohne Zweifel ihre Berechtigung, da die Verwendung des Materials nicht abgesprochen war. Also mussten wir einen Kredit aufnehmen und diesen aus dem Verkaufserlös der CDs abstottern. Ebenso unangenehm waren für mich die daraus resultierenden Unstimmigkeiten mit der „Las Vegas Band", die schließlich 1999 zum Bruch mit der Gruppe führten.

Spätere Formationen waren eher kurzlebig: Von 1999 bis 2000 spielte ich mit Salzburger Musikern unter der Leitung des ORF Radio Salzburg–Moderators Burkhard Kratzer zusammen. Diese Band, die nicht unter dem Namen „Las Vegas Band" auftrat, arbeitete allerdings für meinen Geschmack bei den Elvis-Songs zu viel mit dem Synthesizer. Danach stellten wir die zweite Las Vegas Band zusammen. Diese bestand aus acht Musikern aus Wien mit dem Bandleader Peter Hirschler. Diese Zusammenarbeit hielt bis 2002, dann trat ich bis 2003 wieder mit Salzburger Musikern unter dem Namen „Rusty & Las Vegas Band" auf. In der nachfolgenden Zeit konzentrierte ich mich auf meine Halbplaybackshows, sodass ich erst wieder 2007 eine „Las Vegas Band" gründete, mit der ich noch heute erfolgreich zusammenarbeite.

Wenn Träume wahr werden – Rusty auf Kreuzfahrten

1999 erhielt ich mein erstes Engagement auf einem Kreuzfahrtschiff. Mit der MS Astor kreuzten wir in den folgenden Jahren quer durch das Mittelmeer; von Venedig rund um den italienischen Stiefel nach Barce-

Mit der MS Astor auf Kreuzfahrt.

lona, Gibraltar und Nizza, oder nach Dubrovnik und Griechenland. Eine Kreuzfahrt dauerte eine Woche. Meine Aufgabe dabei war es, jeweils ein Konzert zu spielen. Dafür bekamen mein Manager und ich die

Rusty privat im Captains Club am Oberdeck der MS Astor.

Rusty live in Concert auf hoher See (MS Astor).

vereinbarte Gage, Verpflegung und Unterkunft waren ebenso kostenlos, und weil wir Passagierstatus hatten, konnten wir uns überall aufhalten, wo wir wollten.

Mit der MS Royal Star, die damals im Besitz des „African Safari Club" stand, waren wir dreimal unterwegs. Die Routen führten von den Seychellen nach Madagaskar, weiter zur nördlich gelegenen Insel Mayotte sowie nach Sansibar und von dort nach Mombasa in Kenia. In Sansibar besuchte ich das Geburtshaus von Freddie Mercury. Wir blieben eine Woche in den African Safari Clubs. Da derartige Safari-Kreuzfahrten zwei Wochen dauerten, waren in dieser Zeit auch zwei Konzerte zu spielen, eines am Schiff und eines an Land. Spätere Kreuzfahrten führten mich von den Bahamas durch die karibische Inselwelt oder nach Norwegen in die Fjorde.

Mit der MS Royal Star von den Seychellen nach Mombasa.

Natürlich wecken die Gedanken an Kreuzfahrten durch das Mittelmeer, durch die Inselwelt

Rusty live in Action, während die MS Royal Star nach Nosy Be (Madagaskar) Kurs nimmt.

Rusty mit seinem berühmten, 17 kg schweren King of Spades-Suit auf der MS Royal Star.

Ostafrikas oder in der Karibik Erinnerungen an Urlaub, Sonnenuntergänge, Galadiners an Deck oder Meeresrauschen. Aber es waren weniger diese romantischen Bilder, die mich nachhaltig beeinflussten, weil ich regelmäßig mit der Seekrankheit zu kämpfen hatte und die ganze Zeit diese *sea sickness pills* schlucken musste. Vielmehr genoss ich auf diesen Reisen die vielen Bekanntschaften, die ich mit anderen Stars schloss, die für die Kreuzfahrten engagiert waren. Zu ihnen zählten Roberto Blanco, Tom Astor, Claudia Jung, Baccara,

Roberto Blanco

Tom Astor

Claudia Jung

Baccara

Graham Bonney

Ireen Sheer

Marlene Charell

Tony Christie

Middle of the Road

Jürgen Drews

Graham Bonney, Ireen Sheer, Marlene Charell, Tony Christie, die Gruppe „Middle of the Road", Jürgen Drews und viele andere. Durch diese Bekanntschaften wurden mir Möglichkeiten für weitere Engagements vermittelt, zum Beispiel auf Privatpartys oder Hochzeiten.

Ein geschichtsträchtiger Auftritt vor 35.000 Leuten anlässlich der 10-Jahresfeier zum Fall der Mauer am Brandenburger Tor in Berlin 1999.

1999 lernte ich auf der MS Astor Roberto Blanco kennen, der sich sehr positiv über meinen Elvis-Auftritt äußerte. Am Abschlussabend auf dem Schiff, als wir von Dubrovnik nach Venedig zurückkehrten, kamen wir ins Gespräch. Ich glaube, zwischen uns stimmte sofort die Chemie. Schließlich sagte er zu mir: „Weißt du was, wir sehen uns im Oktober am Brandenburger Tor." Damit meinte er die Feierlichkeiten zur Zehn-Jahresfeier des Mauerfalls im Oktober 1999. Und tatsächlich kam dieses Engagement zustande, sodass ich vom TV-Moderator Wolfgang Lippert als „Rusty, der Las Vegas-Star" angekündigt wurde. Ich trat mit meiner Gibson-Gitarre auf und sang vor 35.000 Leuten ein Medley. Ich war so richtig aufgedreht, aber das Schönste an diesem Abend war für mich, als mir Roberto Blanco auf der Bühne mit einer Umarmung seine Wertschätzung zum Ausdruck brachte.

Ulli von „The Lords" wollte mich zuhause besuchen. Leider ist er viel zu früh verstorben.

Auch bei diesem Konzert habe ich wieder eine Reihe von Schlager-Stars kennengelernt: Marianne und Michael, Nicole und „Lord Ulli" Günther von „The Lords", einer deutschen Beat-Band, die seit den frühen 1960er Jahren Erfolge feierte. Ulli habe ich als sehr netten Kerl in Erinnerung. Wir sind an diesem Abend herumgezogen, haben miteinander getrunken und viel geredet.

Dabei habe ich ihm auch von meiner Heimat erzählt und war gleichzeitig erstaunt wie überrascht, als er ankündigte: „Ich komme Dich im Lungau besuchen, sobald meine Tour am 17. Oktober vorbei ist, so wahr ich ‚Lord Ulli' heiße!" Sein Besuch wäre für mich wohl das schönste Geschenk zum 30. Geburtstag gewesen, doch kurz davor, am 13. Oktober 1999, starb er plötzlich im Alter von nur 57 Jahren. Das ist der große Wermutstropfen in meinen Erinnerungen an diesen Berlin-Auftritt.

Allerdings bin ich am Brandenburger Tor auch zum ersten Mal Drafi Deutscher begegnet und habe damit eine Freundschaft begonnen, die über das Berufliche hinausging. Drafi konnte sich nach außen sehr rüpelhaft aufführen, ich habe ihn aber als einen Menschen mit einem sehr weichen Kern erlebt.

Raue Schale, weicher Kern. Auch mit Drafi Deutscher verband mich eine Freundschaft, die weit über das Berufliche hinausging.

Drafi Deutscher holte mich zu einem Open Air-Auftritt nach Kötschach-Mauthen, da er unbedingt einen Elvis in seiner Show haben wollte. 2006 ist auch er leider verstorben, weshalb ich nach Berlin zu seiner Beerdigung in den Parkfriedhof Lichterfelde reiste.

Zurück zu den Wurzeln – zurück an den Anfang. Mein Schicksalsjahr 2002

Für meinen sechsten Tonträger machte ich mich auf die Suche nach meinen musikalischen Wurzeln. Gemeinsam mit meinen Lungauer Freunden nahm ich zu meinem 10-jährigen Bühnenjubiläum 2000 unplugged einen Konzertmitschnitt in Mauterndorf auf. Von meiner alten Band spielten Ernst Galler (Leadgitarre) und Klaus Aigner (Bass) mit. Die Situation erinnerte mich an das „Singer Come Back-Special", mit dem Elvis 1968 auf die Bühne zurückkehrte. Damals bestritt der King den ersten Teil dieses Comebacks gemeinsam mit den „Blue Moon Boys", seinen beiden noch lebenden Freunden aus der Anfangszeit seiner Karriere, Scotty Moore und D.J. Fontana. Der Bassist William Black war bereits 1965 verstor-

Im Jahr 2000 spielte ich mit Musikern aus meiner Heimat anlässlich meines 10jährigen Bühnenjubiläums „Rusty – Back To The Roots" aus dem originalen Comeback Special von 1968 „One Night With You".

ben. Bei unserem Auftritt im Jahr 2000 waren Hans-Peter Perner an der Gitarre, Rudolf Rohrmoser am Tamburin und Otto Großegger hinzugekommen, der mit seinen Drumsticks nicht auf einem Schlagzeug spielte, sondern – genauso wie D.J. Fontana 1968 – auf einen Gitarrenkoffer einschlug. Der King hatte damals genug von Hollywood und den Filmen, deren seichte Inhalte nur dazu da waren, um Elvis als Sänger von Songs zu verkaufen, die genauso oberflächlich waren wie die Filmhandlungen. Die Besucherzahlen in den Kinos sanken genauso wie die Verkaufszahlen der Soundtrack-Alben. Elvis war an einem Wendepunkt seiner Karriere angekommen. Es waren wohl die Verkaufszahlen, die seinen Manager Colonel Parker dazu bewogen, Elvis wieder auf einer Bühne auftreten zu lassen. Die Rückkehr in die Konzerthallen war als Spektakel der Sonderklasse geplant: als Aufzeichnung für eine Fernsehshow mit einem ausgewählten Publikum, um die Unsicherheit, die ihn nach acht Jahren abseits der Showbühnen befallen hatte, möglichst gering zu halten. Und wie fulminant dieses Comeback angenommen wurde!

„The King is back and he is better than ever!" – im schwarzen Lederanzug. Elvis schloss nahtlos an seine früheren Erfolge an, und zwar mit denselben Hits. Dieses Comeback-Konzert diente uns als Vorbild für unseren Auftritt und die Live-CD „One Night With You – Back To The Roots". 2007 spielten wir noch einmal gemeinsam in der Stadthalle in Gänserndorf.

Eigentlich hätte alles in dieser Form weitergehen können. Ich hatte gemeinsam mit meinem Manager viel erreicht: Die Marke „Rusty" hatte einen respektablen Bekanntheitsgrad, wir konnten nicht über mangelnde Auftrittsmöglichkeiten klagen, wir hatten sechs Tonträger herausgebracht. Dazu hatte ich seit 1994 mein eigenes Las Vegas-Engagement, und ich hatte in der „High Society" Gönner, die mich mit Fixkonzerten versorgten. Zuhause schien auch alles in bester Ordnung zu sein. Ich war seit 1993 verheiratet und auf mein Elternhaus konnte ich mich sowieso blind verlassen.

Es gibt Jahre, da scheint alles zu funktionieren, man glaubt, das Schicksal fest in der Hand zu haben und kontrollieren zu können. Und dann kommen Schicksalsschläge, die den Boden unter den Füßen wegzuziehen scheinen. Für mich war die Zeit von 2002 bis Jänner 2003 ein solches Schicksalsjahr. Zunächst trennte ich mich von meinem Manager. Nachdem wir zwölf Jahre gemeinsam an meiner Karriere gearbeitet hatten, traten plötzlich derart massive inhaltliche Differenzen auf, dass eine weitere Zusammenarbeit für mich unmöglich wurde. Wir konnten diese Trennung zwar außergerichtlich zum Abschluss bringen, aber die menschliche Enttäuschung war für mich ein harter Schlag, den ich lange verarbeiten musste.

In dieser Formation traten wir 2007 noch einmal in Gänserndorf auf: v.l.: Rudolf Rohrmoser, Hans-Peter Perner, Ernst Galler, Rusty (mit der originalen J-200 Gibson, die Elvis Presley 1968 spielte), Klaus Aigner und Otto Großegger, der wie D.J. Fontana 1968 statt einem Schlagzeug den Gitarrenkoffer „bespielte".

Am 22. Juli starb meine geliebte Oma, die Grandl-Mama. Die Vernunft sagte mir, dass ein Menschenleben irgendwann zu Ende gehen muss, und meine Grandl-Mama hatte zwar ein hartes, aber ein wahrlich erfülltes Leben. Meine Erlebnisse mit der Kinderkrebshilfe hatten mir gezeigt, wie frühzeitig und grausam ein Lebensfaden durchschnitten werden kann, und trotzdem ging mir der Tod meiner Grandl-Mama so nahe. In mir ging ein wichtiges Verbindungsstück zu meiner Kindheit verloren, und mit einer kindlichen Hilflosigkeit stand ich vor ihrem Sarg und sang mit gebrochener Stimme ihr Lieblingslied „Santa Lucia".

2002 verlor ich meine geliebte Grandl-Mama. Ein Erinnerungsbild von ihrem 80. Geburtstag.

Im Jänner 2003 schließlich – ich war gerade in Las Vegas – erreichte mich der Anruf meiner damaligen Frau, in dem sie mir mitteilte, dass sie die Scheidung einreichen würde. Was sollte noch alles passieren?

„Separate Ways" hatte mich in mehrfacher Weise eingeholt. Es dauerte eine Weile, bis ich mir bewusst wurde, dass ich keineswegs vor dem Nichts stand. Ich war eine „Marke", und ich hatte auch alle Rechte, um mit dieser Marke „Rusty" weiterzuarbeiten. Ich hatte Erfahrungen im Management, da ich meine Auslandsengagements schon von Anfang an selbst regeln konnte. Diese Erfahrungen kamen mir jetzt zugute, als ich mein gesamtes Management in Eigenregie übernahm. Mir waren Freunde aus der ersten Phase meiner Karriere geblieben, die sich auch künftig als wichtige Anker meiner beruflichen Laufbahn erwiesen. Und ich konnte nach wie vor ungebrochen auf meine Familie bauen. Privat wie beruflich erkannte ich immer stärker meine Stützen, auf die ich mich verlassen konnte, als ich unter anderen Rahmenbedingungen als „Rusty" neu durchstartete.

Teddy Bear / Don't Be Cruel – Rudi Quehenberger,

Der Text von „Don't Be Cruel" ist denkbar einfach gestrickt und typisch für die Love Songs des Rock 'n' Roll. Ruf mich an, wenn du zuhause sitzt und nicht rauskommen kannst, denk nicht zurück, wenn ich dich zornig gemacht habe, sondern schau nach vor, denn ich denke nur an dich, denk immer an mich, liebe mich, und schließlich das unausweichliche „Let's walk to the preacher and let us say I do". Zusammen gehalten werden die Strophen durch den Refrain „Don't Be Cruel to a heart thats true." – „Sei nicht grausam zu einem Herzen, das es ehrlich meint."

Zu Weihnachten 1955 verkaufte der schwarze R&B und Rock 'n' Roll – Komponist Otis Blackwell sechs Songs, darunter „Don't Be Cruel", an Shalimar Music um je 25 $, um seine Geldtasche ein wenig aufzufüllen. Von dort gingen die Rechte weiter an RCA Records, die Elvis kurz zuvor unter Vertrag genommen hatten. Der Song verkaufte sich als B-Seite für „Hound Dog" über vier Millionen mal und Otis Blackwell etablierte sich als erfolgreicher Songlieferant für Elvis. Es war der erfolgreichste Hit in Elvis' Anfangsjahren, und er sang „Don't Be Cruel" bei allen drei Auftritten in der Ed Sullivan Show, die ihm schlagartig den Durchbruch in den gesamten Staaten verschafften.

Bei seinen späteren Auftritten in den 1970er Jahren kombinierte Elvis den Song mit „Teddy Bear" zu einem Medley.

Sieben Wochen lang führte „(Let Me Be Your) Teddy Bear" im Sommer 1957 die Charts an. Promotet wurde der Song in Elvis' zweitem Film „Loving You", der inhaltlich bereits einen Schatten auf die schauspielerische Karriere des King warf. Eine Managerin erkennt das Gesangstalent eines jungen und nicht weniger naiven Mannes, worauf sie seine Stimme in Geld umzusetzen versucht, während er auf die große Karriere hofft. – Gesamteindruck: Beziehungskiste mit Happy End und vielen hitverdächtigen Elvis-Nummern.

1957 war auch das Jahr, in dem der Rock 'n' Roll das deutschsprachige Publikum erreichte. Songs von Elvis und anderen amerikanischen Stars wurden übersetzt oder mit deutschen Texten ausgestattet. Der „deutsche Elvis" hieß Peter Kraus, und wie bei seinem amerikanischen Vorbild wenige Jahre zuvor wussten die Kollegen aus der Branche mit dem hüftwackelnden Shootingstar nicht wirklich etwas anzufangen. Rock 'n' Roll sorgte für Verwirrung. Bis 1959 sang sich Kraus konkurrenzlos in die Herzen der deutschen und österreichischen Teenies, erst dann bekam er mit Tommy Kent und Ted Herold ernst zu nehmende Kollegen in der Branche. Ganze zwölf Nummern nahm Peter Kraus 1957 auf, darunter auch die deutsche Variante von Elvis' „Teddy Bear":

Oh Baby, ich wär gern dein lieber Teddybär, weil ich dann bei Tag und Nacht in deiner Nähe wär. Ich wär so gern dein Teddybär. Drum wünsch dir keinen Tiger, ein Tiger ist zu wild, und wünsch dir keinen Löwen, weil so ein großer Löwe immer brüllt! Nein, ich wär so gern dein Teddybär, den du zärtlich streicheln kannst, das liebe ich so sehr. Ich wär so gern dein Teddybär ..."

„Grüß Gott, Herr Quehenberger! Dürfte ich bitte ein Foto mit Ihnen machen?"

Irgendwann im Jahr 1994 ging ich mit meinem Bruder Helmut durch die Getreidegasse, als uns plötzlich Rudolf Quehenberger entgegen kam. Dass ich ihn um ein gemeinsames Foto bat, entsprach meiner Art, auf Menschen zuzugehen. Später gab mir kein geringerer als der Superstar unter den Entertainern, Tom Jones, „The Tiger", in Las Vegas den Tipp, Bilder mit Prominenten und Stars in mein Marketing einzubauen. Damit hatte er jedenfalls Recht. 85 Prozent der Zugriffe auf meine Website www. rusty.at betreffen den Bereich der „Stargallery"! 1994 hielt sich mein Bekanntheitsgrad noch ziemlich in Grenzen, und Internetseite hatte ich natürlich auch noch keine. Dennoch war es mir plötzlich ein Bedürfnis, mit Rudi Quehenberger auf einem Foto zu sein, als er mir an jenem Tag in der Getreidegasse begegnete. Den Namen Quehenberger kannte

Mit Rudi Quehenberger verbindet mich eine innige Freundschaft. Er war der Erste, der mir die Möglichkeit gegeben hat, bei größeren Galas aufzutreten.

damals jeder, der auf Österreichs Straßen unterwegs war, denn er besaß ein erfolgreiches Transportunternehmen, und auf jedem seiner LKW stand groß der Name „Quehenberger". Außerdem war Rudi Quehenberger Präsident des Fußballclubs Casino Austria Salzburg. 1994, als ich ihn zum ersten Mal traf, feierte der Club seine größten Erfolge. In der Saison 1993/94 hatten die Salzburger das Finale des UEFA-Pokals erreicht und mussten sich nur Inter Mailand geschlagen geben. Man kann sich vorstellen, dass jedes Stadion, in dem der Verein damals spielte, einem Hexenkessel glich. Und diese Erfolge standen mit einem Mann besonders in Verbindung: Rudolf Quehenberger.

Ich sprach ihn also an: „Grüß Gott, Herr Quehenberger! Entschuldigen Sie, ich bin ein ganz großer Fan von Ihnen, dürfte ich bitte ein Foto mit Ihnen machen?" – „Gerne, bitte." Dann stellten wir uns hin und Helmut schoss das erste gemeinsame Foto von Rudi Quehenberger und mir. – So simpel können Freundschaften beginnen.

Natürlich war ihm mein Outfit aufgefallen, und darum fragte er mich, ob ich Elvis imitierte. Ich fragte ihn, ob er mich nicht kenne. „Ich bin Rusty, der weltbeste Elvis." Mit einem Schmunzeln ging er auf meine Unverfrorenheit ein: „Ah so, und wo lebst du?" – „In St. Michael im Lungau." „Na servus, Kaiser! Und da willst du der weltbeste Elvis sein? Pass auf: Ich veranstalte ein Geburtstagsfest für meinen Freund Hannes Gerstl. Wenn es dich interessiert, kannst du dort spielen. Dann sehe ich, wie gut du bist." Jetzt lag es an mir, verdutzt zu sein. Er nannte mir den Termin, ich ging damit zu meinem Manager, und damit war der Auftritt fixiert.

Es war ein lauer Sommerabend, als das Fest für Hannes Gerstl, der leider viel zu früh verstorben ist, stattfand. Er hatte sich das Maria-

Gemeinsam mit Rudi sang ich auf der Gartenparty für Hannes Gerstl 1994 „Teddy Bear".

Theresien-Schlössl neben Schloss Hellbrunn in Salzburg als Location ausgesucht. Im Park, der mit einem dichten Baumbestand gegen Zaungäste abgeschirmt war, befanden sich ein Fischteich, eine kleine Villa, zahlreiche Steinskulpturen und ein Pavillon, wo das Catering stattfand. Hier sollte ich also meinen Auftritt haben. Ich merkte an diesem Abend, dass Rudi Quehenberger ein absoluter Rock ´n´ Roll- und Elvis-Fan war. Nach dem Konzert, das ich als einen großen Erfolg erlebte, kam Rudi zu mir und fragte mich: „Kannst du auch Gitarre spielen?" – „Ja". Daraufhin hängte ich mir seine Gitarre um und spielte für ihn „Teddy Bear". Er sang auf Deutsch die Version von Peter Kraus und ich setzte auf Englisch in der Originalversion von Elvis fort. Dieses deutsch-englische Duett von Rudi und mir blieb in meiner Erinnerung über die Jahre immer präsent. Daraus müsste man doch etwas machen können ...

Von einer Geburtstagsparty zu den großen Sport-Events

Rudi Quehenberger war von meinem Auftritt beim Geburtstagsfest total begeistert und meinte: „Ich vermittle dir einen ganz großen Job. Willst du im Wiener Praterstadion singen?" – Ich jubelte innerlich, denn dieser Gig, den er mir da anbot, war ein Auftritt beim Champions League-Qualifikationsspiel SV Casino Austria Salzburg gegen Maccabi Haifa am 24. August 1994 in Wien. Die Stimmung im Stadion konnte aufgeheizter nicht

1994 vermittelte mir Rudi Quehenberger den Auftritt vor 25 000 Zusehern im Wiener Praterstadion.

sein, denn im Hinspiel hatten die Salzburger bereits 2:1 gewonnen, und nun hatten sie Heimvorteil. Im Vorfeld sollten die Rockband „Blowjob" aus Los Angeles, die österreichische Songcontest-Teilnehmerin Simone und ich mit musikalischen Einlagen für gute Stimmung sorgen. Geplant war, dass ich auf der Spielfeldmitte singe, allerdings merkte ich beim Soundcheck, dass meine Stimme zeitversetzt von der Soundanlage zu mir zurückhallte. So war ein Halbplayback völlig unmöglich. „Dann musst du Vollplayback singen." – „Kommt nicht in Frage. Rustys Stimme ist immer live!" – Also stellte ich mich zur Seitenlinie, wo die große Anlage stand, und dann funktionierte das Singen einwandfrei. So kam es, dass ich beim Champions League – Spiel in Wien vor über 25 000 Leuten „Viva Las Vegas" gesungen habe. Die Menge tobte. Ich, der Junge aus St. Michael, war völlig beeindruckt von dem Applaus, den ich in Wien bekam. Mein Vater konnte die Szenerie von der Trainerbank aus beobachten. Er hatte eine VIP-Karte bekommen, die es ihm ermöglichte, mit Fußballgrößen wie Heimo Pfeifenberger und Otto Baric zu plaudern. Da ist sein Fußballerherz so richtig aufgegangen. Und als Salzburg mit einem 3:1-Sieg den Einzug in die Champions-League schaffte, brodelte es im Stadion endgültig. Kein Wunder, dass es bei der Afterparty so richtig abging!

Rudi Quehenberger verschaffte mir auch einen Auftritt bei der 11. Sportgala der Salzburger Nachrichten am 29. April 1995. Diese Gala war etwas ganz Besonderes, denn sie fand erstmals im neu gebauten Haus der Salzburger Nachrichten statt. Die 300 Gäste verteilten sich auf drei Stockwerke. Im Foyer stand ein Formel 1-Simulator, den sofort der ehemalige Rennfahrer und Le Mans-Teilnehmer Walter Lechner in Beschlag nahm. Ich sang zirka eine Stunde lang im Stockwerk darüber, wobei mich die Fußballstars von Casino Austria Salzburg lauthals unterstützten. Und schließlich wurden die Sportler des Jahres 1994 gekürt. Bei den Damen war dies die Tennisspielerin Judith Wiesner, bei den Herren erhielt Heimo Pfeifenberger zum dritten Mal hintereinander die Trophäe, dicht gefolgt von Otto Konrad. Überhaupt standen die Helden von Casino Austria Salzburg überall im Rampenlicht, so auch das Traumduo Otto Baric als Trainer und Rudi Quehenberger als Präsident, der es sich nicht nehmen ließ, zu „We Are The Champions" das Mikrophon in die Hand zu nehmen und mitzusingen. Für mich bedeutete diese Sportgala die Erfüllung eines Traums: Ich hatte führende Persönlichkeiten aus Politik, Wirtschaft, Kultur und Sport im Publikum und bekam eine fantastische Pressekritik. Die Salzburger Nachrichten brachten eine Doppelseite in der großen Österreichausgabe über die Sportgala mit einem Foto von mir („Rusty begeisterte") und einem grau unterlegten Textfeld, in dem ich als „international erfolgreicher Elvis-Interpret Rusty" gefeiert wurde.

Damals merkte ich zum ersten Mal, welche Folgen so ein Großauftritt für weitere Engagements haben konnte. Durch die Veranstaltung führte der ORF-Sportmoderator Robert Seeger. Dieser wiederum vermittelte mir nach der Gala einen Auftritt beim ORF Steiermark. So kam ich auch mit Hannes Kartnig, dem damaligen Präsidenten des SK Sturm Graz, in

Petra Kronberger mit SN-Chefredakteur Engelbert Washietl — „Rusty" begeisterte — Jugend vom Theater am Aumühlweg/Freilassing sang „We are the champions"

Familiäre Atmosphäre im neuen Veranstaltungssaal der Salzburger Nachrichten

Walter Lechner war am Formel-1-Simulator in seinem Element

Rusty & Lechner: „Ein tolles Fest"

Er machte seinem Namen als Stimmungskanone wieder alle Ehre: Rennfahrer Walter Lechner, für den Gala-Abend extra aus Zolder angereist, war einer der Aktivsten in der Sport-Arena, die im Foyer des SN-Turms aufgebaut war. Am meisten Gefallen fand der Faistenauer am Formel-1-Simulator. Begeistert Beifall klatschte Hobby-Musiker Lechner dem international erfolgreichen Elvis-Interpreten „Rusty".

„Ein tolles Fest." Das fanden nicht nur Rusty & Lechner, sondern auch die Gewinner der acht Stationen der „Sportarena" (Dart, Basketball, Surf- und Formel-1-Simulator etc.). Die Siegespreise waren Karikaturen des Künstlers G. Stadler.

Salzburger Ärzte-Treff im Faistauersaal des SN-Gebäudes
hur Trost, Herbert Resch, Elisabeth Dalus, Harald Hertz, Anton Wicker (v. L)

Essen bei Zigeunermusik im SN-Restaurant „Sabunari"
SLSV-Präsident Alex Reiner mit Roswitha Stadlober und Staatssekretär Schäffer

Rudi Quehenberger vermittelte mir auch zahlreiche Auftritte bei der Sportlergala der „Salzburger Nachrichten".

Kontakt, was wiederum einige Konzertauftritte nach sich zog. Für mich war es damals schon interessant mit anzusehen, welch große Faszination Elvis gerade in diesen Kreisen nach wie vor ausübte, und das fast 20 Jahre nach seinem Tod. Siebenmal - von 1995 bis 2001 - war ich über Rudi Quehenberger fixer Bestandteil der Sportgala. Natürlich konnten

nicht alle Besucher der Gala Elvisfans sein. Otto Konrads erste Frau meinte zu meinem Bruder Wolfgang, als sie sich einmal in Hallein auch mit anderen Fußballern zufällig im „s' Schluckerl" trafen: „Na hoffentlich spielt da nächstes Jahr nicht wieder der Rusty, die Elvis-Musik packe ich überhaupt nicht." Daraufhin klärte sie mein Bruder Wolfgang lachend auf: „Gestatten, ich bin der Bruder von Rusty." Bei der nächsten Gala meinte sie ganz verlegen zu mir, ich solle nicht böse sein, es sei nichts Persönliches gegen mich. Darauf antwortete ich grinsend: „Ich weiß, du hast nichts gegen mich, du magst nur nicht Elvis." Zu diesem Zeitpunkt saß ich mit meiner Elvis-Nummer schon ziemlich fest im Sattel. Das führe ich zu einem Gutteil auf Rudi Quehenberger zurück. Er schenkte mir sein Vertrauen, als ich anderswo noch auf Skepsis und Ablehnung gestoßen bin. Immer wieder musste ich hören: „Aha, du bist also Rusty, aha, soso, du singst also Elvis. Schauen wir einmal. Nein, da haben wir jetzt leider nichts!" – Engagements aufreißen konnte mitunter zu einem zähen Klinkenputzen ausarten. Mit Rudi Quehenberger änderte sich da einiges. Über ihn bekamen wir Connections, das war „unglaublich" (wie er es selbst bezeichnen würde).

Den nächsten Meilenstein in „sportlicher" Hinsicht bildete für mich 2003 die Eröffnung des Red Bull-Stadions in Salzburg mit dem Eröffnungsspiel. Natürlich befanden sich noch viele Bereiche des Gebäudes im Rohbau, doch tat dies der Stimmung keinen Abbruch. Gerry Friedle alias DJ Ötzi heizte dem Publikum im Stadion tüchtig ein, für den Show Act vor den

Bei der Eröffnung des Red Bull-Stadions am 8. März 2003 in Salzburg trat ich vor den VIP-Gästen in der heutigen Skybox auf.

Begeisterung und Jubelrufe bei den VIP-Gästen in der Skybox.

VIP-Gästen engagierte Rudi Quehenberger wieder einmal – Rusty. Auch in dieser Hinsicht blieb er mir bis heute verbunden. Er hat immer einen

Platz für mich in der Skybox, einem abgeschlossenen VIP-Bereich mit Direktblick auf das Spielfeld. Diese Besuche in der Skybox bringen nicht nur ein besonderes Fußballvernügen, ich komme dadurch wieder mit Menschen in Kontakt, die Interesse an Rusty haben könnten.

„Ab jetzt spielst du auf jeder Party, die ich mache!"

Rudi Quehenberger war nach meinem Auftritt im Wiener Praterstadion 1994 zu mir gekommen und hatte gesagt: „Du bist ein Riesentalent und spielst ab jetzt auf jeder Party, die ich mache." – Dass er das wörtlich gemeint hatte, merkte ich in den kommenden Jahren. Rudi holte mich wirklich für jedes Fest, welches er privat oder für seine Firma veranstaltete. Quehenberger Weihnachtsfeiern, Quehenberger Geburtstagsfeiern, Quehenberger dies und Quehenberger das – Rusty trat überall auf!

Am 30. Juni 2001 feierte Rudi Quehenberger mit mehr als 850 Freunden und Geschäftspartnern aus aller Welt seinen 60. Geburtstag und Abschied aus seinem Unternehmen, das er an den Thiel Konzern aus Luxemburg verkaufte. Gleichzeitig übergab er die Geschäftsführung und Verantwortung für mehr als 1600 Mitarbeiter an Christian Fürstaller. Es gab ein viergängiges Menü von der Gastronomie Döllerer aus Golling. Die Show Acts kamen von der Gruppe „Blow Job" aus Los Angeles, Wolfgang Ambros und Rusty. Als Überraschungsgast, von dem Rudi nichts wusste, hatte seine Frau Katharina Peter Kraus engagiert; Peter Kraus, den Rudi Quehenberger seit seiner Kindheit verehrt. Rudi singt die alten Peter Kraus-„Hadern" wie „Sugar Baby" zur Gitarre im Kreis seiner Freunde. Ich bin mir nicht sicher, ob Rudi Quehenberger im Herzen nicht mehr Musiker als Unternehmer ist. Mein Auftritt war beim Brunnen, wo die Hellbrunner Wasserspiele stattfinden, geplant. Nach dem ersten Teil meiner Halbplaybackshow begann es zu gewittern, weshalb mein Konzert in das große Zelt verlegt wurde. Da war es dann natürlich mit der idyllischen Stimmung vorbei. Wir mussten alles neu aufbauen und spielten über die große Anlage. Ich konnte mit meiner Leistung zufrieden sein – immerhin war ein Konzert bei Rudi Quehenberger für mich eine Art Heimspiel – aber im Zentrum des Abends stand natürlich der Auftritt von Peter Kraus, der von der österreichischen Band „Schurli und die Motorbienen" begleitet wurde. Rudi Quehenberger war sehr gerührt, als er ihn sah. Am Ende des Show Acts sagte schließlich Peter Kraus: „Und jetzt, lieber Rudi, singst du gemeinsam mit mir ein Lied." Daraufhin betrat Rudi die Showbühne und die beiden sangen gemeinsam „Sugar Baby". Ich war überwältigt von diesem Auftritt: Rudi sang so phantastisch! Die Leute haben getobt, es war ein Wahnsinn, einfach unglaublich und unvergesslich!

Einblicke in die Glanz-und-Glimmer-Welt von Monte Carlo und Saint Tropez

Saint Tropez, ein Fischerdorf an der südfranzösischen Cote d' Azur, etablierte sich seit dem ausgehenden 19. Jahrhundert als Künstlerkolonie. Die High Society folgte nach und setzte sich mit einem Yachthafen ein Denkmal.

Im Oktober 2007 besuchten Kathy und ich Rudi Quehenberger auf seine Einladung hin in Saint Tropez.

Mittagessen im berühmten Club 55 in Saint Tropez.

Am Beginn einer Rundfahrt von Saint Tropez nach Monte Carlo.

Wir singen „Teddy Bear", jenen Song, der Rudi Quehenberger und mich seit 20 Jahren verbindet.

Seit vielen Jahren finde ich bei Rudi Quehenberger Ruhe und Sicherheit, und das nicht nur auf seiner Yacht.

Kurz vor meinem Auftritt im Polo Club von Saint Tropez 2012.

2007 verbrachte ich gemeinsam mit meiner Frau Katharina zum ersten Mal eine Woche in St. Tropez. Als Rudi Quehenberger zu meiner Hochzeit kam, hatte er ein besonderes Geschenk im Gepäck: Er und seine Frau Katharina luden meine Frau und mich in ihre Wahlheimat Saint Tropez ein. Hier besitzt er ein Haus mit Blick auf die Hafenstadt. An diesem Wochenende zeigte er uns die schönsten Plätze, die man sich in dieser Gegend nur vorstellen kann. Wir besuchten die legendäre „Gendarmerie Nationale", wo der geniale Louis de Funes seine Paraderolle „Der Gendarm von Saint Tropez" gedreht hatte, das weltberühmte Strandlokal „Club 55", den Nikki Beach, natürlich den Poloclub sowie sämtliche Top Lokale. Und natürlich durfte auch hier Elvis nicht fehlen, indem ich unseren Gastgebern ein Spezialkonzert gab, gleichsam ein musikalisches Privatissimum. Aber nach wie vor griff Rudi auch selbst in die Saiten und dann sangen wir auf seiner Yacht „Karu" unser deutsch-englisches Duett vom „Teddy Bear". Das Lied zieht sich wie ein roter Faden durch meine Karriere, die Rudi so aktiv mitgestaltet hat. Daraus müsste man doch etwas machen können ...

In Saint Tropez habe ich eine andere Welt kennen gelernt, eine Welt, in der Geld keine Rolle spielt. 2012 vermittelte mir Rudis Frau Katharina Quehenberger ein Konzert im Polo Club. Von den vielen Autos, die vor dem Clubhaus standen, war das billigste ein Bentley Continental um satte 300.000 Euro. Und während bei uns die Taxis hin und her fahren, fliegen dort die Helikopter herum, um die Gäste zu transportieren. Ich sang vor 270 geladenen Leuten und war begeistert über das dankbare Publikum, denn ich bekam Standing Ovations. Durch den Abend führte mit launigen und charmanten Worten Katharina Quehenberger. Es war für mich ein beeindruckendes Erlebnis, zum ersten Mal ein Liveauftritt in Saint Tropez. Und das gab mir die Bestätigung, dass die Musik von Elvis Presley in jeder Gesellschaftsschicht erfolgreich ist.

120 Kilometer westlich von Saint Tropez liegt ebenfalls an der französischen Südküste der Stadtstaat Monaco mit dem zentralen Hafenviertel Monte Carlo. Das Gebäude des Yacht Clubs im Hafen „Hercule" von

2008 kam ich durch Rudi Quehenberger in die berühmte Hafenstadt Monte Carlo.

Kurz vor meinem Auftritt im Yacht Club Monte Carlo präsentiere ich stolz den Hafen.

133

Monte Carlo zählt wohl zu den Wahrzeichen Monacos. Wenn du das Gebäude betrittst, kannst du im Erdgeschoß alles problemfrei besichtigen. Sobald du jedoch in den oberen Stock vordringst, wo sich das Restaurant befindet, kostet der Eintritt 3000 Dollar, ohne jede Verpflegung. Da hast du noch nichts getrunken, da hast du noch nichts gegessen. In diesen Nobeltempel holte mich 2008 Rudi Quehenberger als Show Act für eine Veranstaltung eines Unternehmerkollegen.

Also kamen wir frühzeitig in den Yacht Club und schleppten unsere Anlage vom Transporter in den 1. Stock. Da lief uns der Chef vom Clubrestaurant entgegen und versuchte uns klar zu machen, dass wir keine Anlage aufbauen dürften. Geduldig antwortete ich auf Englisch, dass am Abend eine Gala stattfände und Rusty, das bin ich, dort spielen solle. „Sie können schon singen", meinte da der Restaurantbesitzer vom Yacht Club de Monaco zu mir, „aber nur mit Gitarre und ohne Anlage." Dann fragte er mich, ob ich mir überhaupt bewusst sei, in welchem Club ich mich befände. Da habe ich ihn gefragt, ob er überhaupt wisse, wer ich bin. Es sei ihm egal, wer ich sei, hier hätten schon Madonna und Lionel Richie gespielt, und da hätte es auch keine Anlage gegeben. Meine „Frechheit siegt"-Taktik war nicht angekommen, also versuchte ich es mit Ignoranz. Wir ließen ihn zetern, während wir den Transporter fertig

Ausgelassene Tanzstimmung und Standing Ovations im berühmten Yacht Club von Monte Carlo für Rusty.

Für meinen Auftritt erhielt ich als besonders seltene Auszeichnung vom Veranstalter das silberne Ehrenzeichen des „Yacht Club de Monaco".

ausluden und die Anlage aufbauten. Dann kam der Soundcheck an die Reihe. Eine neuerliche Missstimmung seitens des Hausherrn war vorprogrammiert, denn wir mussten ja zuerst die gesamte Tonanlage etwas lauter einchecken, um die Pfeiftöne des Mikrofons zu eliminieren und so einen einwandfreien Sound zu gewährleisten. Obwohl wir nun Drohungen zu hören bekamen, er werde die Polizei holen, habe ich trotzdem mein Ding durchgezogen, bis Rudi Quehenberger und die rund 200 bis 250 Gäste des Galaabends eintrafen. Ich habe mich über meine Probleme mit dem Restaurantbesitzer nicht beschwert, sondern bereitete mich auf meinen Auftritt vor. Ich spielte die Las Vegas Show im Halbplayback Style (dabei kommt die Musik von der Minidisc, während ich live singe).

Dazu trug ich den „Blue Powder Suit", meinen blauen Elvis-Anzug. Nach dem einstündigen Konzert gab es dreimal Standing Ovations, die Stimmung war ein Hammer. Und als Pointe kam auch der Restaurantbesitzer daher und rief mir begeistert zu: „C'est magnifique!" und meinte, so etwas habe er im Yachtclub noch nie erlebt. „Einfach grandios!" Als besondere Auszeichnung erhielt ich das silberne Ehrenzeichen des „Yacht Club de Monaco" vom Veranstalter des Abends verliehen. Das ist für mich nicht nur eine hohe Auszeichnung, sondern bietet auch einen Vorteil: Wenn ich wieder einmal nach Monte Carlo in den Yacht Club komme, muss ich keine 3000 Dollar Eintritt bezahlen, sondern die Türen im 1. Stock stehen mir offen. Diese Privilegien verdanke ich nur meiner Stimme und meiner Performance.

Teddy Bear reloaded – eine CD als Symbol einer langen Freundschaft

Als ich nach dem Auftritt mit Rudi zu späterer Stunde im Yacht Club von Monte Carlo saß, philosophierten wir über das Leben und über das, was von uns die Zeiten überdauern wird. Es war eine gedankenschwangere, leicht melancholische Unterhaltung, wie sie sich eben entwickelt, wenn man nach ein paar Gläsern bei den wirklich geistvollen und unaufschiebbaren Themen angelangt ist. Er sinnierte darüber, welche Spuren von uns langfristig bleiben würden. Da stieg in mir das immer wiederkehrende Bild von unserem gemeinsamen „Teddy Bear"-Duett hoch und ich grübelte ein wenig unsensibel vor mich hin: „In 200 oder 300 Jahren redet keiner mehr über die Spedition ...", um dann tröstend fortzufahren, „...aber deine Stimme kann dir keiner nehmen. Sie ist so einzigartig, und du musst sie unbedingt auf einer CD verewigen." Er fragte: „Wie stellst du dir das vor?" „Naja, ich habe meine Musiker, ich habe den Zugang zu den Studios, es ist halt mit Kosten verbunden." Seine Augen blitzten auf: „Ja, das macht nichts." Und ich setzte noch nach: „Und wenn die Produktion fertig ist, lassen wir sie in München im msm-Studio mastern. Das ist eines der berühmtesten Masterstudios der Welt! Das wäre eine Supersache." Damit war der Floh ins Ohr gesetzt und wir beschlossen an diesem Abend, eine gemeinsame CD mit seinen Lieblingshits von Elvis und Peter Kraus, wie „Treat Me Nice – Mach dich schön" als Duett, „Wenn Teenager träumen" als Quehenberger-Solo und „Good Luck Charme" als Rusty-Solo herauszubringen. Natürlich durfte auch unser „Teddy Bear" nicht fehlen. Rudi hat sich wie ein Profi im Tonstudio von Paul Hochrainer bewiesen und ich glaube, es war auch für ihn ein unvergessliches Erlebnis. Was wir 1994 auf einer Gartenparty zum ersten Mal gemeinsam gesungen haben, sollte 2014 mit einer gemeinsamen Produktion für die Nachwelt erhalten bleiben.

20 Jahre nach unserer ersten Begegnung stand ich gemeinsam mit Rudi Quehenberger im Tonstudio.

Wenn man bei so vielen privaten Anlässen dabei ist, wie ich bei Rudi Quehenberger, dann entwickelt sich eine Freundschaft, die über das berufliche Engagement weit hinausgeht. Ich spiele nicht nur bei den

Rudi Quehenberger, ein treuer Besucher meiner Konzerte; hier 2007 mit Heide Janik, Obfrau der Kinderkrebshilfe Salzburg, bei meiner Gospelshow in der Pfarrkirche St. Michael/Lg.

verschiedensten Quehenberger-Anlässen, Rudi besuchte auch regelmäßig meine Benefizkonzerte im Lungau, zuletzt jenes in der Pfarrkirche in Mariapfarr am 14. Dezember 2013. Deshalb habe ich mich riesig gefreut, dass wir mit der CD-Produktion endlich ein gemeinsames Musikprojekt auf die Beine gestellt haben, das symbolisch für unsere lange Freundschaft stehen kann und gleichzeitig so viel Spaß gemacht hat. Jetzt, so viele Jahre nach meiner ersten Begegnung mit Rudi Quehenberger, kann ich ermessen, was er für meine Karriere bedeutet. Ohne Rudi Quehenberger würde es heute keinen Rusty geben. Er hat immer an mich geglaubt. Ich kann zu Recht behaupten: Rudi Quehenberger ist mein Mentor.

Rudi Quehenberger – mein Mentor!

Blueberry Hill / I Can't Stop Loving You auf Bayerisch – Die Alfons Schubeck-Connection

Es durchfuhr mich am Heidelbeerhügel, als ich dir begegnete. Der Mond verweilte am Heidelbeerhügel, als für mich ein Traum wahr wurde. Der Wind spielte in den Weiden eine Liebesmelodie, aber keines unserer Gelübde wird erfüllt werden. Auch wenn wir getrennt sind, bleibst du ein Teil von mir, seit es mich am Heidelbeerhügel durchfuhr.

„Blueberry Hill" entstand 1940 für den Film „The Singing Hill", der 1941 in die Kinos kam. Larry Stock, der Texter des Liedes, musste erst einmal beweisen, dass Heidelbeeren auf einem Hügel wachsen können, genau deshalb nämlich wurde der Song von der ersten Plattenfirma abgelehnt. Im Zentrum des Songs steht der Blueberry Hill jedoch nicht aufgrund der dort wachsenden Heidelbeeren, sondern weil hier der Sänger seine Liebe fand. Gleich sechs Mal wurde „Blueberry Hill" 1940 aufgenommen, die berühmteste Version stammte von Glenn Miller. 1949 steigerte Louis Armstrong die Popularität des Songs durch seine Aufnahme. Absoluten Weltruhm erhielt „Blueberry Hill" jedoch 1956 durch die Aufnahme von Fats Domino. In den ersten beiden Wochen nach Erscheinen wurden bereits 2 Millionen Platten verkauft, weitere 3 Millionen sollten bis 1957 folgen. Zu den unzähligen Interpreten, die diesen Song einspielten, zählte auch Elvis, und zwar bereits 1957 für seinen zweiten Film „Loving You". Bei seinen Las Vegas-Konzerten kombinierte er das Lied mit „I Can't Stop Loving You" von Don Gibson.

I Can't Stop Loving You – Ich fasse es nicht, dass unsere Liebe zu Ende ist. Ich ziehe mich zurück in eine Welt der Einsamkeit und der Erinnerung an unser vergangenes Glück. Für mich heilt die Zeit keine Wunden, da seit unserer Trennung die Zeit stillsteht und ich in traurigen Gedanken lebe. Ich kann nicht aufhören dich zu lieben!

Als der Countrysänger Don Gibson den Song 1957 komponierte und auf die B-Seite der Platte „Oh, Lonesome Me" pressen ließ, konnte er natürlich nicht wissen, dass Ray Charles die Cover Version des Songs in die Liste der „500 Greatest Songs of All Time" des „Rolling Stone" katapultieren würde. Elvis veröffentlichte seine Version als Live-Aufnahme bei einem Konzert am 25. August 1969 im International Hotel in Las Vegas und baute sie in seine Vegas-Show ein – sowohl als Medley mit Blueberry Hill als auch als Einzelstück.

Für mich hat dieses Medley mit „Blueberry Hill" eine besondere Bedeutung. Es ist das absolute Lieblingslied eines meiner wichtigsten Weggefährten: Alfons Schuhbeck. Wie oft habe ich es für ihn in seinem Spiegelzelt, im „Teatro" in München, bei einer seiner Dinnershows gesungen. Aber schließlich hörte ich aufgrund der schlechten Akustik auf, in dieser Location zu spielen. Daher bat er mich, dass ich den Song mit meiner Vegas-Band einspiele, damit er es selbst im Halbplayback und mit seinem bayerisch gefärbten Amerikanisch vor seinen Gästen zum Besten geben konnte. Ich habe das natürlich sehr gern gemacht, so wie ich alles gern für Alfons Schuhbeck mache. – Er ist ein wirklicher Freund und er stand Pate für mein Comeback 2002, als es mir besonders schlecht ging.

Oktober 2002: Ich sitze in diesem Seminarraum, seit vier Tagen, durchgehend von 8 Uhr in der Früh bis 5 Uhr nachmittags, ohne Wochenende, abgeschnitten von der Welt da draußen. Diese macht sich nur bemerkbar durch den Wind, der die Vorhänge in leichte Bewegung versetzt und die Geräusche des Münchener Stadtverkehrs in den vom Neonlicht erhellten Raum hereinweht, bis ein großer schwarzhaariger Mann mit einer tiefen Bassstimme wieder die Fenster schließt und ich mich wieder völlig von der Außenwelt

Sommer 1995 bei Alfons Schuhbeck im Kurhausstüberl in Waging am See.

abgeschlossen fühle. Rund um mich sind 22 andere Seminarteilnehmer wie in einer Schulklasse angeordnet. Der Trainer erklärt, wie ich mich am Telefon einem Kunden gegenüber verhalte, wie man mit Menschen umgeht, wie ich ein Produkt verkaufe. Und dieses Produkt ist für mich besonders schwierig zu vermarkten, denn dieses Produkt bin ich selbst. Ich könnte den Trainer verfluchen, denn er wirft mit Begriffen um sich, die ich noch nie gehört habe und die ich kaum verstehe. Schule gehörte schon in meiner Jugend nicht zu meinen Schwerpunkten im Leben. Und jetzt bin

*ich mit meinen Nerven am Ende. Am liebsten würde ich alles hinschmei-
ßen, aber das geht nicht. Wenn ich diesen Kurs nicht schaffe, dann werde
ich mich niemals selbst vermarkten können, dann kann ich meinen Rusty-
Anzug an den Nagel hängen. Und ich will nie mehr von irgendjemand
anderem abhängig sein. Ich will frei sein, mein eigener Chef. Und darum
beiße ich mich da jetzt durch diesen drei Wochen dauernden Management-Kurs, den mir Alfons Schuhbeck vermittelt, ja sogar bezahlt hat.*

*Kurz zuvor hatte ich mich von meinem bisherigen Management getrennt.
Damit stand ich wieder am Anfang. Ich hatte keine Kontaktdaten und
keine Bekanntschaften, um die sich ja klarerweise mein Manager geküm-
mert hatte. Die Leute und Agenturen, von denen ich in der Vergangenheit
gebucht worden war, hatten von mir auch keine Daten, sodass ich nicht
wusste, ob und wie meine Karriere, abgeschnitten von meinen Kunden,
weitergehen sollte. In meiner Not rief ich Alfons Schuhbeck an; Alfons
Schuhbeck, den Promikoch, Alfons Schuhbeck, den „Gewürze-Papst“,
Alfons Schuhbeck, meinen Freund, dem ich mich in dieser Situation
anvertrauen wollte, weil ich seine Hilfe brauchte. Ich weiß nicht, wie er
mich angesprochen hat. „Servus, du Haubentaucher“ oder „du Arsch-
loch“ oder „du oide Schlaftabletten!“ Zimperlich war er noch nie in seiner
Wortwahl. Aber dann sofort: „Komm zu mir nach München.“ Und das,
obwohl er sich selbst in einer beruflichen Umbruchphase befand. Er hatte
seinen „Stammsitz“ in Waging verlassen und eröffnete 2003 das Restaurant Südtiroler Stuben am Platzl in München. Trotzdem nahm er sich Zeit
für mich und hörte mir zu. Dann vermittelte er mir diese Manager-Schule.
„Danach weißt du, wie's mit Rusty weiter geht!“, meinte er. Und darum
sitze ich jetzt hier in München und lerne, wie man sich selbst vermarktet.*

**„Servus, du Haubentaucher. Tu den Arsch aus dem Bett raus, Junge.
Jetzt gib i Gas!“**

Ich lernte Alfons Schuhbeck 1995 kennen. Damals tingelte ich mit dem
Sender „Radio Untersberg“ durch kleinere Städtchen Bayerns wie
Tittmoning, Burghausen oder Altötting. Wir kamen aber auch nach Salzburg und spielten beim Linzergassen-Fest. DJ Joe Kleffner legte immer
die Oldies auf, ich spielte dazwischen in zwei bis drei Gesangsblöcken
Elvis-Nummern und Axel Ostrowski moderierte die Sendung. „Hättest du
nicht Lust, einmal bei Alfons Schuhbeck in Waging aufzutreten?“, fragte
mich Axel in einer Gesangspause. „Wer ist das?“ Er klärte mich auf, dass
das ein Starkoch sei, mit weiß Gott wie vielen Hauben. Schuhbeck veranstalte immer ein Sommerfestival, das würde passen. Also lud mich Axel

ein, mit ihm nach Waging zu fahren. Dort hatte Alfons Schuhbeck das Kurhausstüberl von seinem Adoptivvater Sebastian Schuhbeck übernommen. Außerdem gehörten zu Schuhbecks riesiger Anlage ein großer Biergarten, eine Seeterrasse und ein Campingplatz mit über 5000 Stellplätzen dazu.

Mit Radio Untersberg tingelte ich 1995 durch Bayern.

Alfons Schuhbeck hatte eine steile Karriere hingelegt. 1983 erhielt er einen Michelin-Stern und 1989 wurde er vom Gourmetführer „Gault Millau" zum „Koch des Jahres" gekürt. Aber die Musik stand bei ihm ebenso an führender Stelle, auch zu dem Zeitpunkt, als ich ihm zum ersten Mal begegnete.

Axel Ostrowski (3. Von links) stellte meinen Kontakt zu Alfons Schuhbeck her.

„Mhmm, du mechatst oiso Elvis måcha. Ausschaun tuast jå nit schlecht. Kånnst a singa wia der Elvis?", fragte er mich. Ich darauf: „Ja, kann ich auch." – „Wennst 200 Leute zum Konzert bringa kånnst, bist guat", meinte er darauf. Ostrowski schlug vor, die Show im Kurhausstüberl zu machen. Da meinte Schuhbeck in seiner typisch charmanten Art: „Jå, du A... du, då kummt jå kein Schwein eini, wenn wir då draußen so an schönen Biergårten håb'm." Also spielten wir im Biergarten, und es waren nicht 200, sondern über 2000 Leute da. Die Tonanlage war für maximal 300

Zuschauer ausgerichtet und daher völlig überstrapaziert. Die Leute weiter hinten haben da nichts mehr gehört. Trotzdem kam Alfons Schuhbeck nach dem Auftritt zu mir und meinte: „Saugeil, mit dir mache ich was."

„Saugeil, mit dir mache ich was." Alfons war begeistert nach meinem ersten Auftritt für ihn im Sommer 1995.

Und das, was er mit mir machte, hat mir über Jahre ein wesentliches Standbein meiner Karriere verschafft: Alfons Schuhbeck baute mich in seine Dinnershows ein. Abgelaufen ist das so: Alfons hat mit seinen Leuten für ungefähr 400 Gäste gekocht und ich bin zwischen Hauptgang und Dessert mit meiner Show aufgetreten. Mein Part in der Dinnershow ist nicht eigens ausgeschrieben, Rusty gehört einfach zum Menüpaket, sowohl in seinen eigenen Lokalitäten als auch im Rahmen seines Partyservices. Die Menüpakete konnten auch thematisch abgestimmt sein, so sang ich zum „Liebesmenü" ausschließlich Love-Songs von Elvis. Manchmal hatte ich bei meinen Auftritten einen Cadillac als Deko. Ich spielte bei Schuhbecks Sommerfesten im Biergarten oder für Privatfeiern im Kurhausstüberl. Schauspieler und Künstler wie Mario Adorf, Joachim Fuchsberger, Uschi Glas, Otto Waalkes oder Wolfgang Fierek habe ich hier kennen gelernt.

Bei Alfons in Waging lernte ich Größen wie Otto Waalkes, Uschi Glas oder Mario Adorf kennen.

2000 brach Alfons Schuhbeck seine „Zelte" in Waging ab und zog nach München. „Am Platzl" eröffnete er seine „Südtiroler Stuben" und das „Orlando". Zudem führte er auf der Neuen Messe in München-Riem ein Spiegelzelt mit dem Namen „Palazzo".

Unzählige Auftritte gab ich für Alfons Schuhbeck im Palazzo (später Teatro) in München.

Das nostalgische Flair ermöglicht eine Spiegelkonstruktion im Inneren, die zu Beginn des 20. Jahrhunderts entwickelt wurde und einen uneingeschränkten Rundblick ermöglicht. Dem entsprechend glamourös blieb auch mein Eindruck von der Location, als ich zu Silvester 2001 dort auftrat. Diese Feier mit meinem Gastspiel wurde vom Privatsender Pro 7 mitgefilmt und ausgestrahlt. Dabei war auch ich im gesamten deutschsprachigen Raum auf den Fernsehbildschirmen zu sehen, und das sogar mit der Titulierung „The Godfather of Rock 'n' Roll". Später benannte Alfons Schuhbeck das Spiegelzelt in „Teatro" um. Auch hier war ich fixer Bestandteil unzähliger Dinnershows. Acht Mal habe ich für Alfons im Zirkus Krone in München gespielt, wo er für 2000 bis 3000 Gäste kochte. Daneben begleitete ich ihn bei seinen Caterings durch ganz Deutschland; nach Köln, Berlin, Bremen oder Saarbrücken, wo ich 2008 für die Firma HARA im Kongresszentrum SAAR CCS spielte. 2005 trat ich im Kongresscenter in Frankfurt auf, wie immer kochte Schuhbeck dort. Damals trug ich den weißen Fringe Suite (Fransenanzug), die Leute tanzten vor Begeisterung.

2008 Auftritt im großen Kongresssaal in Saarbrücken.

In Hamburg sang ich auf der „Louisiana Star", einem Raddampfer, der die Elbe hinunterfuhr, während Alfons mit seiner Crew ein Showmenü auf die Tische zauberte. 2006 flogen wir mit dem Privatjet von Alfons nach Sylt, wo ich bei der ZDF-Weihnachtsfeier von Johannes B. Kerner und seinem Team im berühmten Restaurant „Sansibar" singen sollte. Schon die Reise dorthin war für mich ein unbeschreibliches Ereignis. Auf dem Weg nach Sylt durfte ich eine kurze Strecke fliegen. Es war ein berauschendes Gefühl, als ich das Steuer bei 720 km/h in der Hand hielt. Mein Showauftritt war ein Riesenerfolg. Johannes B. Kerner und seine Crew waren von meiner Las Vegas Show total begeistert, einige Damen gingen vor der Bühne auf die Knie, Alfons Schuhbeck tanzte und es gab mehrmals Standing Ovations. Die Stimmung an diesem Abend werde ich nie vergessen. Nach der Show gab es noch eine Art Afterparty im Weinkeller des „Sansibar". Alfons gab persönlich alte Hits wie „Rote Lippen soll man küssen" oder „Auf der Straße nach San Fernando" auf der Gitarre zum Besten.

2006 flogen wir in Alfons' Privatjet nach Sylt – mit Rusty am Steuer. Was für ein Erlebnis!

Im Restaurant Sansibar auf der Insel Sylt: Ich lernte Johannes B. Kerner kennen, es gab wieder Standing Ovations und Alfons sang „Rote Lippen ...".

Einen weiteren deutschen Moderator und Entertainer durfte ich im Prinzregenten-Theater in München kennenlernen, wo ich mit Alfons Schuhbeck 2009 gastierte: Günther Jauch. Damals moderierte er eine Veranstaltung, bei der die deutsche Kanzlerin Angela Merkel mit Journalisten diskutierte. Er sagte auch mich an, als ich am Abend bei der großen Gala im Prinzregenten-Theater auftrat. Das größte Catering, bei dem ich dabei war, organisierte Alfons aber im PalaMalaguti, der heutigen Unipol-Arena, einer riesigen Mehrzweckhalle in Bologna, die für Indoor-Sportarten – vorzugsweise für Basketball-Events – errichtet wurde. In den 1990er Jahren, als ich dort mit „Hydra", meiner damaligen Las-Vegas-Band, auftrat, fasste die Halle über 6000 Personen. Alfons ist mit einer ganzen Armada an Sattelschleppern aufgefahren, die nur das Geschirr transportierte. Ich war wirklich beeindruckt. Abgesehen von

2009 gastierten wir im Prinzregenten-Theater in München und trafen den Starmoderator Günther Jauch.

meinem Las Vegas-Engagement war es vor allem Alfons Schuhbeck, der mir den Weg auf internationale Bühnen ebnete. Zudem öffnete mir die Zusammenarbeit mit Alfons Schuhbeck auch andere Türen. Über ihn bekam ich Zugang zum FC Bayern München. Siebenmal bin ich im König Ludwig-Saal am Starnberger See bei den Weihnachtsfeiern des Fußballclubs aufgetreten. Die Stimmung dort war immer ein Wahnsinn. Für mich bedeutete es einen Riesenerfolg, als ich von Franz Beckenbauer den FC Bayern München Wimpel mit goldener Kette überreicht bekam. Darüber hinaus

Franz Beckenbauer überreichte mir den FC Bayern München-Wimpel mit goldener Kette.

erhielt ich die Möglichkeit, in weiterer Folge auf Partys von Uli Hoeneß, Franz Beckenbauer, Konsul Georg Claessens oder Karlheinz Rummenigge aufzutreten. Das eine ergab wie so oft das andere.

„Oide Schlaftabletten, hau deine Stimme raus, damit das Volk einmal weiß, wo Elvis weiterlebt!"

Mit den Jahren hat sich zwischen uns eine Freundschaft entwickelt, die mir sehr viel wert ist und die schließlich darin gipfelte, dass Alfons Schuhbeck 2007 einer meiner beiden Trauzeugen geworden ist. Es ist eine Art väterliche Vertrautheit, die sich da meinem Empfinden nach entwickelt

Das Zeichen einer besonderen Freundschaft: Alfons Schuhbeck ist einer meiner beiden Trauzeugen.

hat. Wenn ich mit ihm zusammenarbeite, zählt für ihn Leistung. Ich muss bei den Auftritten immer topfit sein und tolle Shows geben. Ich glaube, dass dieses Denken bei einem erfolgreichen Geschäftsmann wie ihm notwendig ist. Nicht umsonst hat er sich ein kulinarisches Imperium in München und darüber hinaus aufgebaut, nicht umsonst ist er der „Gewürze-Papst" (oder sollte ich „The King Of Spice" sagen?) mit einem eigenen Gewürzehaus und einem Schokoladenhaus Am Platzl in München.

Zwischen uns war nicht immer alles eitel Wonne und Sonnenschein, aber umgekehrt konnten wir uns in schwierigen Zeiten auch auf einander verlassen. Und besonders bedeutend war dies für mich im Jahr 2002, als ich mich in einer Talsohle befand und er mich nach München einlud, obwohl er in dieser Phase seiner Karriere weiß Gott anderes zu tun gehabt hätte. Eine Lösung für den Bruch mit meinem Management sah er darin, dass ich selbst darin ausgebildet werden müsse. Und so vermittelte und bezahlte er mir einen dreiwöchigen Management-Privatkurs, der mir tatsächlich das Rüstzeug für Phase 2 in meiner Karriere gab. Zu diesem Zeitpunkt fehlten mir die Connections und das Selbstvertrauen, meine Karriere selbst in die Hand zu nehmen.

„Du musst das alles ja nicht auswendig lernen, was ich dir sage. Und du musst auch nicht unbedingt hochdeutsch sprechen. Du musst es verstehen, wie du die Sache auf deine persönliche Art rüber bringst", versicherte mir der Trainer auf dem Management-Kurs. Wer mich bei einem Gespräch verstehen will, wird mich auch verstehen. Wer nicht, der wird mich auch nicht buchen. Was ich lernen musste, war die Trennung von Geschäft und Freundschaft. „Wenn du den Hörer abhebst, meldest du dich mit ‚Rusty Management'." Der Manager Rusty, meinte mein Trainer, bestimmt den Preis, nicht der Publikumsliebling Rusty, denn der Manager achtet auf das Geschäft, der Publikumsliebling macht alles am liebsten kostenlos oder zumindest zu Freundschaftspreisen. Natürlich hätte Rusty dann viele Freunde zusätzlich, nur … es gäbe dann schon lange keinen Rusty mehr. Ich habe meinen Trainer zunächst nicht verstanden, denn diese Anforderung an mich war beinhart. Immerhin musste ich schon bisher, auch wenn ich meinen Job als eine Art Berufung sah, bei der Figur Rusty eine klare Trennlinie zwischen Rudi Stumbecker und Elvis ziehen; und nun auch zwischen Rusty, dem Manager, und Rusty, dem Künstler? Der Unterschied zwischen Professionalität und Schizophrenie

Mein Freund, Gönner und Rechtsanwalt Dr. Christian Mahringer half mir die Marke „Rusty" international zu schützen.

kann sehr klein wirken. Aber ich glaube, dass ich das mittlerweile ganz gut beherrsche. – Und noch etwas wurde mir durch den Kurs bewusst. Ich litt zwar unter einem Karriereknick, aber mit „Rusty" hatte ich eine Marke. Auf diese Marke musste ich achten und ließ sie daher später durch meinen Freund und Anwalt Dr. Christian Mahringer international schützen. Das ist zwar nicht ganz billig, aber weltweit darf niemand sonst unter dem Namen „Rusty" als Elvis-Interpret oder Elvis Tribute Artist auftreten. Am Ende des Kurses bestand ich die ersten Abschlussprüfungen, die letzten Prüfungen machte ich erst sechs Jahre später. Natürlich konnte ich mich schon vorher selbst vermarkten, keine Frage. Und ich nütze das Ausbildungszertifikat auch nicht, um andere Künstler zu managen, dazu habe ich ohnehin keine Zeit. Ich wollte mir einfach selbst etwas beweisen, denn wenn ich etwas anfange, möchte ich es auch abschließen. Darum erfüllte es mich schon mit einem gewissen Stolz, als ich 2008 endlich das Ausbildungszertifikat in Händen hielt.

„Immer wieder sonntags", moderiert von Max Schautzer – Rusty mit Alfons Schuhbeck bei den Rundfunkaufnahmen in Berlin.

Mit Alfons Schuhbeck backstage vor einem Rusty-Konzert. Es war einer der wenigen Momente, in dem ich ihn ohne Kochbekleidung traf.

Alfons Schuhbeck hatte mir mit diesem Kurs einen Neuanfang ermöglicht. Als erstes versuchte ich nach meiner Rückkehr ins Business, in Kontakt mit meinen bisherigen Auftraggebern zu treten. Das bedeutete für mich zunächst Basisarbeit im Internet. Damals entstand der Prototyp meiner Webseite www.rusty.at. Und wenn ich sage Webseite, dann meine ich auch genau eine Seite. Im Hintergrund sah man ein Foto von mir, im Vordergrund Mailadresse und Telefonnummer.

Alfons und ich treffen nach einem Konzert für den DFB den Teamarzt Hans-Wilhelm Müller-Wohlfahrt mit seiner Frau Karin.

Einige Auftraggeber hatten hinter meinem sang- und klanglosen Abtauchen eine Krankheit oder sonst ein tragisches Ereignis vermutet. Zugleich versuchte ich mich an die Namen von ehemaligen Auftraggebern zu erinnern und schrieb ihre Namen auf eine Liste. Manchmal fiel mir nur ein Vorname ein, vielleicht noch eine Branchenbezeichnung oder der Name eines Hotels. Dann suchte ich im Internet, bis ich auf den Kunden stieß und sofort Kontakt per Email aufzunehmen versuchte. So ging das Tag für Tag und ich war erstaunt über das positive Feedback. „Ach, Rusty gibt's noch? Wir könnten dich beim nächsten Sommerfest brauchen." So ähnlich liefen die Reaktionen ab. Ich war wieder da und ich habe es nie bereut, die Vermarktung von Rusty selbst zu übernehmen, auch wenn mir viele aus der Branche davon abgeraten haben, weil der Aufwand einfach sehr hoch ist. Heute weiß ich, was ich dem Trainer im Kurs verdanke, auch wenn ich ihn damals am liebsten verflucht hätte. Wie oft denke ich an diese schwierige Zeit zurück! Und wie oft denke ich dann: „Alfons, was du für mich getan hast, das werde ich dir nie vergessen!"

Eine private Freundschaft: Alfons Schuhbeck zu Gast bei Familie Stumbecker in St. Michael im Lungau.

Love Me Tender –
„Las Vegas Show" und „Las Vegas Band"

Die Situation könnte verworrener nicht sein. Vance Reno, der ältere Bruder, zieht in den Krieg und kommt nicht wieder heim, der jüngere Bruder Clint Reno, gespielt von Elvis Presley, heiratet dessen Verlobte Cathy und wird glücklich mit ihr. Der Krieg ist zu Ende, da kehrt Vance plötzlich nach Hause zurück. Nun sitzt die Familie auf der Veranda ihres Backsteinhauses und hört Clint zu, wie er sein „Love Me Tender" singt und sich selbst auf der Gitarre begleitet. Vielsagende Blicke prägen diese Szene in dem Schwarzweiß-Kinodrama. Clints Mimik wirkt verträumt, bisweilen naiv, während er sein melancholisches Liebeslied vorträgt. Die schöne Cathy beobachtet unglücklich ihren Mann beim Singen, wendet den Blick auf den tot geglaubten Ex-Verlobten, ihre große Liebe, um sich und ihre Gedanken schließlich in der Ferne oder in der Leere zu verlieren. Der Blick der Mutter Martha verrät Sorge über die schwierige Familiensituation. Das Drama spielt in den Südstaaten nach dem Ende des amerikanischen Bürgerkriegs, und aus dem Bürgerkrieg – genauer aus dem Jahr 1861 – stammt auch der einzige Song, den Elvis im Film gesungen hat. Ursprünglich hieß er „Aura Lee" und wurde für die „Holley&Campbell Minstrels" verfasst. Minstrels waren weiße Darsteller, die sich schwarz schminkten, bei ihren Auftritten in den Minstrel-Shows den Slang der Schwarzen parodierten und die damals gängigen Gassenhauer auf Jahrmärkten zum Besten gaben – zum Beispiel „Aura Lee". Alle Schönheiten der Natur scheinen sich in Aura Lee, dem Mädchen mit den goldenen Haaren, zu verdichten. Während die Bürgerkriegsballade eine bestimmte Frau anspricht, wendet sich der Text von Elvis' Coverversion an eine namenlose Zuhörerin.

„Love Me Tender" aus dem Jahr 1956 war das Filmdebut von Elvis, in Deutschland wurde der Filmtitel – wie so oft – mit der seichten Übersetzung „Pulverdampf und heiße Lieder" verhunzt. Eigentlich wollte Elvis seine Musikerkarriere streng von der Schauspielerei trennen, umso enttäuschter war er, als er mit „Love Me Tender" eine Gesangseinlage im Drehbuch vorfand. Noch vor der Filmpremiere stellte er den Song in der Ed Sullivan-Show vor. 800.000 Vorbestellungen der Platte waren die Folge und er verdrängte seinen eigenen Number One- Hit „Don't Be Cruel/ Hound Dog" von der Chartspitze. Das hatte es auch noch nie gegeben. Am Ende des Jahres 1956 waren 10 Millionen Singles über den Ladentisch gegangen, das waren zwei Drittel des Gesamtumsatzes von RCA-Records in diesem Jahr.

1970 – Elvis tritt im Las Vegas Hilton auf. Auch hier singt er „Love Me Tender", allerdings schneller und mit einem Schlagzeug hinterlegt. Immer wieder unterbricht er den Gesang, um sich zu seinem Publikum in der ersten Reihe hinunter zu beugen und die weiblichen Fans zu küssen. Die Emotionen kochen über, Tränen fließen, Gekreische, verwirrte Musiker. Hier ging es nicht um eine perfekt inszenierte Bühnenshow, hier trat ein Star mit seinen Fans in Kontakt, und diese Form der Annäherung entwickelte sich zu einem Ritual in zahllosen weiteren Shows des King.

Seit Jahren ist das Republic in Salzburg ausverkauft, wenn Rusty mit der Las Vegas Band auftritt.

September 2014. Wieder einmal stehe ich im Republic in Salzburg vor 700 Fans. Die Las Vegas Band begeistert das Publikum in dem ausverkauften ehemaligen Stadtkino. Ich steuere auf den Höhepunkt meiner Las Vegas Show zu. Kurz vorher habe ich zum zweiten Mal den Anzug gewechselt, nun trage ich den „Red Burning Love Suite". Der 7 ½ Kilogramm schwere Anzug aus reinem Polyester treibt mir den Schweiß aus allen Poren. Die Scheinwerfer und die zum Bersten gefüllte Konzerthalle verursachen zusätzlich eine höllische Hitze. Die Band spielt den nächsten Song an: „Love Me Tender". Und wie auf Befehl stehen überall im Republic weibliche Zuhörerinnen auf und kommen zur Bühne nach vor. Helmut reicht mir den ersten Schal. Ich hänge ihn mir um den Hals und tupfe mit einem Ende den Schweiß von meiner Stirn. Dann beuge ich mich am Bühnenrand nach vor, küsse eine Dame auf die Wange und überreiche ihr den Schal. Der nächste Schal, der gleiche Ablauf. Immer wieder muss ich deshalb den Gesang unterbrechen. Die Band hält den Takt und spielt währenddessen weiter. Es funktioniert jedes Mal, es ist wie ein Ritual.

Ein immer wiederkehrendes Ritual: die Verteilung der Schals bei „Love Me Tender".

Manche bringen Blumen mit. Es ist etwas anderes als vor oder nach der Show oder im außerberuflichen Bereich, wenn ich mit Leuten gleichauf ins Gespräch komme. In diesem Moment, während „Love Me Tender", spüre ich den Direktkontakt zwischen Star und Fans so unmittelbar und intensiv wie sonst nirgends. Und ich müsste lügen, wenn ich behaupte, dass ich diesen Moment nicht genießen würde. Die Anerkennung, die ich erhalte, und die Nähe zu einer verschworenen und treuen Fangemeinde, die seit vielen Jahren jedem Konzert einen familiären Charakter verleiht, verursachen in mir eine hochemotionale Stimmung. Dankbarkeit, dass ich so weit gekommen bin, vermischen sich mit Blitzlichtern der Erinnerung an die vielen Stationen meiner Karriere, seit ich auf eigenen wackeligen Beinen stand und nach meiner Managementausbildung auf mich selbst angewiesen war, damals im Jahr 2002 ...

Der Neustart auf eigenen Beinen

Alfons Schuhbeck hatte mir mit einem Manager-Kurs einen Neubeginn ermöglicht, als ich mich auf mehreren Ebenen ganz unten fühlte. Scheidung von meiner ersten Frau, Trennung von meinem Manager und der endgültige Abschied von meiner innig geliebten Großmutter. Natürlich musste ich nicht bei null anfangen. Ich hatte mit Rudi Quehenberger und Alfons Schuhbeck Freunde, die mich unterstützten und mir Auftritte vermittelten. Ich konnte mich auf meine Familie verlassen, ohne die meine Karriere nicht denkbar ist, und mir blieb aus meiner bisherigen Laufbahn die Marke „Rusty", auf die ich meine weitere Planung aufbauen konnte. Die erste Zeit meiner Eigenständigkeit verbrachte ich damit, ehemalige Auftraggeber ausfindig zu machen und noch offene Konzertverpflichtungen zu erfüllen. Gleichzeitig begann ich mir ein Konzept zurechtzulegen, wie ich meine künftige Karriere gestalten wollte. Wichtige Punkte meiner „Firmenphilosophie" betrafen dabei die Auswahl meiner Mitarbeiter und ein klares Kundenprofil. Zudem entwickelte sich mein Umgang mit jenen Menschen, die in einer engen Verbindung zu Rusty stehen, zu einer fast „familiären" Beziehung. Und schließlich erarbeitete ich ein Konzertprogramm, das in erster Linie aus meiner Halbplaybackshow besteht.

Auch in der Burgarena Finkenstein in Kärnten trete ich regelmäßig mit der Las Vegas Band auf.

Volles Haus in der Burgarena Finkenstein bei einem legendären Rusty-Konzert.

2007 bildete ich eine neue „Las Vegas Band", die nicht nur bei meinen Shows im Republic und in der Burgarena Finkenstein mit mir live auftritt, sondern auch die Musik zu meinen Halbplayback-Shows einspielt. Abgerundet wird mein Programm durch die „Christmas & Gospel Show", die vor allem in der Weihnachtszeit die Kirchenräume füllt.

Im Advent füllt meine Christmas & Gospel-Show die Kirchen.

Eines wurde mir bereits während der Manager-Ausbildung klar: Wenn ich auf öffentlichen Events als Elvis herumtingeln sollte, würde ich auf Dauer in dieser Profession nicht weiterleben können. Außerdem hatte ich mir bereits ein gewisses Image erarbeitet, das bestimmte Gelegenheitsauftritte ausschloss. Ich musste mir also eine Klientel aufbauen, die deutlich besser bezahlte Engagements ermöglichte. Um diesen Weg konsequent einzuhalten, kamen für mich andere Kundenkreise von Haus aus nicht infrage – keine Bierzelte, keine Wahlveranstaltungen politischer Parteien, keine Nachtclubs, kein Rotlichtmilieu. Natürlich wären die in Aussicht gestellten Gagen für den Moment verlockend gewesen, aber ich blieb bewusst meiner „Firmenphilosophie" treu.

Umso mehr vertiefte ich meine Kontakte zu Alfons Schuhbeck und Rudi Quehenberger, die mir schon bisher die Tore in eine Gesellschaft geöffnet hatten, die meine Auftritte aufgrund ihres Musikgeschmacks als Höhepunkt auf ihren Privatpartys wertschätzten, ohne dabei lange über die Gage verhandeln zu müssen. Das mag auf den ersten Blick berechnend klingen, doch entwickelten sich fernab von finanziellen Überlegungen enge Freundschaften, die mir persönlich sehr wichtig sind und die nicht nur meinen beruflichen Weg, sondern in erster Linie meine Persönlichkeit bedeutend prägen.

Auf mich alleine gestellt zu sein, hieß damals im Jahr 2002, zunächst einmal ohne Tontechniker dazustehen. Der Handlungsbedarf war schon allein deshalb sehr groß, weil ich noch offene Konzertverpflichtungen abarbeiten musste. Aber wen sollte ich fragen? Ich brauchte schließlich hochqualifizierte Techniker, denn sie tragen wesentlich zum Erfolg eines Konzerts bei. Die richtige Tonmischung ist nicht bei allen Stücken gleich, weil die Bänder unterschiedlich eingespielt sind. „My Way" mit seiner orchestralen Begleitung braucht eine völlig andere Tonabmischung als ein Rock 'n' Roll-Klassiker wie „Blue Suede Shoes". Da ist ein genaues Gehör notwendig, sonst fallen die feinen Unterschiede nicht auf. Das Publikum merkt es im Konzert hingegen sehr wohl, wenn irgendetwas nicht stimmt. Der Tontechniker hat auch die Aufgabe, vor dem Auftritt das Mikrofon so einzustellen, dass es nicht während der Show zu Rückkoppelungen mit der Tonanlage führt.

Mir war es von vornherein wichtig, Handschlagqualität zu beweisen. Und das beginnt bereits mit einem sauberen Vertragsabschluss mit den Auftraggebern. Als blutiger Anfänger in dem Geschäft mit einem Sack voll Problemen am Hals brauchte ich gerade in rechtlichen Fragen professionelle Unterstützung. Der ORF-Moderator Harry Manzl empfahl mir damals den Rechtsanwalt Dr. Wolfgang Lang, der mich nicht nur in einem Rechtsstreit vertreten, sondern auch bei den anstehenden Vertragsabschlüssen beraten sollte. Aus diesem beruflichen Verhältnis entstand eine Freundschaft, die bis heute besteht. Wir fixierten in den Verträgen, dass die Bezahlung für eine Show im Voraus und in bar erstattet werden muss. So ist gewährleistet, dass auch ich meine Crew vorab entlohnen

Rusty mit ORF-Moderator Harry Manzl.

Mein Freund, Gönner und
Rechtsanwalt Dr. Wolfgang Lang.

kann, denn jeder erbringt seine Leistung und soll auch dementsprechend am selben Tag seine Gage erhalten. Außerdem steht allen Mitwirkenden eine anständige Verköstigung vor dem Konzert zu, denn eine super Arbeitsleistung erfordert einen gut versorgten Magen. Auch für eine ansprechende Nächtigung muss gegebenenfalls gesorgt sein, und zudem erhält mein Team von Technikern und Musikern von mir selbst auch noch einen Fahrtkostenanteil, falls erforderlich. Das ist meine Art der Wertschätzung, die ich meinen Leuten entgegenbringen möchte. Mir ist es wichtig, dass wir einander gleichauf begegnen. Jeder Einzelne von uns arbeitet am Erfolg wesentlich mit. Und darum freut es mich, dass unsere Zusammenarbeit durchaus familiären Charakter hat.

Die Halbplayback-Show

Damals, 2002, stieß ich nach längerem verzweifelten Hin- und Hertelefonieren auf den Tontechniker Michael Steinacher – einen Profi auf seinem Gebiet. Für mich war die Zusammenarbeit mit ihm wie der Eintritt in eine neue Welt, denn bisher bestand meine einzige Aufgabe darin, auf die Bühne zu gehen und Elvis zu singen. Nun musste ich mich auch mit der Arbeit hinter dem Rampenlicht vertraut machen.

Michael leistete fast sechs Jahre lang ausgezeichnete Arbeit für mich. 2008 gab er mir schließlich bekannt, aussteigen zu wollen. Zu viel Stress, meinte er. Ich verstand ihn, denn er hatte damals wirklich viel um die Ohren. Als ich ihn fragte, wen ich danehmen sollte, weil ich ja niemanden in der

Branche kannte, empfahl er mir Oliver Skrube, den Inhaber der Firma „Sound-Around". Diesen Rat hielt ich zunächst für wenig hilfreich, denn Oliver Skrube, einer der besten Tontechniker überhaupt, mischte zu dieser Zeit nur Live-Bands und ich war mir sicher, dass er mit mir im Halbplayback-Bereich nicht zusammenarbeiten würde. Meine Resignation wuchs, als Michael Steinacher tatsächlich ausstieg. Mit allen Argumenten und Bitten versuchte ich ihn zu halten. Wir hätten ja noch zahlreiche Konzerte in diesem Jahr zu spielen, jammerte ich, wie

Höchste Professionalität: mein Tontechniker Oliver Skrube.

sollte ich denn meinen Verpflichtungen nachkommen. „Tut mir leid, Rudi. Ich schaff' das nicht mehr", entgegnete er. Nun stand ich ohne Tontechniker da. Ich weiß nicht, wie der Sinneswandel zustande kam, ob Michi Steinacher interveniert hatte oder ob der Erfolg meiner Halbplayback-Shows den Ausschlag gab, jedenfalls kam in dieser Situation tatsächlich Oliver Skrube zu mir und bot mir an, nun doch auch die Halbplayback-Shows zu mischen. Mir fiel ein Stein vom Herzen, denn nun wusste ich, dass die Tontechnik auch weiterhin in den Händen eines Topmannes liegen würde. Oliver kennt Rusty mittlerweile in- und auswendig. Wenn ich rede, weiß er bereits automatisch, welches Lied als nächstes kommt, auch wenn ich unvorhergesehen die Reihenfolge ändere. Allerdings meinte Oliver, dass er das nicht alleine machen könne. Also holte er noch Manuel Leber, der ebenso wie er in der Veranstaltungstechnik und im Anlagenverleih beheimatet ist, und Bernhard Lohner, Tontechniker beim ORF, ins Boot. Abwechselnd, so meinte Oliver Skrube, würden sie alle Shows bewältigen können. In den Jahren haben wir eine äußerst erfolgreiche Zusammenarbeit aufgebaut und ich denke, es ist auch für den Tontechniker immer wieder ein schönes Gefühl, wenn er im Konzert vorgestellt wird und das Publikum ihm zujubelt.

Bei der Lichttechnik hilft mir mein jüngerer Bruder Helmut. Er war schon seit frühester Zeit bei meinen Auftritten dabei. Bereits 1991 stand er am Katschberg als 13-Jähriger auf der Bühne und richtete vor meinem Auftritt das Mikrofon ein. Er sorgt dafür, dass die Sponsorenplakate perfekt auf der Bühne ausgerichtet sind. Er hilft mir, in den Pausen die Anzüge zu wechseln, und natürlich macht er bei der Halbplayback-Show die Beleuchtung. Das schaut wirklich sensationell aus, obwohl Helmut kein be-

Mein Bruder Helmut unterstützt nicht nur mich, sondern arbeitet auch an seiner eigenen Gesangskarriere als „Slide".

zahlter Profi ist, sondern diese Tätigkeit hobbymäßig ausführt. Es genüge ihm, so meinte er, bei meinen Konzerten Kontakte zu knüpfen, die er für seine eigene Sängerkarriere als „Slide" nützen kann.

Wir nannten das überarbeitete Halbplayback-Programm „Las Vegas Show", denn den Schwerpunkt meiner musikalischen Arbeit legte ich von nun an auf die reifen Jahre des King von 1969 weg, als er wieder die Konzertbühnen betrat und mit seiner vollen Stimme Las Vegas in seinen Bann versetzte. Außerdem lag mir viel daran, die Stimmung, die ich selbst in Las Vegas erleben durfte, ein wenig nach Österreich zu bringen. Natürlich durften auch ältere Hits von Elvis nicht fehlen, immerhin erwarteten meine potentiellen Kunden auch die Rock 'n' Roll – Nummern der 1950er Jahre, wenn sie mich buchten.

Mau Wong mit der Las Vegas Show in China

Helmut begleitet mich überall hin, wo ich als Rusty mit der Halbplayback-Show auftrete: auf Privatpartys, Gala-Abende, Benefizkonzerte und sogar ins Ausland. Der Höhepunkt war sicherlich die China-Tournee von 23. bis 30. Juni 2013. Die Schauspielerin Julia Kent hat einen Cousin, Rainer Eigenstetter, der als Universitätsprofessor in der chinesischen

„Mau Wong" in China 2013.

Ankunft am Flughafen in Bejing.

Stadt Taiyuan Deutsch unterrichtet. Er organisierte zwei Rusty-Konzerte in den Städten Tayuan und Shanghai in China sowie einen eigentlich nicht geplanten Promotion-Auftritt in Singapur. Man kann sich unschwer vorstellen, wie aufgeregt wir waren, als wir mit Julia Kent im Flugzeug saßen und nach einem endlos lang dauernden Flug am Flughafen von Beijing landeten. Als wir ausstiegen, war ich ziemlich irritiert, dass sich viele Passanten nach mir umdrehten, sich verneigten und „Mau Wong" riefen. Ich ließ mich aufklären, dass Elvis in China „Mau Wong" genannt wird, was „Katzenkönig" bedeutet. Den Grund konnte mir bislang niemand erklären. Ok, Wong für King leuchtet mir noch ein, aber warum Mau für „Cat"? Wer sollte in China schon wissen, dass Elvis seine allerersten Auftritte unter dem Pseudonym „Hillbilly Cat" bestritten hatte? Die Bezeichnung auf seine Frisur zurückzuführen scheint mir auch ein wenig weit hergeholt zu sein. Vielleicht ist es eine Anspielung auf seine angeblich vielen Frauengeschichten. Deutungen in diese Richtung habe ich jedenfalls gehört. Die Besitzerin eines Chinarestaurants im Lungau vermutete, dass es vielleicht damit zu tun hat, dass die Katze in China als Glückssymbol angesehen wird. Eine endgültige Lösung für dieses Rätsel habe ich bis heute noch nicht gefunden. Aber eins habe ich sehr wohl gespürt: In China fliegen die Leute nur so auf „Mau Wong". Das merkte ich nicht nur in Beijing, sondern

auch bei unserem Trip zur chinesischen Mauer. Ständig wurden wir aufgehalten, weil mich Chinesen mit ihren Kameras und Tablets bedrängten und Fotos oder Autogramme wollten. Natürlich nahm ich mir dafür Zeit. Helmut meinte irgendwann ein wenig entnervt, mit mir gäbe es überhaupt kein Weiterkommen.

Meine Show in Taiyuan fand im Rahmen eines Gala-Abends zur Wahl der chine-

Impressionen von unserem Besuch bei der Chinesischen Mauer.

sischen Miss Supernational 2013 statt. Aus allen Provinzen waren die schönsten Chinesinnen zusammengeströmt, ein angenehmeres Ambiente kann man sich als Mau Wong gar nicht vorstellen. Die Konzertsäle in China waren jeweils mit rund 4000 bis 5000 Zusehern gefüllt,

Mein Auftritt in Taiyuan ...

... beim „Miss Supernatural China"-Gala-Abend.

Die Marina Bay in Singapur.

Pressekonferenz in Taiyuan mit Univ. Prof. Dr. Rainer Eigenstetter.

Gruppenfoto nach meinem Auftritt in Shanghai.

Rusty live im chinesischen Fernsehen.

während mein Promotion-Auftritt bei einem Großkonzert in der berühmten Marina Bay von Singapur, bei dem mehrere internationale Topgruppen auftraten, mit 20 000 bis 40 000 Personen schon in anderen Dimensionen ablief. Die Chance, vor diesem großen Publikum einige Elvis-Songs zum Besten zu geben, war für mich ein grandioser Werbeeffekt und darüber hinaus ein sehr ergreifender Moment in meiner Karriere. Einen Tag vor meinem Auftritt war ich zu einem Fernsehinterview des chinesischen Privatsenders 3JRX eingeladen worden. Die Fernsehsprecherin stellte auf Chinesisch die Fragen, ein Schüler von Professor Eigenstetter übersetzte sie halb flüsternd ins Deutsche und dolmetschte dann meine Antworten. Dabei ging es wie üblich um meine Motive, warum ich Elvis mache, was mich nach China führte, wie mir China gefällt und so weiter. Die Sendung wurde in 200 Millionen Haushalte übertragen. China und Singapur werden immer ein Höhepunkt in meiner Karriere bleiben!

Gedämpftes Licht am Beginn der Las Vegas Show im Republic.

Die Las Vegas Band

Gedämpftes Licht. Schwach erfasst ein Spot Mikrofon und Gitarre auf der Vorbühne. Vorerst ganz leise, ganz weit weg, dann rasch näher kommend und immer präsenter werdend, ertönen, gleich einem herannahenden Gewittersturm, die ersten Takte von Richard Strauss' „Also sprach Zarathustra", jenem genialen Werk, dessen Gänsehaut erzeugendes Hauptthema jedes Elvis-Konzert so markant einleitet. Just am unausweichlichen, gnadenlos vorangetriebenen Höhepunkt löst ein strahlender Akkord die düstere, ja fast bedrohliche Stimmung ab, um letztendlich, den orchestralen Teil jäh beendend, in ein fulminantes Schlagzeug-Solo zu kippen. Im gleichen Moment gehen gleißende Scheinwerfer an, die Band fetzt los, dann betrete ich die Bühne, drehe mich mit dem Rücken zum Publikum, spanne mein Cape aus und empfange von Helmut meine Gibson J200-Gitarre, nachdem er mir das Cape abgenommen hat. Ich drehe mich um, reiße den Mikroständer an mich, gehe in Pose und singe die ersten Töne: „I said see, C. C. Rider, said see, what you have done". So hat auch dieses Konzert im Republic in Salzburg wieder begonnen. Die Halle ist ausverkauft und ich spüre die Spannung unter den 700 Zusehern.*

Konzertbeginn mit „C.C. Rider"

Natürlich ist eine Halbplaybackshow vom Aufwand her ein überschaubarer Auftrag. Da haben wir es bei einem Livekonzert mit einer Band bedeutend schwerer. Die Vorbereitungen für diese Show sind beträchtlich. Es genügt nicht, mit dem Veranstalter einen Termin zu fixieren. Doch da es mir vor allem darauf ankam, den Sound und die Stimmung der Elvis-Konzerte in den 1970ern möglichst authentisch zu vermitteln, wollte ich mich auf Dauer nicht auf die Halbplayback-Shows beschränken, sondern wieder mit einer Live-Band auftreten. Einen wesentlichen Bereich, der für die eindrucksvolle Stimmung während des Auftritts sorgt, verdanken wir der Technik. Bis ich als Rusty die Bühne des Republic betreten kann, ist einiges an Vorbereitung zu treffen. Eine Bühnengröße von 12 x 8 Metern muss gewährleistet und die gesamte Technik aufgebaut sein. Dazu schicke ich einen Technikrider, eine Art Checkliste, an den Veranstalter. Für dessen Erstellung bin ich vor unserem Debut im Republic vier Tage lang mit drei Tontechnikern auf einer Almhütte zusammen gesessen. Der Rider beinhaltet neben der Bühnengröße auch die notwendigen Mikrofone. Allein das Schlagzeug wird mit 16 Stück abgenommen: 2 Mikrofone für die Bass Drums, 2 Mikrofone für die Becken, für die Tomtoms 6 Mikrofone und so weiter. Da kann man nicht irgendein Mikro hinhängen, sondern da gibt es eigene Spezialgeräte. Als nächstes sind die Mikros für die Bläser, die Gitarren und den Chor aufgelistet, dann kommen die Abnahmevorrichtungen für die Verstärker, die die Musiker mitbringen, und die Monitore, mit denen sich die Sänger und Musiker selbst hören können. Für den Sound auf der Bühne gibt es einen eigenen Techniker. Auch die Position für das Podest, auf dem das Schlagzeug stehen soll, muss fixiert sein; kurz, so ein Technikrider umfasst acht Seiten. Wenn der Veranstalter die technischen Vorgaben nicht erfüllen will, dann muss

ich meinen Tontechniker damit beauftragen, und das ist Oliver Skrube. Als ich mit der neuen Las Vegas Band 2007 auftrat, war zunächst Stefan Berger aus Dresden der erste Mann am Mischpult. Auf Dauer wurde diese Zusammenarbeit aufgrund der großen Entfernung nach Dresden zu umständlich. Also engagierte ich Paul Hochrainer. Er zählt ebenso zur Crème de la Crème der Tontechniker, besitzt ein Tonstudio in Salzburg und ist Cheftechniker des „Hangar 7". 2013 übernahm schließlich Oliver Skrube die Verantwortung als Cheftechniker der „Las Vegas Band". Er organisiert die Technik und baut zum Teil das Bühnenequipment auf. Dann beginnt seine eigentliche Aufgabe vor Ort. Er steckt Mik-

Meine Tontechniker im Republic: v.l.: Paul Hochrainer, Oliver Skrube, Rusty und Boris Injac.

rofonanschlüsse ans Mischpult, wickelt den Soundcheck ab und sorgt während der Show für einen sauberen Klang.

2003 hatte ich mich von meiner bisherigen Las Vegas Band getrennt. Nachdem ich mich zunächst auf meine Halbplayback-Shows konzentriert hatte, dachte ich gemeinsam mit meinem Bruder Heli darüber nach, wie wir eine neue Las Vegas Band auf die Beine stellen könnten. Ich hatte allerdings meine Vorgaben (weshalb sich die Formierung ziemlich in die Länge zog). Die früheren Las Vegas Bands waren ausgezeichnete Kommerzbands und hatten ihren eigenen Sound, bei denen allerdings jedes Solo individuell klang. Ich hingegen wollte den Stil exakt so wiedergegeben wissen, wie er bei den Elvis-Konzerten geklungen hatte. Wenngleich die Musiker für das Publikum im Salzburger Rockhouse fantastisch gespielt haben, so war es doch nicht das, was ich mir erwartete.

Bei meinem Auftritt im Rockhouse Salzburg 2004 drängten sich 578 Fans in das alte Gewölbe anstatt der prognostizierten fünf bis zehn Besucher.

Spielte die Band zu meinem Gesang oder sang ich zu ihrer Musik? Nach meinen Vorstellungen musste eine Band mir das Rückgrat geben, um mich frei bewegen zu können. Die Begleitmusiker von Elvis – und das waren immerhin 50 Leute – mussten den King immer beobachten und

sich hundertprozentig auf ihn einstellen können. Nur allzu oft änderte er spontan die ausgemachte Setliste.

Als ich mit Heli diese Überlegungen besprach, meinte er Nase rümpfend: Naja, er kenne schon die High Society der Musiker in Salzburg, aber ob die Elvis spielen würden, bezweifle er. Dann haben wir Musiker gesucht ... bis 2007.

Soeben habe ich mit der Ballade „Welcome To My World" die Gemüter wieder ein wenig beruhigt. Nun wird es Zeit, die Musiker vorzustellen. Auch hier orientiere ich mich am leicht nuschelnden Südstaatenslang des King und präsentiere die Crew in amerikanischer Sprache. Ich stelle sie mit den Künstlernamen vor, die sie selbst gewählt haben. Die Las Vegas Band beginnt jenes Instrumentalstück zu spielen, zu dem Elvis seine Musiker beim legendären „Aloha from Hawaii"-Konzert am 14. Jänner 1973 vorgestellt hat:

„Ladies and gentlemen, I´d like to introduce the members of my group to you. First of all the young ladies that opened the show tonight, I call ´em the „Sweet Inspiration Sisters". The beautiful girl with the high voice is my wife, her name is Kathy Lynn, the second voice singing is Angie LeBeque ..."

1967 hatten sich Cissy Houston (die Mutter von Whitney Houston), Estelle Brown, Myrna Smith und Sylvia Shemwell zur Gruppe „The Sweet

Sweet Inspiration Sisters: Kathy Lynn und Angie LeBeque.

Inspirations" zusammengefunden. Sie machten als Begleitsängerinnen zu Van Morrison, Jimmi Hendrix, Dusty Springfield oder Aretha Franklin auf sich aufmerksam und brachten auch eigene Songs heraus, die sich an Gospel und Soul orientierten. Als Elvis seine Band und die Begleitsänger für das Las Vegas-Opening am 31. Juli 1969 suchte, engagierte er „The Sweet Inspirations", ohne sie jemals persönlich getroffen oder bei einem Konzert gesehen zu haben. Der Sound ihres Hits „Sweet Inspiration" von 1967 genügte ihm, um sie zu den Proben einzuladen. Auch meine „Sweet Inspiration Sisters" singen den Titel „Sweet Inspiration", während ich die Bühne für einen Anzugwechsel verlasse. Ursprünglich übernahm Priska Schwarz alias „Priscilla Brasko" die zweite Chorstimme. Sie hatte bereits vor der Formierung der Las Vegas Band in funkigen Projekten der Salzburger Musikszene mitgewirkt, und dementsprechend stark war ihre Stimme, eine Führungsstimme. Letztendlich verließ sie jedoch die Band aufgrund ihrer vielen anderen Engagements. Mein Schlagzeuger Peter „BEDA" Bachmayer brachte daher seine Frau Angela Bachmayer (Angie LeBeque) in die Band, die zuvor für die Grundband Outfits im passenden Stil geschneidert und sie neu eingekleidet hatte. Doch nun war sie nicht nur für das Styling der Band verantwortlich, sondern sang auch perfekt die zweite Chorstimme.

Meine Frau Kathy war von Anfang an bei der Las Vegas Band dabei, hatte aber zunächst noch keinen Solopart. Einmal kam ich nach Hause in die Wohnung und meinte, Kathy Westmoreland singen zu hören. Im August 1970 stieß die 25-jährige Sopranistin als Ersatz für Millie Kirkham zur Truppe. „The little girl with the beautiful high voice", wie Elvis die 1,58 Meter große Kathy Westmoreland bei den Auftritten nannte, wollte ursprünglich nur wenige Wochen aushelfen, trug aber dann in den kommenden Jahren alle Höhen und Tiefen des King auf der Bühne mit. Auf Wunsch von Priscilla Presley sang sie bei Elvis' Beerdigung „My Heavenly Father", jenes Lied, das sie auf so vielen Konzerten als Solo vorgetragen hatte. Und eben jenes „My Heavenly Father" lief im CD-Player, als ich an diesem Tag nach Hause kam. Allerdings wunderte ich mich, warum ich Westmorelands Stimme doppelt hörte, bis ich sah, dass meine Frau mitsang. Mir war es bisher noch gar nicht so bewusst geworden, dass sie eine derartige Stimme hatte. Ich bat sie daher, das Lied noch einmal zu singen, setzte mich hin und hörte ihr zu. Also wiederholte sie für mich den Song. Zunächst hatte sie noch Probleme mit der Atemtechnik, die wir aber rasch in den Griff bekamen. Aber sie schaffte sogar die höchsten Töne, genauso wie Kathy Westmoreland, es war phänomenal. Da erinnerte ich mich an eine Geschichte, die ich in einer Ausgabe des „Graceland-Magazins" gelesen hatte. Am 30. August 1975 erlitt Elvis während seiner Show in Alabama einen schweren Zusammenbruch und musste im Foyer behandelt werden. Während das Publikum geschockt und in Unsicherheit darauf wartete, was weiter passieren würde, trat Kathy Westmoreland nach vorne und sang in ihrer Betroffenheit „My Heavenly Father". Jedenfalls hätte Elvis sofort in ein Krankenhaus gehört, doch bestand er darauf, nach der Erstversorgung durch seinen Privatarzt Dr. George Nichopoulos das Konzert zu Ende zu spielen; das Publikum habe ein Recht darauf, meinte Elvis, und ging wieder auf die Bühne. Die Geschichte zeigt ohne Zweifel die Seelenverwandtschaft, die Kathy Westmoreland mit Elvis verband. Seither erzähle ich die Geschichte von diesem ergreifenden Zwischenfall bei jeder Show und meine Kathy trägt „My Heavenly Father" vor.

„… Tenor singer is Mr. Slide, my brother Helmut Stumbecker …"

Slide hatte bereits in Teenagerjahren eine mehrfache Banderfahrung hinter sich, als er beschloss, nach Deutschland zu gehen, um eine Gesangsausbildung zu absolvieren. Danach trat er in die Band „Fallen Angel" ein, bis er Österreich den Rücken kehrte und zwei Jahre nach Los Angeles ging, um dort in den Clubs Rockerfahrung zu sammeln. Unter anderem bekam er die Gelegenheit, gemeinsam mit Gilby Clarke & Dizzy Reed von Guns N' Roses zu spielen. Zurückgekehrt aus den Staaten blieb Slide seinem harten Rockstil treu, engagierte sich wieder in Bands und brachte auch eigene Kompositionen auf den Markt. Slide übernahm bereits seit 2001 in meinen früheren Las Vegas Bands die

Slide singt nicht nur bei „It's Now Or Never" einen fantastischen Tenor in meiner Las Vegas Show.

Chorleitung. Er singt die Tenorstimme und bei „It's Now Or Never" den „O sole mio"-Part. Hier weichen wir aber deutlich von unserem Vorbild ab. Im letzten Konzertmitschnitt vom 19. und 21. Juni 1977 in Omaha und Rapid City, der erst zwei Monate nach dem Tod des King, am 3. Oktober 1977, als CBS-TV-Special ausgestrahlt wurde, ließ Sherrill Nielsen, Elvis' Tenorsänger, ein derartiges Katzengejammer hören, dass wir beschlossen, Slide solle das Solo anders singen. Dazu koordiniert er den gesamten Konzertablauf: Er reicht mir das Wasser, er gibt mir die Gitarre und fängt sie auf, wenn ich sie ihm zuwerfe, und er hängt mir die Schals zum Verteilen um. Das sind keine Botendienste, das ist ein fixer Bestandteil der Show, ein Ritual, so wie es Charlie Hodge bei Elvis' Konzerten gemacht hat. Slide hilft mir auch beim Anzugwechsel, er ist wirklich unersetzlich. Aber für mich bleibt Slide, der Rockmusiker und Tenorsänger, immer mein Bruder Helmut, der seit frühester Kindheit mit meiner Karriere eng verbunden ist.

… on the rhythm guitar is Gerry G., on bass Alistar Hill, on the lead guitar is John Cudmore, on drums hard working is Peter Burell …

Eine Band zusammenzustellen ist kein Honiglecken! Im Mai 1969 begannen Elvis und sein Tourmanager Joe Esposito die Band für das Eröffnungskonzert des International Hotels in Las Vegas am 31. Juli zu formieren. Die Zeit drängte also, zumal die Musiker die verschiedensten Musikstile beherrschen mussten, die der King im Laufe seiner Karriere bereits durchlaufen hatte. Die erste Hürde wurde erst Ende Juni genommen, als sie den Leadgitarristen James Burton gewinnen konnten. Der erste Pianist, den Burton für die Band vorschlug, Glen D. Hardin, sagte ab. Er ersetzte erst 1970 Larry Muhoberac, der bereits 1961 Elvis' Begleitband auf zwei Konzerten geleitet hatte und nun neuerlich einstieg. Auch der gewünschte Schlagzeuger erteilte eine Absage. Also ging James Burton daran, einen Bassisten zu finden und meinte, in Jerry Scheff, einem rothaarigen Hippie und virtuosen Bassisten, die Idealbesetzung gefunden zu haben. Doch auch der wollte nicht. Wenigstens konnte Burton ihn überreden, zumindest bei einer Probe zuzuhören. Mit dem Vorsatz „Ich werde mal hingehen und schauen, aber ich werde es nicht machen!" verließ er seine Frau und ging zur Probe. Und das, was sie bei der Probe machten, haute ihn regelrecht um. „Du musst dir diesen Kerl anhören!", meinte Jerry Scheff zu seiner Frau am nächsten Tag. Damit hatte Elvis auch einen Bassisten … und was für einen! Zuletzt fanden sie für die Kernband noch den Schlagzeuger Ronnie Tutt. So konnten die Proben Mitte Juli wie vorgesehen beginnen …

Bis 2007 suchten Helmut und ich die Kerntruppe für die neue Las Vegas Band. Ein erster Durchbruch schien geschafft zu sein, als Heli bei dem Schlagzeuger Peter Bachmayer anklopfte. Dann fand Heli in Bernhard Kienberger alias „John Cudmore" einen phänomenalen Leadgitarristen, der als Multi-Instrumentalist an der Gitarre, am Bass und am Schlagzeug sowie als Produzent schon in vielen Musikprojekten mitgewirkt hatte. Als Elvis-Kenner seit vielen Jahren konnte er der Band den letzten musikalischen Feinschliff verpassen. In seinem Home-Studio fanden wir dann auch einen geeigneten Proberaum. Bernhard hat sich zu einem James Burton-Fan entwickelt und beherrscht dessen typischen

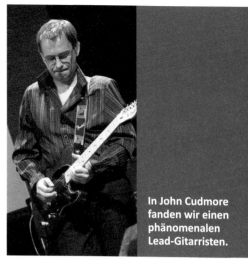

In John Cudmore fanden wir einen phänomenalen Lead-Gitarristen.

„Chicken picking"-Stil, eine Anschlagkombination aus Plektrum, Mittel- und Ringfinger, perfekt. Ohne Bernhard würden unsere Shows wohl nicht so authentisch klingen wie die Elvis-Konzerte.

Unser Schlagzeuger Peter „BEDA" Bachmayer nennt sich in der Las Vegas Band „Peter Burell". Ihm ist es zu verdanken, dass wir eine Kernband zusammenstellen konnten, die im internationalen Feld ihresgleichen sucht. „Beda" scheint mit den Drumsticks in den Händen bereits zur Welt gekommen zu sein. Seine Ausbildungen reichen vom klassischen Schlag-zeugunterricht über das Mozarteum, das „American Institute of Music" in Wien bis ins „Vienna Konservatorium". Diverse Masterclasses bei Größen wie Steve Smith, Pete York, Deen Castronovo, John Patitucci, Jojo Mayer, Billy Heart etc. komplettier-ten die Studien. Dement-sprechend lang ist die Liste

Mein Weltklas-se-Schlagzeuger Peter Burell leitet die gesamte Las Vegas Band.

der Bands, in denen er gespielt hat und immer noch spielt. Obendrein ist Peter auch Autor eines erfolgreichen Schlagzeug-Lehrbuches und ein sehr gefragter Studiodrummer. Zu seinen engsten Freunden zählen der Gitarrist Gerald Klein (Gerry G) und der Bassist Alexander „Ali" Hilzensauer (Alistar Hill), mit denen er seit über 20 Jahren in verschiedenen Gruppen zusammenspielt, unter anderem in der Salzburger Funkrock- und Metal-Band „Boombastards".

Gerry G. spielt auf seiner Gibson-ES 347 denselben Sound wie Elvis' Rhythmusgitarrist John Wilkinson.

Aber ihre Palette deckt so ziemlich alles ab, was unter dem Begriff „Musik" zusammengefasst wird. Also warum nicht auch Elvis? Gerald Klein erklärte sich bald bereit, bei einer Probe mitzumachen. „Aber ob wir den Ali dazu gewinnen können, Elvis zu spielen, das bezweifle ich!", meinte „Beda" skeptisch, doch hoffte er, Ali dazu bewegen zu können, zumindest hinzukommen und sich die Probe anzuhören. Seine Ablehnung lag möglicherweise darin begründet, dass seine Schwerpunkte im „Heavy Metal"-Bereich liegen, womit Elvis nicht viel zu tun hat, schon gar nicht seine seichten Filmschlager. Dennoch willigte er schließlich ein, sich die Probe anzuhören. Wir trafen uns in Bernhards Proberaum. Als wir mit „C. C. Rider" fertig waren und „Burning Love" zu spielen begannen, dachte ich mir bereits:

Alistar Hill entpuppte sich als mein persönlicher „Jerry Scheff" aus der legendären TCB-Band von Elvis Presley.

„Das mit dem Bassisten wird nichts mehr." Da ging die Tür auf und „Ali" Hilzensauer kam mit seinem Bass herein, setzte sich abseits auf einen Stuhl, verschränkte die Arme und beobachtete uns mit skeptischen Blicken. Irgendwie begann es ihn im Verlauf der Probe doch zu jucken, dann packte er plötzlich seine Bassgitarre aus und kam nach vor. Er steckte das Gerät an und dann jammte er aus dem Stegreif mit. Damit hatten wir unseren „Jerry Scheff", denn „Ali" spielt auf einem siebensaitigen Bass in einer Geschwindigkeit, die mit den rasantesten Las Vegas-Nummern von Elvis problemlos mithält! Das kann wahrlich nicht jeder. Grundsätzlich zählen Tribute Artists nicht zu jenen Musikern, mit denen Ali zusammenarbeitet. Umso mehr macht es mich stolz, dass er sich dennoch entschlossen hat, in der Las Vegas Band mitzuwirken. Vielleicht haben ihn mein Enthusiasmus zur Musik von Elvis und meine Performances bei den Proben begeistert. In den drei Tagen, an denen wir probten, begannen wir uns anzufreunden und auch die Proben wurden immer fetziger. Während ich den Burschen zusah, wie sie die Noten mitschrieben, dachte ich euphorisch: „Wahnsinn! Diese Band ist Weltklasse. Wenn Elvis leben würde, dann wäre er von meiner Band begeistert."

... pounding on the old 88, the ladies call him „The Killer", Mr. Bobby Moore ...

Mein erster Keyboarder war László Mocsáry, kurz „Laslo". Ich habe ihm auf der Bühne den Spitznamen „Larry Mahovarak" gegeben, in Anlehnung an Elvis' ersten Keyboarder Larry Muhoberac. Ich denke gern an die Zeit mit ihm zurück, weil er das Feeling der 1970er Jahre, das Glen D. Hardin und zuvor Larry Muhoverac bei Elvis eingebracht haben, am besten wiedergeben konnte. Allerdings wurden die Anreisen Laslos aus Ungarn mit der Zeit zu umständlich. Für diesen Job eine Nachfolge zu finden, war gar nicht leicht, der Aufwand schien für die paar Konzerte der Las Vegas Band im Jahr einfach zu hoch zu sein. Da kam eines Tages mein Lichttechniker Mike Heid zu mir. Auch er arbeitet in seinem Metier seit zwanzig Jahren mit vielen nationalen und internationalen Künstlern zusammen. „Rusty", sagte er zu mir, „ich hätte einen Keyboarder für dich: meinen Onkel Werner Heid."

Bobby Moore, wie er sich bei uns nennt, stammt aus Graz und ist in der Musikszene fest verankert. Er spielte bereits für viele nationale Musikgrößen, ist mit den unterschiedlichsten Musikstilen vertraut und auch als Komponist tätig. Er kommt aus dem Jazz. Ob er aber Elvis spielen konnte, mussten wir bei den Proben

Bobby Moore studierte 40 Nummern in nur vier Tagen ein!

erst herausfinden. Er hatte genau vier Tage Zeit, um das gesamte Repertoire einzustudieren. 40 Nummern in vier Tagen. Ein Wahnsinn!

... on the horns: Lead trumpet – Mr. Andrew Majors, second trumpet – Mr. Andy Tullamore, saxophone – Mr. Mandy Man and last but not least on the slide trombone Mr. Bob Heatman!

Meine Memphis Horns: v.l.: Andrew Majors, Andy Tullamore,
Head of the Horn section Mandy Man und Bob Heatman.

Für die Formierung der Bläser empfahl mir Peter Bachmayer den Saxo-
fonisten Manfred „Mandy Man" Wambacher. Da er unter anderem
auch als Bigbandleiter arbeitet, ist er prädestiniert dafür, die Bläser-
sätze für meine Shows zu schreiben. Auch er ist seit Anfang an fester
Bestandteil der Las Vegas Band. Als zweiten Trompeter hat er Andreas
„Andy Tullamore" Praschberger geholt, der zu der Zeit noch sein Instru-
mentalstudium in Salzburg absolvierte und den er von gemeinsamen
Bigband-Projekten her kannte. Seine musikalische Tätigkeit führte ihn
bereits durch weite Teile Europas und einige weltweite Destinationen.
Als leidenschaftlicher Elvis-Fan von Jugend an konnte Andreas fast
jeden Text mitsingen, was auch mich erstaunte. Es macht ihm große
Freude, diese Musik performen zu können. Andreas „Andrew Majors"
Herzegowsky bringt sein Können auf der Lead-Trompete zum Besten, die
Posaune spielt Manuel Haitzmann. Er ist der Jüngste in der Band und
nennt sich „Bob Heatman". Sie bilden zusammen ein eingeschworenes
Team mit einem einzigartigen Sound, der so wie auch jeder Musiker der
Band individuell zur Unverwechselbarkeit und Authentizität beiträgt.

Rundgang durch
das Publikum mit
Schalverteilung.

Nach der Vorstellung meines Tontechnikers Oliver Skrube, Monitortechnikers Peter Zimmerebner und Lichttechnikers Mike Heid legen wir wieder richtig los. Schlag auf Schlag spielen wir die großen Las Vegas-Nummern aus allen Schaffensperioden des King; 17 Songs im ersten Teil der Show, 17 im zweiten, einer bekannter und eindrucksvoller als der andere. Dazwischen erzähle ich Geschichten von Elvis; historische Tatsachen und

Die ursprüngliche Las Vegas Band mit Larry Mahovarac (Laslo) am Piano (3.v.r.).

Anekdoten. Mit der Dramaturgie, Lichtregie, dem Bühnenbild, den Kostümen und den Musikarrangements verschmilzt die Show zu einer Einheit, die seit unserem ersten Auftritt immer für ein volles Haus sorgt. Nach „Polk Salad Annie" bin ich völlig ausgepumpt. Ich lasse die Band ein Instrumentalstück spielen und mache einen Rundgang durch das Publikum. So kann ich Kontakt aufnehmen zu Verwandten, Freunden und Fans, die zur Show gekommen sind. Ich schüttle den Sponsorenvertretern die Hand, die ich bereits am Anfang der Show begrüßt habe. Dann entdecke ich einen besonderen Freund, den ich zu Beginn der Show noch nicht gesehen habe, weil er noch einer anderen Terminverpflichtung nachkommen musste. Und während ich zu ihm hingehe, um ihm die Hand zu schütteln, denke ich an die vielen Erinnerungen, die mich mit ihm verbinden ...

2010 brachte ich meine DVD „Rusty & Las Vegas Band live in Concert" heraus. Diese Produktion war nur durch die Unterstützung von Mario Schitter (Firma RECON), Quehenberger Logistic, Dr. Christian Mahringer (Rechtsanwalt) und Günter Kuhn möglich geworden.

Günter Kuhn – Ein besonders treuer Freund von Rusty

1973 gründete Günter Kuhn in Eugendorf eine Baumaschinenfirma und weitete sein Unternehmen in den folgenden Jahrzehnten zu einer international operierenden Holding aus. Ich lernte ihn bereits in den 1990er Jahren über Rudi Quehenberger kennen. 1998 gab ich mein erstes Konzert für die Kuhns, und zwar auf der Geburtstagsparty ihrer beiden Zwillingssöhne Stefan und Andreas. Als wir hinfuhren, waren wir eher skeptisch und auf eine beengte Location eingestellt, denn es hieß, dass die Party in einer Garage stattfinden würde. Ich konnte mir ja nichts darunter vorstellen und bezweifelte, dass zwischen Baggern und Kränen eine Partystimmung aufkommen konnte. Außerdem fürchtete ich, dass in einer Garage der Sound gedämpft bleiben würde. Dann kamen wir an und was ich da sah, ließ mir die Kinnlade regelrecht hinuntersacken. Die Gastgeber hatten die Halle sensationell umgestaltet, mit einem Holzboden ausgelegt und tipptopp Flowerpower-Flair für eine 70er Jahre-Party geschaffen. Alle meine Befürchtungen erwiesen sich als absoluter Blödsinn, und mein Auftritt kam voll zur Geltung. Günter Kuhn war von meiner Show total begeistert, besonders „Suspicious Minds" hatte es ihm angetan. Es blieb auch bei allen weiteren Auftritten sein absolutes Lieblingslied, weshalb ich es immer wieder für ihn spiele.

Ich wusste im Vorfeld auch nicht, dass ich bei dieser Party alte Bekannte treffen würde. Schon früher hatte ich die beiden „Geburtstagskinder" Stefan und Andreas Kuhn öfter in „Rainers Bar" am Montecarlo-Platz in Pörtschach getroffen, ohne zu wissen, dass es sich dabei um die Söhne von Irmgard und Günter Kuhn handelte. Ich hatte in der berühmten High Society-Bar von Rainer Husar einen Stammplatz. Jedes Mal, wenn ich mich angekündigt hatte und hinkam, nahm er zwei Flaschen Magnum Schlumberger, schlug sie schwungvoll auf den Tresen, sodass die Korken knallten und die Sektfontänen gegen die Decke schossen, und schrie ins Mikro: „Meine Damen und Herren, der weltbeste Elvis ist da! Rusty is in the house!" – Immer dieselbe Begrüßung, und dann wies er mich zu meinem Stammplatz, dem „Rusty-Tisch", egal wie gedroschen voll die Bar auch war. Einmal fragte er mich, ob er einen bekannten Sänger zu meinem Tisch setzen dürfte. Ich war mit meinen Geschwistern und meinem Schwager in der Bar und sagte natürlich: „Na selbstverständlich. Wer ist es denn?" – Als er antwortete, es sei Udo Jürgens, war ich sehr geehrt. Er ist für mich im deutschsprachigen Bereich der größte Entertainer aller Zeiten! Er hat uns tolle Musik hinterlassen und ich vermisse ihn sehr. Von all unseren Treffen bleibt mir dieses in ganz besonderer Erinnerung. Und in dieser Bar lernte ich auch die Kuhn-Brüder kennen, konnte aber keinen familiären Zusammenhang herstellen, als ich zur Geburtstagsparty fuhr.

Happy Birthday für Günter Kuhn im Kavalierhaus Klessheim Salzburg 2013.

Wie bei Rudi Quehenberger und Alfons Schuhbeck blieb es mit meinen Auftritten für Günter Kuhn nicht bei dem ersten Gig. Unter den vielen Konzerten, die ich über seinen Kontakt spielte, gab es Anlässe wie Betriebseröffnungen oder Produktpräsentationen. Ich war ganz beeindruckt, wie die Bagger bei ihren Vorführungen herumfuhren, aufeinander zukamen und sich mit den Schaufeln „küssten". Und schließlich durfte ich 2013 auch bei seinem 70. Geburtstag im Kavalierhaus Klessheim in Salzburg auftreten. Das war die größte Party, auf der ich für ihn spielte, ein Fest der Superlative. Alle Freunde und Wegbegleiter waren da. Vorweg hatte er angekündigt, dass es für den musikalischen Showact nur einen gibt: Und das war ich – Rusty! Was für eine Ehre!

… und dann entdecke ich einen weiteren Freund in der ersten Reihe des Publikums. Ich sehe in ihm ein großes Vorbild für mich und bin stolz, dass er auch heuer wieder meine Show besucht: Karl Merkatz.

Karl Merkatz – Für mich einer der hervorragendsten Schauspieler aller Zeiten

Was für ein Traum, dachte ich, wäre es, einmal Karl Merkatz zu treffen. Schon seit langem verfolgte ich seine Karriere und sah seine Filme. Vielleicht fasziniert mich wie bei Pierre Brice die Ruhe, die er ausstrahlt, und die ihn für mich zu einem Vorbild macht.

Ich stand kurz vor meinem 36. Geburtstag. Kathy hatte es sich zur Gewohnheit gemacht, mich mit einem besonderen Geschenk zu überraschen. Ohne dass ich Wind davon bekam, beschloss sie, diesmal irgendetwas mit Karl Merkatz auf die Beine zu stellen; von einer einfachen Autogrammkarte bis hin zu einem gemeinsamen Foto oder gar einem Treffen war alles möglich. Sie wusste ja nicht, wozu ein Künstler wie er bereit war. Sie wusste nicht, ob er überhaupt auf eine Kontaktaufnahme einging. Ja, sie wusste nicht einmal, wie sie mit ihm in Kontakt treten konnte. Also hängte sie sich ins Internet und versuchte Kontaktdaten des Managements von Karl Merkatz zu finden. Tatsächlich wurde Kathy fündig: eine Telefonnummer. Sofort nahm sie das Handy, tippte die Nummer ein und wartete auf einen Anrufbeantworter, der sie mit weiteren Informationen versorgen könnte. Plötzlich wurde auf der anderen Seite eine Verbindung hergestellt. – „Merkatz …"

Es war seine Stimme. Live, original und nicht auf Band! Darauf war Kathy nicht gefasst gewesen und stotterte völlig überrascht und verdattert ihr Anliegen heraus, dass ihr Mann Rusty sei, ein Elvis-Interpret, dass Karl Merkatz für ihn ein Vorbild sei und ob es vielleicht möglich wäre … Autogrammkarte … Foto … Treffen oder so. Da antwortete Karl Merkatz, der große Schauspieler: „Treffen wir uns halt auf ein Glaserl Wein! Ich muss aber zur Zeit in Wien den König Ottokar spielen. Ich geb' Ihnen meine Handynummer. Rufen S´ mich im November wieder an, dann machen wir uns etwas aus." – Zusammenfassung: Ein bekannter Schauspieler hebt bei seinem privaten Telefonanschluss persönlich ab und stimmt einer wildfremden Stimme am Telefon zu einem persönlichen Treffen zu. Wo gibt es denn so etwas? Also rief Kathy, die mir gegenüber kein Wort darüber verloren hatte und aus ihrem Geburtstagsgeschenk ein wahres Staatsgeheimnis machte, im November wieder bei Karl Merkatz an. Natürlich musste sie ihn an ihr Telefongespräch erinnern, doch war er nach wie vor zu einem Treffen bereit. Kathy schlug als Treffpunkt das Restaurant Friesacher in Salzburg vor und vereinbarte mit ihm den 12.12.2005 für ein

Legendäres Treffen mit Karl Merkatz am 12.12.2005.

gemeinsames Mittagessen. An diesem Tag fuhr ich mit Kathy nach Salzburg. Irgendeine Überraschung sollte mich da um 12.00 Uhr erwarten. Wir saßen also im Friesacher und warteten. Ich wusste nicht, was ich von der ganzen Geheimniskrämerei halten sollte, und meinte um 12.12 Uhr zu ihr: „Meinst du, kommt deine Überraschung heute noch …", als plötzlich Karl Merkatz an unserem Tisch stand. Kathy hatte den Kellner instruiert, ihn zu uns zu führen, da wir uns ja noch nie begegnet waren. Mein Gott, ich muss ziemlich seltsam ausgesehen haben, als ich völlig verdutzt und wie angewurzelt dastand und wie in Zeitlupe meine Hand ausstreckte, um ihn zu begrüßen. Wie durch einen Schleier hörte ich seine melodiöse Stimme: „Grüß Gott, bitte um Entschuldigung, dass ich zu spät komme. Aber wissen S´ eh: der Verkehr in der Stadt, das ist ja ein Wahnsinn." Ich weiß nicht, wie lange ich gebraucht habe, um meine Fassung wieder zu gewinnen. Aber dann kamen wir ins Gespräch und plauderten über zweieinhalb Stunden lang miteinander; über seine Arbeit als Schauspieler, über den Dreh der legendären Fernsehserie „Ein echter Wiener geht nicht unter", über seine Rolle als „Der Mann von La Mancha" und über meine Arbeit als Elvis-Interpret. An sich, so meinte er, mache er das nicht, dass er sich einfach so mit unbekannten Leuten treffe, die ihn privat anriefen. Aber die Kathy sei so nett gewesen, dass ihn die Sache plötzlich zu interessieren begann. Am Ende unserer Begegnung überreichten wir ihm einen Lungauer Jausenkorb und eine Rusty-CD und wir tauschten unsere Daten aus. Er schenkte mir eine signierte Autobiographie. Das Wichtigste für mich aber war, dass wir in Kontakt blieben. Karl Merkatz besucht regelmäßig meine Shows, so auch mein 20-jähriges Bühnenju-

Während ich 2010 im Republic Salzburg meine Schals verteilte, stand Karl Merkatz plötzlich auf und fragte: „Und was ist mit mir, bekomme ich keinen Rusty-Schal?"

biläum. Umgekehrt lud er mich 2010 zu seinem 80. Geburtstag ins Spiegelzelt im Kulturgelände von Salzburg-Nonntal ein, wo ich zwei Songs für ihn singen durfte, darunter mein geliebtes „Santa Lucia".

Kathy machte mir 2005 ein unbezahlbares Geschenk – die Freundschaft mit einem großen Vorbild von mir, mit Karl Merkatz.

Den krönenden Abschluss der Show bildet „My Way", jener so oft, aber auch immer wieder gern gehörte Song, dessen Text und dessen besondere Interpretation so tief unter die Haut gehen. Dann folgen zwei Zugaben, die den Elvis-Shows aus den 1970er Jahren nachempfunden sind, und das endgültige Schlusslied „Can´t Help Falling In Love" sowie der „Closing Vamp", also dieselbe Melodie, die nach dem Zarathustra-

Intro am Beginn der Show bei meinem Auftritt gespielt wurde. Nach anstrengenden drei Stunden ist das Konzert zu Ende. Ich bin schon längst in der Garderobe, wenn Slide mit der berühmten Ansage „Ladies and gentlemen, Rusty has left the building!" die Show für beendet erklärt. Ich werde Günter Kuhn nach der Show bei der Afterparty im „Carpe Diem" wieder treffen und bin stolz, dass er dort die Gäste zu einem Sonderapplaus animiert, wenn ich nach Beendigung aller Verpflichtungen endlich auch auf der Party erscheine.

Afterparty im „Carpe Diem" mit Irmi und Günther Kuhn.

Jack White und der Traum vom internationalen Hit

An sich bleibe ich meiner Linie treu, die Musik von Elvis möglichst authentisch am Leben zu erhalten und an meine Fans weiter zu geben. Nur einmal hätte es mich gereizt, mit einem Top-Produzenten zusammenzuarbeiten und einen internationalen Hit herauszubringen. Dieser Traum ist nur mit einem Namen verbunden: Jack White. Schon lange hatte ich aus der Ferne seine Arbeit als Musikproduzent mit Bewunderung mitverfolgt. Er arbeitete mit Schlagergrößen wie Tony Marshall, Roberto Blanco oder Roland Kaiser zusammen und produzierte internationale Tophits für Tony Christie, Engelbert Humperdinck, David Hasselhoff oder Paul Anka. Jack White war ein Erfolgsgarant, sonst hätte er nicht mehr als eine Milliarde Tonträger verkauft. Es sollte aber bis 2013 dauern, bis ich ihn zum ersten Mal persönlich traf. Damals feierte ich am 16. Oktober meinen 43. Geburtstag mit meiner Frau Kathy und mit Freunden bei Rosi Schipflinger in Rosi´s Sonnbergstuben in Kitzbühel.

Während einer belanglosen Plauderei mit Rosi streute ich in das Gespräch ein, ich hätte gehört, dass Jack White bei ihr Stammgast sei, und ich fragte sie, ob es nicht möglich wäre, ihn kennen zu lernen. „Das ist kein

Meine erste Begegnung 2013 mit Jack White, einem der ganz Großen im Showbusiness.

Problem", sagte sie zu meiner Überraschung, „der Jack kommt eh …" – sie schaute in den Terminkalender – „… jetzt Ende Oktober." Am 27. Oktober fand nämlich die legendäre „Gans'n Rosi's-Party" bei ihr statt. Dort trifft sich regelmäßig das „Who is Who" von Kitzbühel mit den internationalen Gästen. Jack White wollte bereits zwei Tage vorher anreisen. Wenn wir Zeit hätten, meinte Rosi, könnte sie uns ja einander vorstellen. Da ich an diesem Abend sowieso mit Kathy von Deutschland nach Hause unterwegs war, machten wir einen Abstecher nach Kitzbühel. Rosi führte uns zu einem Tisch, der sich, wie wir später bemerkten, direkt neben dem Tisch von Jack White befand. Aber ohne Rosis Pushing wäre dieser Abend trotz der idealen Rahmenbedingungen für ein Meeting unspektakulär verlaufen. Wir grüßten uns zwar höflich und beiläufige Blicke wechselten die Tische, von meiner Seite, weil ich wie elektrisiert zum ersten Mal in der Nähe eines großen Vorbildes saß, von ihm aus, weil mein Elvis-Outfit an sich ein Blickfang zu sein pflegt. Ansonsten gab es keine Kontaktaufnahme, bis sich Rosi plötzlich an unseren Tisch setzte und mit uns zu plaudern begann. Nach einiger Zeit wechselte sie an den Nebentisch, unterhielt sich mit Jack White und fragte ihn schließlich, ob sie ihm ihre Freunde vorstellen dürfe. „Das sind Rusty, der weltbekannte Elvis-Interpret, und seine Frau Katharina." Nach dieser kurzen Begrüßung widmete sich jeder wieder seiner Tischgesellschaft. Jacks Interesse an einem Elvis-Interpreten hielt sich wohl in Grenzen.

Um zehn Uhr wollte Jack White schließlich gehen. Zuvor aber wünschte er sich von Rosi, dass sie für ihn ihren berühmten Königsjodler sang. „Ja gerne! Aber nur wenn Rusty dann auch noch etwas singt", entgegnete die gute Rosi. Zuerst zierte sich Jack White, denn er war nach der langen Anreise von Berlin müde und hatte irgendwie keinen Bock auf ein

Kurzkonzert von einem Elvis-Interpreten. Aber schließlich willigte er ein, und nachdem Rosi für Jack gesungen hatte, holte ich meine J200 Gibson aus dem Auto. Kathy und ich setzten uns an Jacks Tisch und sangen für ihn „Santa Lucia". Offensichtlich hatten wir seine Wellenlänge gefunden, denn Jack White wirkte sehr gerührt. Also setzte ich noch „Are You Lonesome Tonight" nach. Danach war das Eis gebrochen, er lud uns zu sich an den Tisch ein und wir unterhielten uns noch eine Zeit lang. Er erzählte uns Geschichten aus seiner Karriere, von seiner Zusammenarbeit mit Engelbert Humperdinck oder Laura Branigan. Bevor wir nach Hause aufbrachen, signierte er für uns noch ein Buch und fragte, ob wir bei der „Gans'n Rosi's Party" dabei sein würden. Wir mussten das erst mit dem Babysitter abklären, schafften es aber doch, zwei Tage später wieder in Kitzbühel aufzukreuzen.

Gemütliches Zusammensitzen mit Jack White bei Rosi Schipflinger in der Sonnbergstuben in Kitzbühel.

Diesmal hatte uns Rosi an den Tisch der Kitzbüheler Bergbahnen-Chefs gesetzt. Plötzlich legte jemand von hinten seine Hände um meinen Hals und drückte ein wenig zu. „Schön, dass du gekommen bist, Rusty. Du hast dein Wort gehalten." Es war Jack White. „Singst du heute für mich und meine Freunde?" Jack hatte Gäste mitgebracht, unter anderem die Schlagerlegende Ireen Sheer. Unsere Begrüßung wirkte so vertraut, dass in unserer Umgebung der Eindruck entstand, Jack und ich seien alte Freunde. Nach ein paar Schlagern einer volkstümlichen Band nahm Rosi das Mikrofon und kündigte unseren Auftritt an. Ich wollte aber nicht über die Anlage auf der Bühne spielen, sondern setzte mich wieder mit meiner J200 Gibson an den Tisch von Jack White. Als wir das erste Lied spielten, herrschte Totenstille bei den 400 Gästen. Kathy und ich sangen ohne Verstärker „Santa Lucia" und danach „Are You Lonesome Tonight". Als dritten Song hatte ich mir etwas Besonderes einfallen lassen.

1985 schrieb und produzierte Jack für Engelbert Humperdinck den Chart-leader „Portofino". Und diesen Hit hatte ich in den zwei Tagen vor der Party einstudiert und gab ihn nun als Höhepunkt und Abschluss meines Mini-Gigs zum Besten. Natürlich war ich noch nicht textsicher und holte deshalb nach dem ersten Patzer das Textblatt heraus, aber am Schluss sangen alle beim Refrain mit. Jack kamen vor nostalgischer Ergriffenheit die Tränen. Sein Leben sei wie über eine Filmspule vor ihm abgelaufen, während ich sang, sagte er. Später fügte er hinzu, er hätte gern mit mir zusammengearbeitet, wenn wir uns früher getroffen hätten. Aber er stand kurz davor, mit einem Abschiedssong seine Karriere zu beenden (was er in der Fernsehshow „Das Fest der Besten" bei Florian Silbereisen an 31. Mai 2014 auch offiziell machte). Bevor wir an diesem herzlichen Abend auseinander gingen, gab er mir seine private Karte und lud uns zu sich nach Berlin ein. Es war für uns an diesem Abend tatsächlich so, als wären wir schon ewig Freunde. Und dass unser Kontakt nicht auf eine Tagesstimmung beschränkt blieb, zeigte sich, als wir knapp einen Monat später tatsächlich seine Einladung annahmen und ihn in Berlin besuchten. Er lud uns in sein Lieblingsrestaurant „Adnan" ein und zeigte uns sein Aufnahmestudio und sein Büro mit den vielen Goldenen und Platin-Schallplatten. Mir blieb regelrecht sie Spucke weg. Natürlich frag-te ich ihn, ob er nicht noch einmal durchstarten wolle. Ich hatte meinen Traum von einer Zusammenarbeit mit Jack White noch nicht aufgege-ben. Aber er meinte nachdenklich, es sei schwer geworden in der Bran-che. „Aber wir hätten uns 20 Jahre früher kennen lernen sollen, Rusty. Mit dir hätte ich etwas gemacht." Damals wirkte er auf mich noch irgend-wie unschlüssig. Aber mit seinem offiziellen Rückzug aus dem Business ist mein Traum von einem internationalen Hit sehr unrealistisch gewor-den. Aber kann sich ein Vollblutmusiker wie Jack White wirklich völlig zurückziehen? Mein Traum bleibt nach wie vor bestehen. Wer weiß …

Suspicious Minds – Rudi Stumbecker privat

„We're caught in a trap, I can't walk out" (Wir sind in eine Falle geraten, aus der ich mich nicht befreien kann). Elvis singt von seiner grenzenlosen Liebe, die vor einem scheinbar unlösbaren Problem steht. Er stößt auf Misstrauen, ihm wird nicht geglaubt. Suspicious minds – dieses Misstrauen zerstört alle gemeinsamen Träume, führt die Beziehung nicht weiter, bringt echte Tränen. – „I'm crying!" Dann kommt die Beschwörung: „Oh let our love survive." Die Möglichkeit dazu ist gegeben, denn „you know, I've never lied to you" – „Ich habe dich niemals angelogen!"

Künstlerisch markiert „Suspicious Minds" in Elvis' Karriere einen Wendepunkt – einen Höhepunkt, den er nie wieder erreichen sollte. „Suspicious Minds" ist Elvis letzter Nr. 1 Hit in den amerikanischen Charts. Elvis spielte den Song im Zuge der „Memphis Sessions" in den American Sound Studios im Jänner 1969 ein. Das Original stammte von Mark James, der sich 1968 in einer langsameren, emotionsloseren und relativ erfolglosen Version versucht hatte. Elvis steigerte das Tempo und die Emotionalität des Liedes. „Suspicious Minds" war wie für Elvis geschaffen, und schon während der Aufnahme-Session war den Beteiligten klar, dass hier ein Hit entstand. Ich bin überzeugt, dass der Erfolg dieses Songs nicht nur auf seine Melodie und den Sound zurückzuführen ist, einen wesentlichen Grund für die Faszination dieses Liedes macht die Authentizität des Textes aus, lebensnah und echt im Hinblick auf die private Situation, in der sich der King zum Zeitpunkt der Aufnahmen befand.

Ich denke oft an die Parallelen meines Lebens zu dem von Elvis. Es mag sein, dass hier viele nachträgliche Projektionen mitschwingen, aber gleichzeitig ist mir bewusst, dass bei mir das Leben einen ganz anderen Verlauf genommen hat (vom Berühmtheitsgrad jetzt einmal abgesehen) und dass ich natürlich vieles auch bewusst in meinem Leben anders gestaltet habe. Gerade wenn ich an „Suspicious Minds" denke, beginne ich immer wieder darüber zu reflektieren, was mir persönlich wichtig ist. Und hier bei meinem Freund Pfarrer Bernhard Rohrmoser im Arkadenhof von Mariapfarr komme ich mehr und mehr in diese Stimmung, mir das vor Augen zu führen, was mich zu dem gemacht hat, was ich heute bin. Ich spiele auf der Gitarre die ersten Akkorde, dann beginnen Kathy und ich zu singen. Durch die winterliche Kälte entweicht unser Atem in Form von weißen Dunstschwaden, während gleichzeitig unser zweistimmiges „Silent Night, Holy Night" erklingt. Hier im Innenhof jener Pfarre, in welcher der Text zum berühmtesten Weihnachtslied der Welt entstanden ist, entfaltet es einen besonderen Zauber. Längst ist es zum zeitlosen Kultur-gut geworden, das im brasilianischen Urwald genauso gesungen wird wie an den Stränden Australiens oder in der nicht enden wollenden Dun-kelheit Nordfinnlands. Elvis nahm „Silent Night" 1957 für sein „Christmas Album" auf, deshalb singen Kathy und ich auch hier im Arkadenhof vor den 200 weihnachtlichen Besuchern zunächst zwei Strophen auf Englisch, bevor Pfarrer Bernhard Rohrmoser und Sepp Hutegger alle sechs Stro-phen von Joseph Mohr in der Originalfassung singen. Zu Weihnachten werden für mich zwei Begriffe, die mein Innerstes bewegen, besonders hautnah spürbar. Das sind die Familie und die Religion, die Besinnung auf das, woher ich komme, und auf die Geburt von Jesus Christus …

Meine Familie – Das Wichtigste in meinem Leben

Als „Elvis Tribute Artist" mit einem Aussehen, das ich mir nach einem Auftritt nicht einfach abschminken kann, oder mit einem Musikge-schmack, den ich seit meiner frühen Kindheit auf Elvis ausgerichtet habe, kann ich das Berufliche vom Privaten in vielen Lebensbereichen nicht trennen. Natürlich durchdringt Elvis auch mein Privatleben, und als Elvis-Fan sehe ich zwischen seiner und meiner Biographie viele Paralle-len. Aber gleichzeitig habe ich viele Aspekte seines Lebens entdeckt, die auf mich abschreckend wirken, weswegen ich bewusst einen anderen Weg gegangen bin. Und dazu gehört eindeutig sein Unvermögen, sich privat abzugrenzen und sich seiner Familie zu widmen. Während er auf Kosten eines geordneten Familienlebens fast 24 Stunden durchgehend von seinen Kumpels und Leibwächtern aus der „Memphis Mafia" umge-ben war, ziehe ich mich abseits der Bühne und meiner Auftritte in der Öffentlichkeit in meine vier Wände zurück und finde Erholung im Krei-se meiner Familie. Die Zusammengehörigkeit der Stumbeckers halte ich für einmalig. Da mein Vater schon früh seine Eltern verloren hatte und für sich selbst sorgen musste, war für ihn eine große Familie immer der kostbarste Schatz im Leben. In diesem Zusammenhalt haben meine vier Geschwister, Wolfgang, Ulrike, Helmut und Hansi, und ich während unserer Kindheit und Jugend durch die Liebe unserer Eltern Geborgenheit gefunden. Alle Familienmitglieder trugen meinen Fanatismus für Elvis mit oder respektierten ihn zumindest. Ulli sang bei meinen ersten Kon-zerten Anfang der 1990er Jahre im Hintergrundchor und Helmut ist durch mich überhaupt zur Musik gekommen. Als er noch klein war, sprang er inmitten meiner Shakin Stevens Platten, die er am Boden verteilt hatte, herum und sang lauthals: „You drive me crahyhahyzy." Schon damals sah er mich als Vorbild. Mit acht Jahren verkündete er in der Familie: „Wenn mein Bruder einmal stirbt, erbe ich alles: den Fernseher, den Videorecorder, von dem ich schon die Codenummer weiß, und die Video-kassetten ‚Rocky I' und ‚Rocky II'". Diesen Erbschaftsanspruch hielt er dann auch in seiner Kinderschrift auf Papier fest.

Nach meinem 20-jährigen Bühnenjubiläum 2010 mit meiner Familie auf der Afterparty in den Kavernen Salzburg.

Meine Eltern sind für mich das höchste Gut. Da gehe ich durchaus konform mit Elvis. Die Meinung seiner Mutter Gladys Love war für ihn bindend und er vergötterte sie. Als sie 1958 mit 46 Jahren starb, brach für ihn eine Welt zusammen. Er erholte sich wohl nie von diesem Schicksalsschlag. Ebenso begleitete ihn der Tod seines Zwillingsbruders Jessie Garon am Tag der Geburt ein Leben lang, und immer wieder verstrickte er sich in Scheingespräche mit seinem eigenen Schatten, als ob sein Bruder ihm gegenüber stehen würde. Daher konzentrierte sich seine Familienbindung umso mehr auf seine Großmutter Minnie Mae und seinen Vater Vernon Presley. Aber das einende Band der Familie, Elvis' Mutter Gladys Love, fehlte, und dieser Verlust prägte das Familienleben in den letzten beiden Lebensjahrzehnten des King.

Bei uns Stumbeckers laufen viele Netze bei meiner Mutter zusammen. Das Haus meiner Eltern entwickelte sich zum Zentrum des familiären Zusammentreffens. Jahrelang kochte sie jeden Sonntag für die gesamte Großfamilie, und das sind immerhin 18 Leute. Aber auch meine Auftritte mit der Las Vegas Band tragen einen deutlichen familiären Charakter. Nicht nur meine Eltern, auch meine Geschwister unterstützen mich dabei mit ihrem Konzertbesuch und übernehmen das Merchandising. Immer wieder merke ich, dass sich dieses familiäre Klima auf die Fans und damit auf das gesamte Konzert sehr positiv überträgt. Dafür bin ich sehr dankbar.

Ebenso intensiv bringt sich mein Vater in die Arbeit von Rusty ein. Als er gesundheitsbedingt in den Ruhestand gehen musste, übernahm er 1999 die Leitung des Rusty-Fanclubs. Unermüdlich hält er seither die Mitglieder über mein Konzertprogramm am Laufenden, verkauft Eintrittskarten oder schreibt händisch Geburtstagsgrüße und Weihnachtswünsche im Namen von Rusty. In der Anfangszeit meiner Karriere leiteten mein Cousin René Wahlhütter und danach Leopoldine Steyrer aus Moosbrunn den Fanclub. „Poldi", wie wir sie alle nennen, organisierte Fanfahrten

Leopoldine Steyrer aus Moosbrunn war in der Anfangszeit meiner Karriere eine besonders aktive Obfrau des Rusty-Fanclubs.

nach Salzburg oder Wohltätigkeitskonzerte in der Umgebung von Wien und ließ die ersten Rusty T-Shirts drucken. Bei vielen Wien-Aufenthalten wurde ich bei ihr und ihrem Mann wie ein Familienmitglied aufgenommen. Sie ließen extra für mich ein Zimmer mit Kirschholz auslegen, weil sie wussten, dass ich das besonders mag. So übertrug sich dieser familiäre Geist durch Leopoldine Steyrer auch auf den Fanclub.

Zehn Jahre war ich mit meiner ersten Frau Tini verheiratet. Ich lernte sie 1990 während meiner Zeit beim Bundesheer kennen. Drei Jahre später erfolgte die standesamtliche Hochzeit, und zwar als Doppelhochzeit, gemeinsam mit meinem Bruder Wolfgang und seiner Frau Tanja. Als wir 2001 kirchlich heirateten, konnte ich mir nicht im Traum vorstellen, dass es gut eineinhalb Jahre später zur Scheidung kommen würde. Welche Gründe auch immer ausschlaggebend gewesen waren und wie bitter diese Entwicklung für mich in der damaligen Situation auch gewesen ist, letztendlich denke ich, dass wir es geschafft haben, einen normalen Umgang miteinander zu pflegen.

Mehr als vierzig Jahre zuvor war Elvis in die Army eingezogen worden und in Deutschland als GI stationiert. An den freien Abenden feierte er bei sich zuhause in Bad Nauheim Partys und übertrug so seine amerikanische Lebensweise auf die Verhältnisse, die er in Deutschland vorfand. Seine Freunde Red West und Lamar Fike, die mit ihm aus Amerika herüber gekommen waren, brachten immer wieder Kumpels und Mädchen mit, sodass sich zu den Partys ein bunt zusammengewürfelter Haufen einfand. Einer, der in diesen elitären Kreis rund um den King of Rock 'n' Roll in Deutschland aufstieg, der Pilot Currie Grant, lud am 13. September 1959 Priscilla Beaulieu, ein 14-jähriges Mädchen, zur Party ein. Der Rest ist Geschichte: Elvis verliebte sich in das Mädchen, holte es 1962 nach Amerika und heiratete Priscilla 1967. Die beiden schienen das perfekte Paar zu sein. Elvis achtete penibel genau darauf, in seiner Beziehung zu Priscilla die gesetzlichen Bestimmungen im Hinblick auf ihre Minderjährigkeit einzuhalten – im Gegensatz zu seinem Musikerkollegen Jerry Lee Lewis, den die Heirat mit seiner 13-jährigen Cousine die Karriere als Rock 'n' Roll Star kostete. In der Regel blieb Priscilla auf Graceland, während sich Elvis am Filmset in Hollywood befand. Priscilla ordnete sich ganz dem Lebensstil ihres berühmten Mannes unter. Letztendlich hielt die Ehe der intensiven Musikerkarriere nicht stand und Priscilla reichte 1973 die Scheidung ein. Mir war immer klar, dass ich von einer Ehe eine völlig andere Vorstellung hatte als Elvis. Es ist mir aber durchaus bewusst, dass die Ausrichtung meines Lebens auf Elvis für eine Beziehung nicht immer einfach sein dürfte.

Seit Mitte 2002 lebte ich von meiner ersten Frau getrennt und hatte daraufhin kurzfristig eine andere Beziehung. Dann jedoch sollte alles ganz anders kommen. Es mag als Ironie des Schicksals angesehen werden, dass ich die Frau, die mein Leben völlig verändern sollte, über meine erste Frau Tini kennenlernte; und das unter Umständen, die in mir zeit meiner ersten Ehe niemals auch nur den Funken eines Gedankens aufkommen ließen, dass sich hier jemals etwas entwickeln könnte. Katharina Lanschützer ist die Tochter einer guten Freundin meiner ersten Frau Tini, und über diesen Kontakt kannte ich sie daher schon sehr lange, schenkte dem aber nur wenig Beachtung, denn das Mädchen war 16 Jahre jünger als ich. Mit anderen Worten: Als ich als Rusty meine ersten Erfolge feierte, war Kathy ein kleines Mädchen. Im Lauf der Jahre entwickelte sie eine besondere Begeisterung für meine Musik und wurde in weiterer Folge ein großer Elvis-Fan. Sie besuchte uns nicht nur im Haus meiner Eltern, sondern begann als Teenager auch regelmäßig auf meine Konzerte zu kommen. In der Handelsakademie, die sie in Tamsweg besuchte, war sie bekannt für ihren Hang zu Elvis. Bis zu meiner Scheidung dachte ich mir auch nichts dabei. Sie war für mich die Tochter einer Freundin und zudem ein Rusty- und Elvis-Fan.

In der Zeit nach der Scheidung, es mag April oder Mai 2003 gewesen sein, hat es zwischen Kathy und mir gefunkt. Ich war selbst überrascht, dass Kathy plötzlich für mich nicht mehr das kleine Mädchen war. Von einem Tag auf den anderen war für mich nichts mehr so wie vorher und ich merkte, dass ich meine Verhältnisse ordnen musste, indem ich die andere Beziehung beendete. Kathy war, als wir zusammenkamen, 17 Jahre alt. Das ist natürlich ein verhältnismäßig großer Altersunterschied, doch sollte sich im Lauf der folgenden Jahre herausstellen, dass dies für unsere Beziehung überhaupt keine Rolle spielte. Im Juni 2005 maturierte sie und begann im September darauf als Buchhalterin in der Steuerberatungskanzlei von Karlheinz Schöberl in St. Michael zu arbeiten. Und zu dieser Zeit, also mit 19 Jahren, zog sie bei mir in die Wohnung ein. Für die Entwicklung unseres gemeinsamen Weges erwies es sich nun Goldes wert, dass sie von Kindheit an mit der Musik von Rusty und Elvis aufgewachsen war, denn sie trägt seit Anfang an meine Profession als Elvis Tribute Artist und meine „Elvis-Mania" mit großer Begeisterung mit. Natürlich weiß ich genau, dass das keine Selbstverständlichkeit ist. Wir heirateten am 7.7.2007, doch bereits vorher unternahmen wir die Hochzeitsreise nach Amerika.

Unser Hochzeitsfoto vom 7.7.2007.

Als Hochzeitstorte wählten Kathy und ich eine Kopie der Torte von Elvis und Priscilla am 1. Mai 1967.

Auf den Spuren von Elvis – Unsere Hochzeitsreise nach Memphis, Tennessee

Was kann sich ein passionierter Elvis-Fan und Tribute Artist mehr wünschen? Meine zukünftige Ehefrau wollte zur Hochzeitsreise nach Memphis, Tennessee, fliegen und die Stätten des King of Rock 'n' Roll besichtigen. Wir waren uns einig, dass auch Helmut dabei sein musste. Zu ihm habe ich ja ein besonders gutes Verhältnis, sowohl als Bruder als auch als Kollege.

Unsere Hochzeitsreise: Die Tore von Graceland öffnen sich.

Mit Kathy und meinem Bruder Helmut vor Graceland Mansion, dem Zuhause von Elvis Presley in Memphis, Tennessee.

Es war für Kathy schon ein spannungsgeladener Moment, als wir durch die Tore von Graceland fuhren und uns Elvis' Anwesen näherten. Das Haus kam ihr viel größer vor, als sie von den Fotos her angenommen hatte. Mein Outfit und meine offene Art, Wünsche direkt auszusprechen, kamen uns jetzt sehr zugute. Wir merkten, dass die Touristenmassen durch die museal aufbereiteten Räume des Hauses durchgeschleust wurden, kaum die Möglichkeit bekamen, einmal stehen zu bleiben und zu genießen oder zu fotografieren. Ich begann einfach mit dem Aufsichtspersonal zu plaudern und streute hier eine Bitte ein, fotografieren zu dürfen, oder erhielt dort die Erlaubnis, ein wenig zurückzubleiben und so dem Trubel in der Touristengruppe zu entgehen. Mein Aussehen entpuppte sich als wahre Eintrittskarte für Sondergenehmigungen, und zwar nicht nur hier, sondern auch bei den zwei Privatjets des King, „Lisa Marie" und „Hound Dog", oder auch im Studio von Sun Records, 706 Union Ave, Memphis Tennessee, wo wir in das Originalmikro aus den 1950er Jahren sangen. Für jemanden, der Elvis keine so große Bedeutung beimisst, mag dies trivial klingen, aber diejenigen, bei denen der Funke von Elvis übergesprungen ist, können sich vorstellen, welch erhebende

Momente diese Erlebnisse für uns waren. Die damalige Sonderausstellung in Graceland beschäftigte sich mit den Anzügen des King. Alle Suites des King waren ausgestellt, und ich konnte mich davon überzeugen, dass meine Anzüge, die ich zu dieser Zeit bereits vom Elvis' Kostümdesigner bezog, wirklich originalgetreu hergestellt wa-

„Lisa Marie" – einer der beiden Privatjets von Elvis, benannt nach der Tochter des King.

ren. Zitate von führenden Modeschöpfern begleiteten die Ausstellung. Besonders in Erinnerung blieb mir der Kommentar von Versace, dessen Arbeit ich immer sehr verehrt habe: „Ich hätte alles gegeben, um einmal für Elvis zu designen!"

Am Bellevue Boulevard in Memphis stießen wir auf Lew Elliot. Er konstruierte und baute für Elvis die Trikes, mit denen der King unterwegs war. Er hatte einige Originalmodelle ausgestellt, darunter auch das „Super Cycle" von 1975. Als wir die Möglichkeit bekamen, mit dieser Maschine auf Graceland herumzufahren, zögerten wir keinen Augenblick und probierten den Trike sofort aus. Abends machten wir eine Expedition zur „Circle G Ranch", die sich 7 Meilen südlich von Memphis im Vorort Horn

Auf Graceland bekamen wir die Gelegenheit, mit einem Original-bike des King zu fahren.

Lake befindet. Während sich das Wohnhaus der Ranch, wo wir am Kamin noch die Initialen E.P. vorfanden, an sich in keinem schlechten Zustand befindet, zeugen die verfallenen Gestütsgebäude und die verrostete Metallbrücke, die Elvis über einen kleinen See bauen ließ, von den vier Jahrzehnten, die vergangen sind, seit Elvis im Besitz der Ranch war. Die Ranch darf an sich nicht betreten werden, weshalb wir uns mit Taschenlampen ausstatteten und nachts unsere Erkundungen durchführten, ein Wahnsinn eigentlich, wenn man bedenkt, dass die Eigentümer von Privatbesitz das Recht haben, auf Leute zu schießen, die nachts auf dem Grundstück herumschleichen – noch dazu in den Südstaaten! Wir empfanden dieses

Abenteuerliche Spurensuche auf der „Circle G Ranch". Nur noch ein Kamin weist auf den berühmten Besitzer hin.

Abenteuer als Reise in eine Vergangenheit, deren Spuren sich hier besonders drastisch zu verwischen schienen. Genauso verhielt es sich mit dem ersten Haus in 1034 Audubon Drive, welches der damals 21-jährige Elvis 1956 für sich und seine Eltern in Memphis gekauft hat-

Vor Elvis' erstem Haus in Memphis am Audubon Drive.

te. Als wir hinkamen, wurden gerade Sanierungsarbeiten im Innenbereich durchgeführt. Die Arbeiter zeigten sich beeindruckt von meinem Outfit, ich ging wieder offen auf sie zu und begann mit ihnen Small Talk zu führen. Da gaben sie mir einen Brocken von der Innenwand mit einem Stück Tapete daran; oberflächlich gesehen nur ein Stück Rigips, für uns jedoch ein Zeugnis jener Geschichte, der wir uns gerade in diesem Moment so nahe fühlten.

Dann stießen wir noch weiter in die Vergangenheit des King vor und machten uns auf den Weg nach Tupelo, Mississippi, der Geburtsstadt von Elvis Presley. Hier triffst du überall auf Menschen, die dir etwas von Elvis erzählen. Und dass wir daran interessiert waren, war schon beim ersten Blick auf mich offensichtlich.

Tupelo – die Geburtsstadt von Elvis.

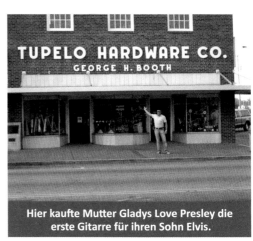

Hier kaufte Mutter Gladys Love Presley die erste Gitarre für ihren Sohn Elvis.

So geschah es auch bei „Tupelo Hardware Co. Inc.", jenem Kleingeschäft für Haushaltswaren an der Ecke Main Street – Front Street, in dem Gladys 1945 die erste Gitarre für ihren Sohn Elvis gekauft hatte. Dort kam ich mit dem Ladenbesitzer ins Gespräch. Er zeigte mir ein Buch über das Homecoming – Concert von Elvis im September 1956 in Tupelo, geschrieben von einem gewissen Roy Turner. Dann fragte er mich, ob ich den Autor des Buches kennenlernen wollte. Verdutzt sagte ich: „Ja, das wäre super!", obwohl ich es nicht glauben konnte. Wir sahen uns daher wieder in dem Laden um, als wenige Minuten

Small Talk mit Roy Turner, dem Autor des Buches „Tupelo's Own Elvis Presley".

später ein Mann auf mich zukam und sich als Autor des Buches zu erkennen gab. Er signierte mir sein Buch und wollte gar nicht mehr aufhören zu erzählen. Die Menschen hier sind sehr offen, wenn man als „Elvis" aufkreuzt, egal ob schwarz oder weiß. Von allen Seiten wurde ich auf mein Aussehen angesprochen.

Schließlich zog es uns auch nach Nashville, wo wir das Studio B von RCA-Records besichtigten und wo Elvis mehr als 270 seiner Hits aufgenommen hatte. Auch hier ermöglichte es mir mein Outfit, dass es mir gestattet wurde, einige Töne auf jenem Klavier zu spielen, das auch Elvis benutzt hatte. Wir besuchten die Hall of Fame in Nashville, den

Rusty am Klavier im Studio B von RCA-Records in Nashville. Vor mehr als einem halben Jahrhundert saß Elvis an diesem Flügel!

Wir besuchten Nashville – die „Music City" in Tennessee.

Elvis Presleys Geburtshaus in Tupelo, Mississippi

Im Meditationsgarten von Graceland
am Grab des King.

Rusty vor den berühmten Sun Records Studios,
Union Avenue 706, Memphis.

Am Walk of Fame in Hollywood.

Graceland Mansion.

An diesem Pool in Graceland suchte Elvis
mit seiner Familie Erholung.

Die berühmten STAX Studios in Memphis.

**Humes High School,
die Elvis Presley von 1949 bis 1953 besuchte.**

**Im Mid South Coliseum trat Elvis 1974 nach
langer Zeit erstmals wieder in Memphis auf.**

**An der Eingangspforte zum Hillcrest House,
dem Domizil von Elvis in Beverly Hills.**

**An der Beale Street, in Memphis,
der Geburtsstätte des Blues.**

„Lisa Marie", einer der beiden Privatjets des King.

Elvis Presleys Automuseum in Memphis, Graceland.

Zwei der Originalanzüge des King in Graceland.

Elvis ließ 1958 diese Gedenkstätte für seine Mutter Gladys errichten.

Der „Stutz Blackhawk", in dem Elvis einen Tag vor seinem Tod am 15. August 1977 noch am Steuer saß.

In Downtown Memphis steht eine Bronzestatue zu Ehren des berühmtesten Sohnes der Stadt.

Während unserer „Expedition" zur Circle G Ranch.

Bei den Paramount Pictures am Melrose Place in Los Angeles.

Der Aufenthaltsraum im Erdgeschoß von Graceland.

Im Esszimmer des King in Graceland.

„The Hall of Fame" in Graceland.

berühmten Broadway Downtown Nashville, wo alle berühmten Country Clubs beheimatet sind, wie „Tootsie´s Orchid Lounge" oder das „Crazy Horse". Besonders beeindruckt waren wir vom „Ryman Auditorium". In diesem, ursprünglich als Kirche errichteten Gebäude wurde die legendäre „Grand Ole Opry Show" aufgezeichnet und im Radio übertragen. Die „Grand Ole Opry" entwickelte sich gleichsam zum Olymp der Country Music. Und in diesen „heiligen Hallen" sollte auch Elvis Presley im Oktober 1954 den ersten Höhepunkt seiner jungen Karriere erleben. Nur einen Monat nach seinem erfolgreichen Plattendebüt mit „That's Allright, Mama" und „Blue Moon Of Kentucky" erhielt er bereits die Möglichkeit, in der „Grand Ole Opry Show" aufzutreten. Der Applaus blieb zu diesem Zeitpunkt noch etwas verhalten. Zu verwirrend wirkte der neue Musikstil, den Elvis im wahrsten Sinn des Wortes verkörperte, auf das Hillbilly- und Country Music-geeichte Publikum.

Ein Detail am Rande sorgte bei uns für besondere Rührung, als wir zu einem McDonalds-Restaurant essen gingen. Ein Obdachloser saß davor am Boden und flehte uns an, dass er Hunger habe. Ich lud ihn zum Essen ein, weil ich in einer solchen Situation keine Bargeldspenden hergebe. Er nahm die Einladung dankbar an, bekam seinen Doppelcheeseburger mit Pommes und setzte sich zu einem Tisch vor dem Lokal. Kritische Stimmen von Seiten des Personals wies ich zurück, indem ich klar machte, dass der Mann mein Gast sei. Plötzlich kam ein zweiter „Penner" und setzte sich zu meinem Gast, der wie selbstverständlich sein Essen mit dem Kollegen zu teilen begann. Diese Freigiebigkeit berührte mich so sehr, dass ich auch für den Neuankömmling Essen bestellte. Es passte alles perfekt zu dem Bild, das ich mir auch schon bei früheren Besuchen in dieser Region gemacht hatte. Unsere Hochzeitsreise war wie eine Fahrt zu einer Pilgerstätte.

Changes – Rudi krempelt unser Leben um

Am 5.12.2012 ging mit der Geburt unseres Sohnes Rudi unser sehnlichster Wunsch in Erfüllung. Ich bin zwar kein Zahlenmystiker, doch hielt ich den 12.12.2012 für ein optimales Geburtsdatum. Aber erstens haben wir darauf sowieso keinen Einfluss und zweitens war mir bei seinem Geburtsdatum ein anderer Aspekt viel wichtiger. Da der errechnete Geburtstermin eigentlich der 4. Jänner 2013 gewesen wäre, habe ich ihn bei meinen „Vorabgesprächen" während der Schwangerschaft nur um eines gebeten: „Rudi, bitte komm nicht am 8. Jänner zur Welt, denn wenn du beschließt, am Geburtstag von Elvis zur Welt zu kommen, heißt es, ich hätte den Geburtstermin bewusst auf diesen Tag hingesteuert." Aber letztendlich ist es sowieso ganz anders gekommen. Rudi ist unser ganzer Sonnenschein! Natürlich war es vor allem in der ersten Zeit nach seiner Geburt sehr schwierig, wenn ich mich mit Kathy abwechselte,

Am 5.12.2012 kam unser Sohn Rudi zur Welt!

Rudi, mittlerweile eineinhalb Jahre alt, ist unser ganzer Sonnenschein!

Rudi 2015 in der Lederhose, einem Geschenk von Rudi und Katharina Quehenberger.

das schreiende Baby in der Nacht herumzutragen, weil es ihn zwickte und zwackte, und am nächsten Tag topfit auf der Bühne stehen musste. Seither weiß ich, dass man als Elternteil Energien freisetzen kann, die man sich zuvor nicht vorstellen konnte, und ungeachtet aller Mühen bedeutet Rudi für uns das größte Glück im Leben. Deshalb habe ich mir angewöhnt, nach einem Engagement – egal, wo ich aufgetreten bin – wieder nach Hause zu fahren, um am Morgen gemeinsam mit meinem Rudi frühstücken zu können. Es ist mir wichtig, dass ich als Vater jeden Tag mit ihm Zeit verbringe. Ich will mir nicht später vorwerfen müssen, dass mein Sohn an mir vorbei aufgewachsen ist. Manchmal brauche ich sowieso eine Auszeit, da gehöre ich dann ganz ihm.

Pfarrer Bernhard Rohrmoser und mein Hang zu Religiosität

2006 heiratete meine Cousine Ruth Wahlhütter in Mariapfarr. Derartige Ereignisse im Verwandtenkreis bieten immer die angenehme Gelegenheit, mit Menschen zusammenzutreffen, die man schon länger nicht mehr getroffen hat, Leuten zu begegnen, die man bisher noch gar nicht gekannt hat, und während der Trauung in sich zu gehen und die positive Stimmung des Anlasses aufzusaugen. Immer wieder driftete ich in meine eigene Gedankenwelt ab, doch riss mich die tiefe Bassstimme des Pfarrers, der die Trauungsmesse zelebrierte, aus meinen Grüblereien heraus. Als er zur Predigt kam, spürte ich eine besondere Spannung in mir aufsteigen und ich merkte, wie mich die Art, mit der er über Jesus Christus redete, zutiefst bewegte. Seine Worte entsprachen vollkommen meinen religiösen Überzeugungen. Nach der Trauung kamen wir kurz ins Gespräch. Wenngleich der Kontakt danach wieder abriss, blieb mir Pfarrer Bernhard Rohrmoser als beeindruckende Persönlichkeit im Gedächtnis. Erst im Dezember 2009 kam es zu einem weiteren Treffen, als Gerhard Kößlbacher, der Inhaber des damaligen Lokales „Weinmesser" in Mariapfarr, ein Benefizkonzert mit Rusty für die Kinderkrebshilfe in der Pfarrkirche organisierte. Er

2006 lernte ich Pfarrer Bernhard Rohrmoser kennen.

nahm mich in den Pfarrhof mit und stellte mich in der Pfarrhofküche dem Pfarrer vor. Wiederum kamen wir ins Gespräch und redeten noch miteinander, als Gerhard Kößlbacher schon längst gegangen war. Damals wurde mir bewusst, dass Pfarrer Bernhard Rohrmoser und ich die gleiche Wellenlänge haben. Sein Zugang zum Glauben beeindruckte mich zutiefst. Er lud mich ein, ihn auf seiner Almhütte in Hüttschlag im Pongau zu besuchen. Diese Einladung habe ich inzwischen mehrmals angenommen. Die Abgeschiedenheit in der unberührten Natur, ohne Handy und ohne Stress, lässt mich zu mir selbst finden. Bernhard Rohrmosers Almhütte ist für mich ein wichtiges Rückzugsgebiet geworden, ein wirkliches Paradies!

In Bernhard Rohrmosers Hütte finde ich Ruhe und Entspannung.

Meine Position im Rampenlicht hat nicht nur positive Seiten. Da gerät man sehr rasch unter einen Beschuss, mit dem man zunächst nicht rechnen kann. In der Vergangenheit sah ich mich bereits unterschiedlichen Vorwürfen ausgesetzt. Acht Jahre lang kämpfte ich mit gerichtlichen Anschuldigungen, die von Urheberrechtsverletzungen bis hin zu unsinnigen Behauptungen reichten, ich wäre niemals in Amerika gewesen und meinen Sieg beim Elvis-Contest hätte ich erfunden. Im Nachhinein, da ich gerichtlich von jedem einzelnen Vorwurf schwarz auf weiß entlastet wurde, kommt es mir oft vor, als ob ich aus einem Albtraum erwacht wäre. Aber in jener Zeit war es oft schwierig, gegen die Verzweiflung anzukämpfen, eine längerfristige Perspektive im Auge zu behalten und nicht aufzugeben. Da sind dann die Familie, echte Freunde und die Möglichkeit, sich in die eigenen vier Wände oder auf eine Almhütte zurückzuziehen, lebenswichtig.

Wenn du als Entertainer mit Breitenwirkung auch nur im Verdacht stehst, an einer krummen Sache beteiligt gewesen zu sein, auch wenn nachweislich nichts Derartiges vorliegt, füllst du die Schlagzeilen der Skandalpresse. Da musst du dich abgrenzen und zurückziehen können. Unser Haus, welches Kathy und ich 2014 neben dem Haus meiner Eltern gebaut haben, bildet für mich ein besonderes Refugium. Hier fühle ich mich wohl, hier kann ich abschalten. Das ist meine einzige Privatsphäre, in der ich nicht Rusty, sondern Rudi Stumbecker bin. Und damit das so bleibt, treffe ich hier nur meine engste Familie und meine besten Freunde.

Sogar mit der entfernteren Verwandtschaft komme ich nur bei meinen Eltern zusammen. Natürlich ist es nicht immer einfach, diese kompromisslose Haltung zu rechtfertigen, aber in meinen vier Wänden möchte ich diese Linie einhalten.

Auch Bernhard Rohrmoser ist einer, der mir Ruhe und Sicherheit gibt. Er bestärkt mich in dem Glauben, den ich seit meiner Kindheit entwickelt habe. Religion ist für mich ganz eng mit der Frage nach dem „Warum?" verknüpft. Ich kann nicht glauben, dass eine Kette von Zufällen dafür verantwortlich ist, wie sich unser Leben gestaltet. Vielmehr bin ich davon überzeugt, dass unser Weg von einer Art Vorsehung geleitet ist. Ich bin auch skeptisch, wenn in unserer Gesellschaft der Verlauf unseres Lebens ausschließlich auf die Eigenverantwortung und die Entscheidungen, die wir treffen, zurückgeführt wird. Wie vielen Menschen ist die Möglichkeit dazu von Geburt an oder aufgrund einer Krankheit gar nicht gegeben? Wie klein wirken wir Menschen in Anbetracht der Naturgewalten, denen wir mit unserer gesamten technischen Entwicklung hilflos gegenüber stehen? Wenn ich eines zur Frage nach dem „Warum?" für mich erkannt habe, dann ist es die Gewissheit, dass man sie mit menschlichen Maßstäben nicht beantworten kann. Und deshalb ist es für mich undenkbar, dass sich der Anfang und das Ende des Lebens durch menschliche Vernunft eingrenzen lassen. Ich glaube an ein Leben vor der Geburt und an ein Weiterleben nach unserem irdischen Dasein, auch wenn unser Bewusstsein das Davor und das Danach nicht erfassen kann.

Mein Glaube dreht sich ausschließlich um Jesus Christus. Das Wichtigste ist für mich das Evangelium, das Neue Testament. Mich interessieren keine Gottesbeweise und keine theologischen Auseinandersetzungen, mich fasziniert lediglich die Botschaft, dass Jesus als einfacher Mensch auf die Erde gekommen ist und bewusst Qual und Tod auf sich genommen hat, nur um uns von der Last der Sünden zu befreien. Mehr brauche ich nicht zu wissen, mehr an Selbstlosigkeit gibt es nicht. Und deshalb vergeht kein Tag in meinem Leben, an dem ich mich nicht morgens und abends bei Jesus Christus bedanke, dass ich mich bewegen kann, dass ich gesund bin, dass ich diese Familie habe, dass für mich das alles möglich geworden ist. Nichts erachte ich für selbstverständlich von dem, was ich mache und was ich bin – Familie, Beruf, nichts davon! Diese Erkenntnis mag wohl auch die Ursache dafür sein, dass ich mit Benefizkonzerten jenen zu helfen versuche, mit denen es das Schicksal nicht gut gemeint hat. Ich sehe mich aber nicht als Missionar, der andere zu bekehren versucht. Dadurch sind genügend Kriege entstanden. Religion ist für mich etwas zutiefst Privates, sie kann mir

Antworten auf meine Fragen nach dem „Warum?" geben, und sie reicht emotional weit in meine Kindheit zurück. Bernhard Rohrmoser hat mich in meiner Religiosität bestärkt, und deshalb unterstütze ich auch ihn, wenn er mich braucht.

Nach dem Konzert für die Kinderkrebshilfe 2009 in der Pfarrkirche von Mariapfarr sagte ich Bernhard Rohrmoser noch einmal für ein „Christmas & Gospel-Konzert" für die Kirchenrenovierung und für die Bergrettung zu. Immerhin ist Bernhard Kurat der gesamten Salzburger Bergrettung, und ich begleitete ihn mittlerweile schon mehrmals auf Bergmessen, die er in dieser Funktion zelebriert hat. Das Konzert in der Pfarrkirche Mariapfarr am 14. Dezember 2013 sollte mein letzter Konzertauftritt im Lungau werden. Seither betrachte ich auch meine Heimat als Rückzugsgebiet von meinem Bühnenalltag und trete nur noch außerhalb des Lungaus auf. Über 1200 Leute drängten sich in der Kirche. Die Feuerwehr, die sich für Ordnerdienste zur Verfügung gestellt hatte, leistete wirklich Großartiges, denn als die Kirche gerammelt voll war, standen noch immer Leute vor der Tür. Mit einem derartigen Andrang hatten wir nicht gerechnet. Dementsprechend hoch fiel der Reingewinn von 22.000 Euro für die Bergrettung und die Kirchenrenovierung aus.

Bernhard Rohrmoser ist schon längst mein bester Freund, der mein Leben ungemein bereichert. Für diese enge und tiefe Verbundenheit bin ich ihm mit meiner Familie sehr dankbar. Ein Rock 'n' Roller und ein Pfarrer – was für ein ungewöhnliches, aber treues Duo!

Ein Rock 'n' Roller und ein Pfarrer – was für ein ungewöhnliches, aber treues Duo!

My Way – Mein Leben mit Elvis

*In der Rückschau, kurz bevor der letzte Vorhang – the final curtain –
fällt, auf einen geradlinig gegangenen Weg blicken zu können, auch wenn
vieles anders gelaufen ist als geplant – etliche Rückschläge, Schattenseiten,
Niederlagen - das ist die Botschaft von „My Way". Egal, was ich gemacht
habe, ich bin auf meinem Weg geblieben, auch wenn ich einiges bereut
habe. Ich habe geliebt, gelacht, geweint und war meistens der Verlie-
rer. Aber ich blieb standhaft und ging meinen Weg. Nun, da die Tränen
verflogen sind, kann ich nur noch darüber lachen. Wenn du nicht du selbst
bleibst, bist du ein Niemand. Ich habe meine Schläge eingesteckt ... and
I did it my way!*

Paul Anka schnappte 1967 bei einem Frankreichaufenthalt das Chanson
„Comme d´habitude" („Wie immer") von Claude François auf. In diesem
Lied hat sich ein Mensch in der Eintönigkeit des Alltags verlaufen. Er
wacht wie jeden Tag auf, weckt sie nicht, trinkt alleine seinen Kaffee und
verlässt wie immer lautlos das Haus. Wie immer ist er zu spät dran, wie
immer ist ihm kalt, er schlägt den Mantelkragen hoch. Wie immer wird
er tagsüber seiner Umgebung etwas vorspielen, ein Lächeln, sogar ein
Lachen und letztendlich auch das Leben selbst. Wie immer wird auch
dieser Tag vergehen. Er wird nach Hause kommen, sie wird wie immer
nicht zuhause sein, er wird sich in das große kalte Bett legen und wie
immer seine Tränen verbergen. Wenn sie nach Hause kommt, wird sie
ihm zulächeln, sich ausziehen und sich zu ihm legen. Und sie werden sich
umarmen – „comme d´habitude". Paul Anka kaufte sofort die Rechte, um
daraus einen englischen Song mit einem völlig veränderten Textinhalt
unter dem Titel „My Way" zu konzipieren. Er war wie maßgeschneidert
für Frank Sinatra, als dieser 1968 einen seiner vielen Rückzüge aus dem
Showgeschäft plante. „My Way" wurde zu Sinatras Markenzeichen.
Elvis' Verhältnis zu Sinatra war gespalten; zunächst verspottete der Grand
Seigneur der amerikanischen Musikwelt den Rock 'n' Roll als *„brutalste,
hässlichste, verzweifeltste, verwerflichste Ausdrucksweise, die zu hören
mein Unglück war"* und *„nur von schwachsinnigen Idioten"* gesungen
werde, und Elvis als *„Straftäter in Koteletten"*. Dann war es gerade
Sinatra, der 1960 den King nach seiner Rückkehr aus dem Militärdienst
in Deutschland mit einem großen TV-Spektakel willkommen hieß.
Danach begegneten die beiden einander in gegenseitigem Respekt.

Elvis' Interpretation der Sinatra-Hymne „My Way" bildete gleichsam die
unvorhergesehene Draufgabe zu einer Aufnahme-Session für sein neues

Gospelalbum im Jahr 1971. Der Song entwickelte sich zu einem festen Bestandteil seiner Shows in Las Vegas und auf Tour, so auch auf dem legendären „Aloa from Hawaii"-Konzert 1973.

Meine Begeisterung für Elvis ist für mich weit mehr als ein künstlerisches Berufsprofil, das sich auf meine Laufbahn beschränkt. Ich habe mein Leben seit meiner Kindheit ganz auf den King of Rock 'n' Roll ausgerichtet. In meiner Frisur orientiere ich mich an dem Elvis der 1970er Jahre, die Kleidung und der Schmuck sind auf ihn abgestimmt, ich sammle Gegenstände aus seinem Umfeld und natürlich seine Platten. Besonders deutlich habe ich immer die Nähe zu ihm gespürt, wenn ich Menschen begegnet bin, die in seinem Umfeld gelebt und mir ihre Erinnerungen an ihn erzählt haben.

„By the Presleys" – Begegnungen mit Familienmitgliedern des King

1991 hatte ich infolge meines Sieges beim Elvis Contest in Palm Springs eine Reise nach Memphis gewonnen, die ich mit meinem amerikanischen Mentor Kim Simpson antrat. Kim vermittelte mir für unseren Besuch in Graceland eine Begegnung mit Vester Presley (1914-1997), dem Bruder von Elvis' Vater Vernon.

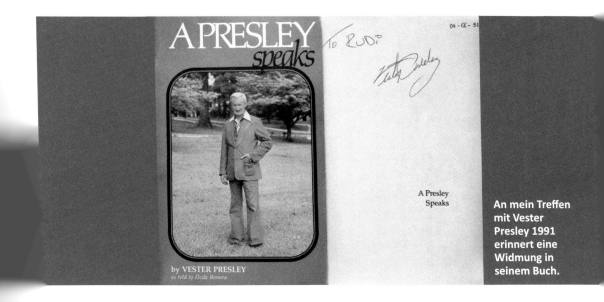

An mein Treffen mit Vester Presley 1991 erinnert eine Widmung in seinem Buch.

Als der kleine Elvis zu seinem elften Geburtstag 1946 eine Gitarre geschenkt bekam, brachten ihm seine Onkel Vester und Johnny Smith, der Bruder von Elvis' Mutter Gladys, die ersten Griffe bei. Damals spielte Vester in Kneipen Country Music. Als Elvis 1957 für sich und seine Familie Graceland, ein Anwesen von 18 ¼ Morgen (rund 7,4 Hektar) mit einem im Georgianischen Stil erbauten Herrschaftshaus, rund acht Meilen außerhalb des Zentrums von Memphis im Stadtteil White Heaven kaufte, holte er seine Familienmitglieder zu sich, damit sie bei ihm wohnten und für ihn arbeiteten. Vester und Travis Smith, ein weiterer Bruder von Elvis' Mutter, wurden als Torwächter angestellt. Zu ihren Aufgaben zählten einerseits die Sicherheit an der Toreinfahrt des Anwesens, die täglich von Massen an Fans belagert wurde, zum anderen auch deren Betreuung. „Uncle Vester" fuhr mit den Fans in einem rosaroten Jeep bis zum Haus hinauf, damit sie fotografieren konnten. Der Verkauf von Postkarten erwies sich für ihn als einträgliches Zubrot. Auch nach dem Tod des King versah er weiterhin seine Arbeit als Torwächter. Mein Gespräch mit ihm dauerte den ganzen Nachmittag. Dabei schenkte er mir sein 1978 erschienenes Buch „A Presley Speaks (as told to Deda Bonura)", nachdem er es für mich persönlich signiert hatte. Im Schnelldurchlauf besprach er es mit mir Kapitel für Kapitel durch. In dem Buch spürt man richtig die Zuneigung, die er seinem berühmten Neffen gegenüber empfand, da er sich ausschließlich auf die positiven Seiten von Elvis konzentrierte. Weder den Medikamentenmissbrauch, noch die unangenehmen Ausbrüche seiner Launen und auch keine Frauengeschichten thematisierte er. Geschichten über die Familie Presley, die Kindheit in Tupelo, der musikalische Durchbruch, der Tod von Mutter Gladys, das Comeback des King auf die Bühne und Elvis' Tod werden aus der Sicht eines Familieninsiders beschrieben. Dann erzählt er von Elvis' liebevollem Verhältnis zu den Fans und lässt schließlich weitere Stimmen über Elvis aus dem Personal in Graceland zu Wort kommen.

Außerdem gab Vester Presley gemeinsam mit Nancy Rooks, einer von drei Köchinnen in Graceland, 1980 das „Presley Family Cookbook" auf den Markt. Es enthält nicht nur klassische Südstaatenrezepte, sondern auch die Lieblingsgerichte des King of Rock 'n' Roll wie „Peanut Butter and Banana Sandwich". 1996 hatte ich eine Begegnung mit Mary Jenkins, der Hauptköchin von Elvis. Die drei Köchinnen arbeiteten jeweils acht Stunden am Tag im Schichtbetrieb, sodass rund um die Uhr die Küche geöffnet war. Wenn Elvis mit seinen Kumpels um drei Uhr in der Früh nach Graceland kam, musste schließlich warmes Essen auf dem Tisch stehen. Ich bin mit meinem Manager sowie meinem Freund und Roadie Christian Pfarrkirchner während unseres Amerikaaufenthalts nach Memphis geflogen, wo Mary Jenkin am Elvis Boulevard Interviews gab.

Nach unserem Gespräch lud sie uns zu sich nach Hause ein, um uns das Lieblingsgericht von Elvis zuzubereiten. Ich dachte zunächst, wir bekämen sein berühmtes Banana-Sandwich serviert. Dann aber nahm sie ein längliches Burgerbrot, schnitt es in zwei Hälften und strich dick Peanut-Butter darauf, darüber legte sie eine Schicht Marmelade, dann kamen abgerösteter Speck, Käse und „on top" eine Ladung Sauerkraut. So befüllt klappte sie den Burger zu und band ihn mit einer Spagatschnur an den beiden Enden zusammen. Zu guter Letzt legte sie das komprimierte Geschmackschaos in heißes Fett. Christian verweigerte die Mahlzeit, während ich die sprichwörtliche „Krot" im wahrsten Sinne des Wortes schlucken musste. Aus meinen Mundwinkeln triefte das Öl, während ich hineinbiss und „Oh, delicious! What a good taste!" hervormampfte. Natürlich lobte ich die 4000-Kalorien-Bombe, wenngleich es grauenvoll

Auch Mary Jenkins, die Köchin des King, hat eigene Autogrammkarten und widmete mir eine 1996 persönlich mit den Worten „to Ruspy".

schmeckte. Aber das war laut Mary Jenkins das Lieblingsgericht von Elvis Presley, dem King of Rock 'n' Roll.

Zwei Tage nach meiner Begegnung mit Vester Presley traf ich Harold Loyd, den „First Cousin" mütterlicherseits des King, der mir sein selbst verfasstes Buch „Elvis Presley's Graceland Gates" schenkte. Mich interessierten bei diesem Treffen vor allem zwei Fragen: Ist Elvis wirklich tot? – Und: Wie lag Elvis im Sarg? Damals gab es ja nach wie vor Leute, die behaupteten, der King sei untergetaucht und habe den Tod nur vorgetäuscht. Untermauert wurden diese Gerüchte damit, dass jemand in Graceland eine schemenhafte Gestalt wahrgenommen hätte – ganz eindeutig Elvis! Andere

Bei meinem ersten Memphis-Besuch 1991 traf ich Harold Loyd, „First Cousin" von Elvis.

wiederum waren überzeugt, ihn auf der Straße gesehen zu haben. Kurzum – in den 1990er Jahren hielt sich in einigen Fankreisen nach wie vor die Parole „Elvis lebt!", und der ganze Zirkus um seinen angeblich vorgetäuschten Tod wurde als „The Elvis Files" in Buchform herausgegeben. Harold Loyd hingegen bestätigte mir schriftlich, dass Elvis so tot sei, wie man nur tot sein kann. Zigtausend Menschen defilierten bei den Trauerfeierlichkeiten in Graceland am offenen Sarg des King vorbei, Kathy Westmoreland sang „My heavenly father" und die Begleitsänger J. D. Sumner & The Stamps sowie The Statesmen brachten Gospels dar. Als ich mit Loyd darüber sprach, waren bei uns noch nicht die Unmengen an Biographien von Elvis erhältlich, die diese Ereignisse detailgetreu festhalten, daher saugte ich seine Erzählungen auf wie ein Schwamm. Die Frage, wie Elvis im Sarg lag, war für mich deshalb interessant, weil ein umstrittenes Schwarzweißfoto kursierte, das den offenen Sarg mit dem Gesichtsprofil des toten Elvis zeigt. Einer der Cousins von Elvis war offenbar von der Zeitung *National Enquirer* mit einer Minox-Kleinstbildkamera ausgestattet worden und hatte nur einen Versuch, um dieses Foto zu schießen. Die Echtheit des Bildes wurde lange angezweifelt, denn Elvis war durch das Cortison zum Schluss im Gesicht ziemlich aufgedunsen. Auf dem Foto hingegen liegt er im Sarg wie zu seinen besten Leinwandzeiten. Das Wasser, das sich in dem mit Cortison vergifteten Körper aufgestaut hatte, ging offenbar nach seinem Tod wieder zurück. Daraus resultierten die schlanken Gesichtszüge. Dazu wurde Elvis mit jenem cremeweißen Anzug bekleidet, den ihm Vernon zu seinen letzten Weihnachten 1976 geschenkt hatte. Was heute die modernen Biographien ausführlich für jedermann nachlesbar festhalten, hörte ich damals zum ersten Mal.

Wohl eine der wichtigsten Begegnungen mit einem Familienmitglied des King war unser Treffen mit Priscilla Presley. 2006, als ich mein Engagement in Las Vegas erfüllte, informierte mich der Hotel Manager des Mandalay Bay, dass Priscilla geschäftlich in Las Vegas sei. Wie aus der Pistole geschossen fragte ich ihn, ob es nicht möglich wäre, sie persönlich zu treffen. Prompt sagte er zu, dass er versuchen würde, etwas zu organisieren. Zu diesem Zeitpunkt befand sich auch meine Kathy bei mir in Las Vegas, sodass auch sie bei dem Treffen dabei sein konnte. Ich werde nie vergessen, wie Priscilla Presley ins Hotel kam. Wir waren zu einem der Hintereingänge des Mandalay Bay gekommen, als wir den riesigen Presserummel bemerkten. Priscilla war von einem Geschwader an Freunden umgeben. Sie musterte mich, gab mir die Hand und gratulierte mir zu meiner Arbeit in Las Vegas. Ich erklärte ihr, dass es für mich eine große Ehre sei, sie zu treffen und versicherte ihr, dass Elvis für mich der Größte

gewesen sei. Darauf entgegnete sie: „For everybody Elvis is everything."
In dieser Diktion wechselten wir drei bis vier Sätze, dann ging sie wieder mit ihrem Tross. So verlief die erste Begegnung mit Priscilla Presley, nach der ich noch motivierter und gestärkter meine beiden Abendshows gab. Als ich am nächsten Morgen zum Frühstück ging, dachte ich keinen Moment daran, Priscilla möglicherweise noch einmal wiederzusehen. Ich wusste ja, wie selten sie sich in der Öffentlichkeit zeigt. Umso größer war die Überraschung, als ich sie am nächsten Morgen im Hotel traf. Als sie mich erblickte – ich war ja mit meiner äußerlichen Erscheinung nicht zu übersehen – sprach sie mich an und gratulierte mir zu meiner ausgezeichneten Stimme. Somit war mir klar, dass Priscilla meine Show gesehen haben musste. Vor allem meine Interpretation von „What Now My Love" lobte sie besonders. Es ist einer der schwierigsten Elvis-Songs, da er über drei Oktaven geht. Bis dahin war mir diese Dimension gar nicht so bewusst gewesen. Also musste sie die Show zumindest bis zur zehnten Nummer gesehen haben. Und dann setzte sie noch eins drauf, indem sie zu mir sagte, ich hätte ebenso schöne Augen wie Elvis. An sich hält sich Priscilla mit Erzählungen über sein Privatleben zurück, dennoch gibt es einige Geschichten, die mir in Erinnerung geblieben sind: Elvis' Herz sei so groß gewesen, dass es in seiner Brust nicht Platz gehabt hätte. So umschrieb sie seine Mildtätigkeit. Er sei zu spendabel gewesen, weil Geld für ihn keine Rolle spielte. Sein Vater Vernon versuchte das Vermögen zusammenzuhalten und ihn einzubremsen. Ein besonderes Verhältnis pflegte Elvis zu seinen Fans. Als sie einmal nach Graceland heimfuhren, wurden sie am Eingangstor wie üblich von den Menschenmassen bedrängt. Priscilla bat die nächst stehenden Passanten zu akzeptieren, dass Elvis auch einmal seine Ruhe brauche. Er hatte ja so gut wie kein Privatleben. Daraufhin stieg Elvis aus und entschuldigte sich im Namen seiner Frau bei den Fans. Denn ohne Fans wäre er niemals der King of Rock 'n' Roll geworden. Elvis lud dann die ganze Traube von Fans, 800 bis 1000 Leute, auf das Anwesen ein und schmiss eine riesige Barbecue Party. Wenn du heute mit den Leuten in Memphis redest, kommt dir vor, als ob damals jeder bei dieser Gartenparty dabei gewesen wäre.

Als Elvis starb, lebte Priscilla in Los Angeles. Ein paar Wochen vor seinem Tod besuchte er sie und Lisa Marie noch einmal. Nach der Scheidung hätten sie ein besseres Verhältnis zu einander gehabt als während ihrer Ehe, erinnerte sie sich. Sie war nach diesem Treffen sehr bedrückt. Elvis hatte ozeanblaue Augen, in die man tief hineinblicken konnte – wie bis zum Grund des Meeres, damals aber wirkten sie, als seien sie völlig ohne Leben. Als sie sich zum Abschied umarmten, stellte er sich sichtbar zur Eingangstür und fragte sie, ob ihn seine Leibwächter sehen könnten. So wichtig war es ihm, nach außen hin ihr gutes Verhältnis zu demonstrieren. Charly Hodge erzählte mir dazu, dass er ihn nach diesem Treffen im Cadillac gefragt habe: „E., is everything allright?" – „Yes, everything is gonna be allright", antwortete darauf Elvis, und die Tränen rannen ihm über die Wangen. Einige Wochen nach diesem Treffen starb Elvis. Nach

2006 trafen wir Priscilla Presley.

unserer Begegnung mit Priscilla Presley schrieb ihr Kathy in weiterer Folge mehrmals, und Priscilla ließ ihr zwei Fotos mit Signierung zukommen, weil sie in Las Vegas keine Autogrammkarten dabei gehabt hatte. Kathy schickte ihr daraufhin Mozart-Taler. Priscilla hatte ja einige Jahre zuvor ihr Parfum „Indian Summer" im Interalpen-Hotel von Telfs präsentiert und war dort auch auf den Geschmack von Mozart-Talern gekommen. Einmal schrieb Priscilla noch zurück, dann riss der Kontakt ab.

Bei jenem Treffen im Mandalay Bay Hotel fragte ich Priscilla, wie ich den Kontakt zu Elvis' Schneidern herstellen könnte. Kollegen in Las Vegas und Freunde von Elvis hatten mich schon mehrmals darauf aufmerksam gemacht, dass meine Show zwar ausgezeichnet sei, ich mir aber authentische Anzüge besorgen sollte.

Kleider machen Elvis – Bei den Schneidern des King

Der cremeweiße Anzug, den Elvis im Sarg trug, stammte von seinem Schneider Bernard Lansky (1927-2012).

Eine beeindruckende Begegnung mit Bernard Lansky, Elvis' Privatschneider.

Von 1954 bis 1977 fertigte er die Privatkleidung des King an. Ich besuchte ihn mit Kathy und Helmut 2007 in seinem Geschäft „Lansky Bros." in der Lobby des Peabody Hotels in Downtown Memphis. Ursprünglich befand sich der Laden in der Beale Street in Downtown Memphis. Noch heute ist die geschichtsträch tige Aura spürbar, die von diesem Ort ausgeht. Hier feierte W.C. Handy, der Komponist des St. Louis Blues und des Beale Street Blues, zu Beginn des 20. Jahrhunderts seine ersten Erfolge, hier tummelten sich die frühen Stars des Jazz und des Blues wie Louis Armstrong oder Muddy Waters, und hier hing in der ersten Hälfte der 1950er Jahre ein junger Mann mit pomadigen Haaren, Turnschuhen und zerrissenen Jeans mit Namen Elvis Presley herum. Bernard Lansky erzählte uns, dass Elvis jeden Tag durch sein Schaufenster in den Laden hereinschaute. Also ging er zu ihm hin und fragte ihn: „Hey, Junge! Möchtest du dir etwas kaufen?" Da antwortete Elvis: „Ich kann mir diese Sachen nicht kaufen. Das ist mir viel zu teuer." Da meinte Lansky: „Du kannst dir etwas aussuchen. Und wenn du einmal Geld hast, kannst du es mir bezahlen." Darauf Elvis: „Wenn ich einmal Geld habe, kaufe ich für dich den Laden auf." Lansky lachte: „Nein, Junge! Du brauchst mir nur die Sachen bezahlen." Elvis bekam also Klamotten von Lansky und bezahlte sie später auch wirklich. Die Geschichte ist legendär, aber sie von Lansky höchstpersönlich zu hören, war für uns ein besonderes Erlebnis. Als Elvis dann berühmt war, ließ er sich die Privatkleidung nur noch von Bernard Lansky anfertigen. Das schräge Outfit, mit dem

Elvis berühmt wurde, das rosarote Sakko mit der schwarzen Hose und dem rosa-schwarzen Hüftgürtel stammte von Lansky, die Klamotten, die Elvis bei der Ed Sullivan-Show trug, ebenso, und er blieb sein Privatschneider bis 1977. Elvis vergaß es nie, wenn ihm jemand vor seiner Karriere selbstlos etwas Gutes getan hatte. Bekannt wurde auch ein Zweiteiler mit rotem Hemd, schwarzer Hose und einem roten Gürtel mit silbernen Nieten, den Lansky 1970 für Elvis schneiderte, durch den Dokumentations- und Konzertfilm Elvis – That's the Way It Is". Diesen Zweiteiler bekam ich von Bernard Lansky gemeinsam mit einem signierten Buch bei unserem Treffen geschenkt. Am Abend wurden wir von ihm zum Sushi-Essen eingeladen. Bernard Lansky starb 2012.

Bernard Lansky schenkte mir das von ihm geschneiderte „That's The Way It Is"-Outfit.

Während Bernard Lansky für die private Garderobe von Elvis verantwortlich war, sind die Anzüge für die Konzerte seit den ausgehenden 1960er Jahren mit zwei Namen verbunden: Bill Belew und Gene Doucette, die Kostüm-Designer von Elvis. Bill Belew begegnete dem King erstmals 1968, weil er ausgewählt worden war, um für sein Comeback TV-Special den schwarzen Lederanzug zu entwerfen. Das Design unzähliger Konzertanzüge im Mod-Style oder im Karate-Look bis hin zu den bekannten Suites der 1970er Jahre blieb untrennbar mit dem Namen Bill Belew verbunden, während Gene Doucette, der 1972 hinzustieß, eher im Hintergrund arbeitete; zu Unrecht, denn Doucette entpuppte sich in den 1970ern als der wahre Künstler, der hochkarätige Anzüge für den King entwarf und auch bestickte. Als ihm um 1975 eine höhere Prozentbeteiligung verweigert wurde, trennte er sich von Belew. Die folgenden Kreationen, die Belew für Elvis entwarf, schwächelten merklich in der Qualität, sodass Doucette 1977 wieder hinzu gezogen wurde. Die Konzeption des „Sundial Suite", die sich beim Oberteil an der aztekischen Kunst Mexikos und bei den Hosenbeinen an den Zierelementen des Chrysler Buildings in New York orientierte, stellte alle Anzüge in den Schatten, die für Elvis in der Zeit zuvor geschneidert worden waren. Er trug ihn auch bei seinem letzten Konzert am 26. Juni 1977 in der Market Square Arena in Indianapolis.

1983 bzw. 1985 wurden Belew und Doucette unabhängig voneinander von einem jungen Mann mit Namen Robert „Butch" Polston kontaktiert, der einige Jahre zuvor begonnen hatte, Elvis-Anzüge zu produzieren, und nun bei Bill Belew um die Genehmigung für die Kopie seiner Designs bat. Polston gründete mit seiner Frau die Firma „B & K Enterprises" und nützte die Freundschaft der beiden Stardesigner, um möglichst viel über eine authentische Herstellung der Kostüme zu lernen. Gene Doucette übernahm ab 1999 die Bestickung der Kostüme in der Firma. Durch die Einbindung von Doucette entwickelte sich „B & K Enterprises" zur bedeutendsten Maßschneiderei von Elvis-Anzügen.

Ich kam mit Polston und Doucette in Kontakt, als ich mich entschied meine Anzüge von den Originalschneidern zu beziehen. Ich war zwar mi meinen bisherigen vier „Eagle Suites", die Erika Macheiner in Mariapfar geschneidert und meine damalige Ehefrau Tini bestickt hatten, durch aus zufrieden, doch empfahlen mir Menschen aus dem Umfeld des Kin (wie Charlie Hodge) diesen Schritt, um noch authentischer zu wirker Die Kontaktdaten zu Polston und Doucette hatte mir Priscilla Presley ve mittelt. Von zuhause aus trat ich also in schriftlichen Kontakt mit de Schneiderei und schickte ihnen meine Maße. Allerdings gab es mit de

Maßumrechnung Probleme, sodass ich beschloss, bei meinem nächsten Amerikaaufenthalt direkt vorzusprechen. Helmut und ich flogen also nach meinem letzten dreiwöchigen Las Vegas-Engagement im Jahr 2008 nach Louisville, Kentucky.

2008 besuchte ich Robert „Butch" Polston, den Geschäftsführer von „BK Enterprises".

Butch Polston holte uns selbst vom Flughafen ab und fuhr mit uns über den Ohio River, der die Grenze zwischen den Bundesstaaten Kentucky und Indiana markiert, nach Charlestown, einem 7500-Einwohnerstädtchen, in dem sich der Firmensitz der Schneiderei befindet. Dort eröffnete sich vor unseren Augen eine gigantische Halle mit riesigen Rollen von Polyester-Stoffen. Daraus stellt die Firma Billiganzüge für die tausenden Elvis-Imitatoren her. Eine Bestellung solcher Kostüme über das Internet ist wahrlich keine Hexerei. Aber die Herstellung der Anzüge aus den originalen Stoffen der 1970er Jahre behielten sich Butch Polston und Gene Doucette selbst vor. Besonders beeindruckten uns bei unserem Besuch die 240 Originalanzüge von Elvis, die in der großen Halle ausgestellt waren. Von jedem Anzug war nämlich ein Duplikat angefertigt worden, und jedes dieser Kostüme hatte bei der Herstellung Unmengen von Geld verschlungen. Alleine das Funkeln auf den Anzügen wurde durch eine Besonderheit erzielt. Damals flogen nämlich zwei Leute extra nach Österreich, um bei der Firma Swarowski die Steine zu kaufen. Seither wurden alle Anzüge mit Swarowski-Steinen bestickt und mit einem Goldplättchen unterlegt. Deshalb konnte man auch nur Polyester verwenden, weil sich ein Baumwollanzug beim Waschen gedehnt und die Steine sich über kurz oder lang herausgelöst hätten.

Auch bei diesem Besuch erfuhr ich eine Anekdote, die mir einigen Aufschluss über das Charakterbild von Elvis gab. Gene Doucette erzählte, dass er eines Tages mit Bill Belew von Los Angeles nach Palm Springs zu Elvis gerufen wurde. Da sie davon ausgingen, dass der King sowieso den ganzen Tag über verschlafen würde, beschlossen sie, sich einen schönen Nachmittag in der Stadt zu machen, und erst um fünf Uhr schön langsam bei Elvis in Palm Springs aufzukreuzen. Auch die Leibwächter hatten sich an diesem Nachmittag eine Auszeit genommen. Just an diesem Tag wachte der King bereits um drei Uhr auf. Als sie zum Haus von Elvis kamen, machte sich bei ihnen Verwirrung breit, weil die Alarmsirenen heulten und die automatischen Tore unentwegt auf und zu schlugen. Der Grund für dieses seltsame Spektakel wurde ihnen erst klar, als sie das Haus betraten: Der King of Rock 'n' Roll drückte verzweifelt auf allen Knöpfen der Fernbedienung herum, weil seine Leibwächter und Schneider nicht sofort zur Verfügung standen, nachdem er aufgestanden war. Er war es gewohnt, nur ein Wort sagen zu müssen, und das Gewünschte war da. Rief er „Wasser", wurde es ihm auch schon gereicht. Streckte er seinen Fuß aus, zog ihm jemand die Socken an. Er selbst war mit den kleinsten Handgriffen des Alltags völlig überfordert.

Ich habe mittlerweile 18 Anzüge, davon drei Originale aus den 1970er Jahren, die Elvis selbst getragen hat. Das sind natürlich reine Sammlerstücke. Auf einer Tour mussten von jedem Anzug drei Exemplare geschneidert werden. Das lag an Elvis' Gewichtsschwankungen, die man durch unterschiedliche Kleidergrößen ausglich. Aber auch die anderen 15 Anzüge wurden aus dem schweren Stoff der 1970er Jahre von Polston und Doucette originalgetreu nachgeschneidert. Elvis gab jedem seiner Anzüge einen Namen: „Snowflake Suit", „Red Burning Love Suit", „Black Butterfly Suit", „Red Lion Suit", „Fringe Suit" und wie sie alle heißen. Nach wie vor sehen meine Anzüge wie neu aus. Das liegt daran, dass sie von meiner Mutter nach jedem Auftritt händisch mit einem Reibbrett gewaschen werden. Diese Arbeit lässt sie sich seit 25 Jahren nicht nehmen. Man kann sich vorstellen, wie mühsam das ist, denn so ein Anzug wiegt zwischen 15 und 20 Kilogramm, wenn man ihn aus dem Wasser holt.

Im Bann der Memphis-Mafia

Nach unserem Besuch bei Butch Polston und Gene Doucette flogen Helmut und ich nach Memphis, wo wir Larry Geller und Lamar Fike trafen. Die beiden gehörten zum inneren Freundeskreis des King, der im Juni 1960 in Las Vegas aufgrund seines einheitlichen Auftretens mit schwarzen Mohair-Anzügen und Sonnenbrillen den Namen „Memphis Mafia" erhielt.

Wir trafen Larry Geller in der Bar „Alfred's on Beale" in Memphis. Larry Geller stieß erst sehr spät zur „Memphis Mafia" und hatte dort eine Sonderrolle inne. Die anderen Jungs begegneten ihm mit Misstrauen und Eifersucht, Elvis' Manager Colonel Tom Parker phasenweise sogar mit blankem Hass. Dabei war die Aufgabe, für die Larry Geller 1964 zu Elvis gerufen wurde, völlig unauffällig: Larry Geller war Elvis' Hairstylist. Doch schon bei ihrer ersten Begegnung faszinierte der Friseur den Star mit seinen philosophisch-spirituellen Ansichten über die Bestimmung im Leben. In der folgenden Zeit entwickelte er sich zum bestimmenden Einflussgeber des King, der seine religiöse Entwicklung nachhaltig prägte. Geller versorgte Elvis mit spiritueller Literatur und Büchern über Jesus.

Larry Geller war Elvis´ Hairstylist und spiritueller Mentor.

In Drehpausen trafen sie sich zum Yoga oder zu religiösen Gesprächen im Self-Knowledge Park, einem von Mönchen belebten Ort der Ruhe in Pazific Palisades, einem Stadtteil von Los Angeles am Pazifischen Ozean. Irgendwann hielt Elvis' Manager „Colonel" Tom Parker die spirituellen Anwandlungen seines Schützlings nicht mehr aus und versuchte, den Kontakt der beiden zu unterbinden. Larry erzählte mir, dass er einige Kämpfe mit dem Colonel auszustehen hatte. Drei Monate vor seinem Tod befand sich Elvis in Louisville, Kentucky, auf einer seiner letzten Tourneen. Am 21. Mai 1977 sollte er um 20.30 Uhr in der Freedom Hall ein Konzert geben und war gesundheitlich schon sichtlich angeschlagen. Larry Geller erinnerte sich, wie der cholerische Colonel mit dem Stock an die Tür des Hotelzimmers schlug, wutentbrannt eintrat und schrie: „Wo ist dieser Hurensohn?" Larry versuchte ihn zu beruhigen und erklärte, Elvis sei schwer krank und könne nicht auftreten. Rüde rempelte der Colonel Larry beiseite und ging zu Elvis. Larry konnte noch sehen, wie der Leibarzt Dr. George Nichopoulos Elvis' Kopf hochhob, dann ging die

Tür zu. Als der Colonel aus der Suite kam, befahl er im Vorbeigehen den beiden Leibwächtern Red West und Joe Esposito: „Steckt diesen Hurensohn in einen Eiskübel, und um 20.30 Uhr steht dieser Mann auf der Bühne." Und genau so geschah es. Elvis erfüllte schwerkrank alle acht Shows, eingezwängt in seinen 20 kg schweren Mexican Sundial Suit. Die ungehobelte Art des Colonels bekamen auch „The Imperials" zu spüren, die 1969 „The Jordanaires" als Hintergrundchor bei den Konzerten ablösten. Joe Moscheo von den „Imperials" erzählte mir bei einem Treffen, dass sie Tag und Nacht für Elvis gespielt hätten. Nach den Konzerten blieben sie bis in die Morgenstunden bei ihm in der Suite und sangen mit ihm Gospels. Eines Tages meinte Joe zu Elvis, sie bräuchten neue Hemden. Er verwies sie an den Colonel, da er selbst nicht in der Lage war, Entscheidungen zu treffen. Also trug Joe seine Bitte dem Colonel vor, während dieser am Roulettetisch saß. Tom Parker würdigte ihn nicht einmal eines Blickes. Nach dieser Demütigung beendeten „The Imperials" ihr Engagement für Elvis. So wurde der Weg frei für J.D. Sumner & The Stamps Quartett.

Auch mit Larry Geller sprach ich über den Tod des King. Er fuhr damals auf Wunsch von Vater Vernon in das Baptist Memorial Hospital in Memphis, wo sich der Leichnam von Elvis befand. Gezeichnet von der Erschütterung über die tragischen Ereignisse an jenem Tag stand er vor dem toten Elvis und dachte zurück an die gemeinsame Zeit. Als Friseur des King wusste er, dass Elvis besonderen Wert auf ein perfektes Aussehen der Haare und der Koteletten legte. Vor allem in den letzten Jahren, als Elvis' Haare zu ergrauen begannen, musste Geller den Ansatz regelmäßig nachfärben. Die Haare blieben seit dem Beginn seiner Karriere das Markenzeichen des King. Alles andere in seinem Outfit war für ihn zweitrangig. Da bemerkte Larry den grauen Haaransatz bei Elvis. Weil er natürlich seine Styling-Utensilien in das Krankenhaus nicht mitgebracht hatte, bat er eine Krankenschwester um ihre Wimperntusche. So färbte er den Haaransatz des King wieder schwarz ein und kürzte ihm noch die „Sideburns", um für Elvis auch noch im Tod jenes Aussehen zu gewährleisten, das ihm zu Lebzeiten so wichtig gewesen war. Bevor der Sarg endgültig und für immer geschlossen wurde, war es Larry Geller, der als Letzter Elvis' Stirn mit seiner Hand berührte und sich für immer verabschiedete

Zu einem der treuesten Wegbegleiter des King zählt ohne Zweifel Lamar Fike. Ab 1957 versuchte der 180-Kilo-Mann in den Kreis rund um Elvis vorzudringen. Ein halbes Jahr lang brauchte er, bis er vorgestellt wurde dann aber entwickelte er sich zu einem der engsten Freunde des King Gemeinsam mit Red West, Vater Vernon und Oma Minnie Mae begleitet er Elvis 1958 nach Deutschland zum Militärdienst und blieb als einziger seiner Freunde die gesamten eineinhalb Jahre bei ihm. Seine Aufgaben bestanden darin, Elvis nach Dienstschluss bei Laune zu halten, ein gewohntes Umfeld mit den üblichen Partys zu schaffen, den Chauffeur zu spielen und bei der Organisation des Privatlebens zu helfen, zum Beispiel Dates mit Mädchen zu vereinbaren. Zu den Lieblingsbeschäftigungen des Stars zählten Kindereien wie Rasierschaum- oder Tortenschlachten und das Abzünden von Feuerwerkskörpern an allen möglichen und unmöglichen Orten – ob in Deutschland oder später am Filmset in Hollywood, wie mir auch seine Schauspielerkollegin Cynthia Pepper aus dem Streifen „Kissin' Cousins" von 1964 bestätigte. Lamar entwickelte sich im Lauf der Jahre gleichsam zum Hofnarren der Memphis Mafia. Zumeist fügte er sich in die Rolle als loyale Zielscheibe aller Witze. Das brachte er auch zum Ausdruck, als ich mit ihm plauderte. Die schönsten Erlebnisse, erzählte Lamar Fike, waren für Elvis die Silvesterpartys auf Graceland, eine Tradition, die er bis zu seiner Scheidung von Priscilla aufrecht hielt. Danach begann er auch zu Silvester Konzerte zu geben. Die ganze Memphis Mafia organisierte sich Röhren, in die sie die Raketen steckten. Sie trugen alle Sturzhelme mit Schutzbrillen, dann versuchten sie sich gegenseitig mit den Raketen abzuschießen. Alle hatten blaue Flecken, besonders Lamar „Buddha" Fike war ein dankbares Opfer. Mit einer schützenden Armhaltung stand er da und rief: „Don't do it, Elvis, don't do it!", bevor Elvis die Rakete abfeuerte. Sie waren wie kleine Kinder. Da gab es Szenen, wo Elvis um vier Uhr in der Früh aufstand, alle weckte und die Pferde einspannen ließ, um Schnee herbeizubringen. Dann wurde vor Graceland ein riesiger Schneemann gebaut. Im Nachhinein, meinte Lamar Fike zu mir, fand er seine Späßchen schon lustig, wenngleich es in der jeweiligen Situation nicht angenehm war, mit einem Glas Wasser angeschüttet zu werden, während Elvis wie ein kleines Kind lachte. Aber was hätte er tun sollen, nachdem Elvis ihm ein Haus gekauft hatte? An sich schaute Elvis gut auf ihn. Mein Gott, dann fliegt halt manchmal ein Glas Wasser her! Irgendwann in den früheren 1960ern scheinen Lamar die vielen Kränkungen doch zu viel geworden zu sein, denn er verließ die Truppe und versöhnte sich erst ein knappes Jahr später mit Elvis. Die Rückkehr in den erlauchten Kreis der Bodyguards verlief in Schritten, von Elvis' Hochzeit mit Priscilla erfuhr er erst nachträglich aus der Zeitung. Beim Comeback Special 1968 war er aber wieder voll dabei und wetteiferte mit den anderen Jungs darum, dem King bei Aufnahmesessions die eigenen Lieblingssongs unterzujubeln. Er erlebte Elvis' Verfall und die allmähliche Auflösung der verbitterten Memphis Mafia in den letzten beiden Lebensjahren mit und erwies schließlich dem King als Sargträger die letzte Ehre. 2011 starb Lamar Fike im Alter von 75 Jahren.

So vertraut der Kontakt von Lamar Fike zu Elvis auch gewesen sein mag, glaube ich dennoch, dass Charlie Hodge sein bester Freund gewesen ist. Er lernte ihn 1958 in der Army kennen, als sie mit dem Zug nach New York fuhren, um sich von dort nach Deutschland einzuschiffen. Während der Überfahrt teilten sich die beiden eine Kajüte. Charlie, der selbst als Sänger bei den „Foggy River Boys" Bühnenerfahrung gesammelt hatte, heiterte den vom Tod seiner Mutter gezeichneten Elvis mit Varietéeinlagen auf und sah sich fortan in der Rolle, für den King den Komiker zu mimen. Nach der Rückkehr in die Staaten gehörte Charlie Hodge zum innersten Kreis der Memphis Mafia. Er war der einzige der Truppe, der auf Graceland wohnte. Ich begegnete Charlie Hodge am 27. Dezember

Mein Treffen mit Charly Hodge im Jahr 2000 bleibt mir besonders in Erinnerung.

2000 in Berlin im SAS Radisson Hotel bei einem Elvis Presley Meeting, auf dem Charly Hodge Ehrengast war und ich die Showeinlage gab. Wir trafen uns nach meinem Auftritt backstage. Seine Erinnerungen an Elvis, die er mir erzählte, zeichneten vor meinen Augen einen extrem schüchternen Menschen, der bis zu seinem Lebensende nie zu sich selbst gefunden hatte. Wahrscheinlich war er bis zum Schluss der kleine Südstaatenjunge, der sich zwar viele Autos kaufte, aber nicht wusste, welche Macht er eigentlich ausüben konnte. Er hatte seinen Realitätsbezug zum Leben völlig verloren und wusste Zeit seines Lebens offenbar nicht, wie viel außerhalb seiner geschützten Welt in Graceland eine Cola-Dose oder ein Hamburger kostete.

Deprimierend waren auch Charlies Erinnerungen an die letzten Jahre des King. Wenn Elvis nicht an einem Herzinfarkt gestorben wäre, meinte er, dann wäre er in späteren Jahren aufgrund seines hohen Cortison-Konsums sicherlich an Knochenkrebs gestorben. Zudem litt Elvis an beginnendem Grünen Star, der sich in den folgenden Jahren bis zur Blindheit verschärfen hätte können.

Doch Charlie Hodge konnte mir am besten die Stimmung vermitteln, die auf den großen Konzerttourneen von 1969 bis 1977 herrschte. Und das ist die Phase in seiner Karriere, die mich schon immer am meisten faszinierte. Charlie spielte nicht nur Gitarre, sondern versah für Elvis wichtige Assistenzdienste. Er reichte ihm auf der Bühne die Gitarre, die Schals oder das Wasser. Das war keine niedere Arbeit, ich glaube auch nicht, dass dies die Unselbstständigkeit des King auf der Bühne wiederspiegel te, vielmehr entwickelten sich diese Abläufe zu einer Art Ritual, in dem Charly auch seinen Hang zur Komik ausleben konnte. Charly machte sich gefasst, dass Elvis ihm die Gitarre, die er ihm umgehängt hatte, gegen den Magen rempeln würde, und ab 1975 begann Elvis, Charlie beim Umhängen der Gitarre einen Tritt ins Gesäß zu geben. Irgendwann drohte Charlie auf der Bühne zurückzutreten. Auf einem Konzert in Maryland ist es dann passiert: Elvis vergaß den vereinbarten Sicherheitsschritt nach vorne und Charlie trat ihm genau in den Hintern.

Elvis absolvierte mit seinen Musikern in diesen Jahren ein wahres Monsterprogramm an Konzerttourneen. Oft wusste er nicht einmal mehr, in welcher Stadt sie sich gerade befanden. Als er einmal das Publikum in Chicago lobte, rief Charlie ihm zu: „We are in Boston, Elvis!" Die Begeisterung fiel überall gleich frenetisch aus. Oft hörten sie ihre eigene Musik nicht mehr, so sehr tobte das Publikum, vor allem die Frauen. Sogar noch in den späten Jahren seiner Karriere, 1975 und 1976, mussten die Musiker teilweise „blind" spielen. Daher war der Augenkontakt zu Elvis immer das Wichtigste, erzählte mir Charlie Hodge. Aufgrund der Tatsache, dass Elvis impulsiv und unberechenbar war, ein echter Hyper-Typ also, änderte er unvermutet die Songreihenfolge. Als Mittelsmann zum Orchester hatte es Charlie daher nicht leicht. Der Orchesterleiter Joe Guercio kam mehrmals nach vorne und warnte ihn, dass er kündigen wolle, wenn sich Elvis nicht an das Programm hielt. Zum Beispiel begann Elvis regelmäßig bei „The Wonder Of You" bereits vor dem Streicherintro zu singen. Aber da war mit dem King nicht zu reden. Lieber machte er Fehler, als auf seine improvisatorische Freiheit zu verzichten.

Auch über seinen selbstlosen Charakter wusste Charlie Hodge einiges zu erzählen. Einmal hörte Elvis eine flehende Stimme, und auf seine Anweisung hin holten sie eine weinende Frau zum Bühnenrand. Elvis fragte ins Mikro, was los sei. Sie antwortete, dass ihre Mutter in London gestorben sei, und sie könne nicht einmal die Miete zahlen und sei bankrott. Wie könne sie da für die Überführung und das Begräbnis aufkommen. Da zog Elvis seinen schweren Ring vom Finger und gab ihn ihr mit den Worten: „Jetzt kannst du deine Mutter nach Amerika holen und ein anständiges Begräbnis bezahlen." Ringsum schrien alle Leute auf. Nach dem Konzert gab Charlie zu bedenken: „Glaubst du nicht, dass die Frau eine Betrügerin ist? Die kann doch mit dem Ring alles Mögliche machen." Da antwortete Elvis: „Schau, Charlie, ich kann mir so viele Ringe kaufen. Es ist mir egal, was mit dem Ring geschieht, aber du wirst sehen, ich habe etwas Gutes getan." Zwei Wochen später stand die Geschichte in der Zeitung. Die Frau hatte mit dem Erlös des Ringes ihre Mutter überführen und begraben lassen und dazu noch ein Condo, so eine Art von Apartment, kaufen können. Charlie war sich sicher, dass Elvis eine besondere Gabe für Menschen hatte. Natürlich gab es einige, die ihn auszunützen versuchten, um einen Cadillac oder andere Geschenke zu erhalten. Aber das machte Elvis gerne. Elvis hätte das beste Essen haben können; Champagner, Hummer. Aber für sich bevorzugte er seine einfache Kost. Abschließend meinte Charlie Hodge, der 2006 verstarb, zu mir: „Es war für mich eine Ehre, diesem Mann gedient zu haben!"

Eine persönlich signierte Autogrammkarte von Charly Hodge.

Ich traf noch einige Weggefährten von Elvis aus dem Kreis der Memphis Mafia, so den Tour-Manager Joe Esposito, der Elvis ebenso bei der Army kennen gelernt hatte. Ich habe ihn als sehr zurückhaltend empfunden. Oder Al Dvorin (1922-2004), der jedes Konzert mit den Worten abschloss: „Ladies and Gentlemen, Elvis has left the building. Thank you and good night. We have super souvenirs." Helmut hat diese Schlussansage von Al Dvorin auf Rusty übertragen und beendet damit jedes meiner Konzerte.

„Taking Care of Business" – Gespräche mit Elvis' Musikern

In den 1970er Jahren erhielten die Begleitmusiker von Elvis den geheimnisvollen Namen „TCB-Band". Hinter dieser Abkürzung verbirgt sich das Lebensmotto von Elvis: „Taking care of business". Sich ums Geschäft kümmern; so könnte man diesen Leitspruch sinngemäß ins Deutsche übertragen.

Dieses Motto führte Elvis zu den Wurzeln seiner Karriere zurück, denn Ende der Sechzigerjahre galt TCB auch als Leitsatz führender schwarzer Soulstars, die beim Soullabel „Motown" mit unterschiedlichen musikalischen Genres experimentierten. Und war es nicht Elvis, der auf musikalischer Ebene die Grenzüberschreitung zwischen weißer und schwarzer Musik einem breiten Publikum zugänglich machte? Irgendwann, Anfang der Siebzigerjahre, saß Elvis mit Priscilla in Richtung Memphis im Flugzeug und bastelte an einem TCB-Logo herum. Als plötzlich ein Blitz in

Flugzeug einschlug, kam ihm die zündende Idee zu jenem Logo, das künftig alle seine Mitarbeiter, von den Bühnentechnikern über die gesamte Memphis-Mafia bis hin zu seinen Begleitmusikern als Erkennungszeichen bei sich trugen: ein langgezogener Blitz mit den Buchstaben TCB – „Taking Care of Business in a flash". Tatsächlich spielte der Blitz für Elvis schon sehr viel länger als Symbol eine Rolle. Er, der „Memphis Flash", wie er bezeichnet wurde, bevor er den majestätischen Beinamen King of Rock 'n' Roll erhielt, zeichnete als G.I. in Deutschland Skizzen für ein Logo seiner Einheit, der 3.U.S. Panzerdivision „Spearhead", die ebenfalls einen fast identischen Blitz wie im TCB-Logo enthielten.

Als Elvis in jener Nacht in Memphis angekommen war, tüftelte er so lange herum, bis er das TCB-Logo fertig kreiert hatte, dann rief er seinen Juwelier Harry Levitch an und bestellte 3000 Halsketten mit diesem Logo, die Levitch innerhalb eines Tages liefern sollte. „Wie soll ich eine derartige Menge in dieser kurzen Zeit herstellen?", fragte Levitch. Immerhin handelte es sich um handgearbeitete Goldketten. Doch das war dem King egal. Sollte Levitch doch alle Juweliere in der Umgebung in die Arbeit einbeziehen. Und tatsächlich brachte Levitch die georderten ersten 3000 Stück der TCB-Halsketten in der angegebenen Frist persönlich zu Elvis. Diese Geschichte erzählte mir Harry Levitch, als ich ihn 2000 in Memphis besuchte. Für die Frauen in seinem Umfeld hatte Elvis das Motto TLC – „Tender Loving Care" parat und ließ auch für sie Goldketten mit der Abkürzung und dem Blitz anfertigen.

Für die breite Öffentlichkeit wurde dieses Lebensmotto von Elvis vor allem über die TCB-Band bekannt, die in verkleinerter Form noch heute durch Amerika und Europa tourt. (Charlie Hodge und die Sopranistin Kathy Westmoreland haben sich seit dem Tode von Elvis aus der Gruppe zurückgezogen.) Den Leadgitarristen James Burton, den Schlagzeuger Ronnie Tutt, den Bassisten Jerry Scheff und den Keyboarder Glen D. Hardin der TCB-Band lernte ich in Las Vegas kennen. Ihre Erzählungen über Elvis fielen sehr zurückhaltend aus. Ronnie Tutt erzählte nur davon, wie ausgelaugt sie in Las Vegas vom vielen Proben waren. Einmal probten sie für einen Auftritt dreimal die gesamte Show durch, also spielten sie, den Auftritt eingerechnet, viermal dasselbe Programm. Jerry Scheff meinte, ich sähe Elvis ähnlich, was mich einigermaßen stolz machte.

Eine viel größere Nähe zu Elvis spürte ich, als ich 2002 D.J. Fontana, den ersten Schlagzeuger von Elvis, in Wien traf. Damals besuchten Helmut und ich mit einer Ehrenkarte eine Elvis Tribute-Veranstaltung anlässlich eines 25. Todestages.

2002 erzählte mir D.J. Fontana einiges aus der Anfangszeit des King.

Musikalische Weggefährten des King spielten die Show Acts in der Wiener Stadthalle, darunter auch D.J. Fontana. Wie Helmut und ich war auch D.J. Fontana ebenso im Hotel Wimberger einquartiert, und so traf ich ihn am nächsten Tag nach dem Frühstück. Meine wichtigste Frage an ihn bezog sich auf die Bühnenpräsenz von Elvis in den 1950er Jahren. Ursprünglich hatten Bill Black und Scotty Moore als „Blue Moon Boys" mit Elvis in den Sun Record Studios die ersten Platten aufgenommen, so auch das legendäre Hit-Debut „That's Allright, Mama". Sie zogen dann auf den Hillbilly-Rides herum, weshalb sie ab 1955 einen Schlagzeuger brauchten. Ab der dritten Single war D.J. Fontana bei den Aufnahme Sessions dabei. Als größtes Erlebnis blieben ihm die drei Auftritte in der Ed Sullivan-Show zwischen 9. September 1956 und 6. Jänner 1957 gemeinsam mit den Jordanaires in Erinnerung. Nach diesem Erfolg wurde auch D.J. Fontana für Showauftritte und Studioaufnahmen zu einem gefragten Mann.

Besonders interessierte mich, warum die Leute so durchdrehten, wenn Elvis auftrat. D.J. Fontana begründete diesen Hype damit, dass die Zeit um die Mitte der 1950er Jahre eine Phase der gesellschaftlichen Umbrüche war. Und Elvis mit seinem schrillen, ausgefallenen Auftreten entwickelte sich zur Leitfigur einer Jugendkultur, die sich gegen traditionelle Werte und Verhaltensmuster aufzulehnen begann. Damals hatten die Jungs den üblichen Bürstenhaarschnitt. Und dann kam Elvis mit seinen langen Haaren und den Koteletten, die sonst nur die LKW-Fahrer trugen. Auch D.J. Fontana war Elvis nicht ganz geheuer, denn so wie er kam kein Mensch daher. Er legte sich die Frisur mit Royal Crown Pomade nach hinten, nur damit am Hinterkopf der „Dog Ass" anständig zur Geltung kam. Wenn Elvis allerdings zu schwitzen begann, entwickelte das Haar einen seltsamen Geruch. Dazu kam die schräge Kleidung: grüne Hose, pinkes Hemd und schwarzes Sakko – so lief Elvis privat herum. Den Grund für die Hysterie der Leute sah D.J. Fontana in der Nervosität des King. Alles musste schnell gehen und er zuckte, wie wenn er elektrisch geladen gewesen wäre. Diese zuckenden Bewegungen übertrugen sich auf sein Publikum und prägten die neue Musikrichtung. Die Musikzensur hielt seine Bewegungen für zu lasziv und ließ ihn bei Fernsehauftritten nur von der Hüfte aufwärts filmen. Also zuckte er mit der Hand oder rollte mit den Augen und die Leute flippten wieder aus. Elvis repräsentierte einfach etwas, das noch nie da war. Auch D.J. Fontana sah bei Elvis als einzigen Fehler, dass er keine Entscheidungen treffen konnte. So nahm er es Elvis ziemlich übel, dass er sich nicht überwinden konnte, 1965 zur Beerdigung von Bill Black, dem Bassisten der „Blue Moon Boys", zu kommen. Ansonsten, so resümierte D.J. Fontana, passte an Elvis alles: die Zeitumstände, das Timing, sein Auftreten und vor allem seine Stimme. So etwas wie Elvis wird es nie wieder geben!

Mein Leben mit Elvis

Diese vielen Begegnungen mit Weggefährten und Familienmitgliedern des King brachten mich meinem Idol beträchtlich näher. Seit meiner Jugend sammle ich Bücher, Platten, CDs und Filmdokumente über Elvis. Ich besitze alle 68 Originalplatten aus den Fünfziger- bis Siebzigerjahren, die meisten davon fand ich bei Garagen-Sales und Flohmärkten in Amerika. Dazu füllen 1950 CDs mein Büro, die vor allem in Jubiläumsjahren wie Sand am Meer gesampelt werden und auf den Markt kommen. Um weitere Insider-Informationen zu bekommen, beziehe ich natürlich auch das Graceland-Magazin, die Zeitschrift des deutschen Elvis-Fanclubs. Ich habe seine Konzerte auf DVD x-mal angesehen und genau auf jede seiner Formulierungen geachtet. Ursprünglich kaufte ich die Filme in den Formaten „High-8" und „VHS", später digitalisierte ich das Material. Mittlerweile kann ich mich ohne Übertreibung als „wandelndes Elvis-Lexikon" bezeichnen.

Am Beginn meiner Karriere verursachte ich noch in so manchen Kreisen ein mitleidiges Lächeln. Wenn ich heute auf 25 Jahre Bühnenerfahrung als professioneller Elvis Tribute Artist zurückblicke, dann hat sich einiges geändert. Ich konnte mich entgegen vieler Prophezeiungen etablieren und bekam sehr bedeutende Auszeichnungen, so in der Salzburger Residenz den „Salzburger Stier in Keramik" der Salzburger Wirtschaftskammer zu meinem 20-jährigen Bühnenjubiläum 2010 für meine Bemühungen um die Salzburger Krebshilfe seit 1994. 2012 wurde ich in das „Who is who in Österreich" aufgenommen, was für mich an sich eine große Ehre ist, aber dann besonders an Bedeutung gewinnt, wenn ich zurückdenke, wo ich vor 25 Jahren gestanden bin. Damals lautete die Frage noch zu Recht: „Rusty? Wer ist das?" Auch die Firma Gibson Montana machte mir infolge meiner Las Vegas – Auftritte ein großes Geschenk. 2007 fertigte sie für mich eine „Custom Gibson J200 Ebony" – Akustikgitarre in der Art an, wie sie Elvis 1974 verwendete; und das mit Holz aus eben diesem Jahr. Auf meinen Wunsch hin beschrifteten sie den Steg nicht mit „Elvis Presley", sondern mit meinem Namen „Rusty". Diese Gitarre im „Rusty"-Style erhielt eine Produktionsnummer und ging dann auch über einen bestimmten Zeitraum in Serie. Über Freunde, mit denen ich zusammenarbeitete oder für die ich Konzerte gab, bekam ich auch Auszeichnungen wie den „Villacher Faschingsorden" oder den „Salzburger Harlekin", die mir zusammen mit anderen Ehrungen die Bestätigung geben, dass ich mit dem, was ich tue, eine feste Größe geworden bin. Eine treue Fangemeinde, auf die ich sehr stolz bin, begleitet meine Karriere, und viele Menschen, die mich für ihre Partys engagierten, sind mir gute Freunde geworden.

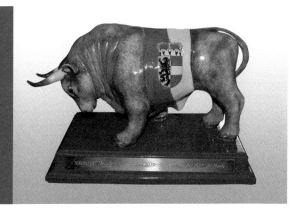

Auf den „Salzburger Stier in Keramik" der Salzburger Wirtschaftskammer bin ich besonders stolz.

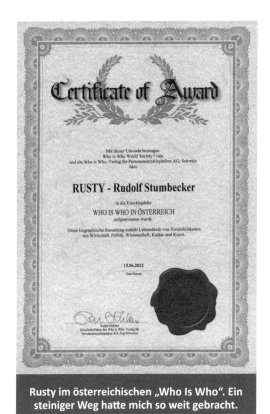

Rusty im österreichischen „Who Is Who". Ein steiniger Weg hatte mich so weit gebracht.

Gibson Montana fertigte 2007 für mich eine „Custom Gibson J200 Ebony" -Akustikgitarre als Sonderproduktion an.

2010 erhielt ich den Villacher Faschingsorden. Danke, Ludwig Auer!

Auf Grund meiner Charityaktivitäten für „Senat mit Herz" bekam ich 2002 die Auszeichnung „Harlekin" in Salzburg.

Aber warum tue ich das alles? Warum laufe gerade ich seit 1977 einer Erscheinung wie Elvis Presley nach? Und das mit einer Hingabe, die mein ganzes Leben erfüllt? Oft grüble ich stundenlang darüber nach, wie es möglich wurde, dass ich in Palm Springs und in Las Vegas derartige Erfolge feiern konnte, dass ich Priscilla Presley und die vielen Wegbegleiter treffen durfte. Ich wurde bereits gefragt, ob Elvis für mich auch ein Fluch sei. – Nein, niemals! Ich verbinde nichts Negatives mit Elvis und würde, wenn ich die Wahl hätte, wieder denselben Weg gehen. Nach wie vor faszinieren mich seine phänomenale Stimme und seine ungezwungene Ausstrahlung. Mein Hang zu Elvis ist für mich etwas sehr Ernstes, dem ich immer mit großer Ehrfurcht begegnet bin. Wie oft habe ich gut dotierte Einladungen zu einer satirischen Comedy-Einlage abgelehnt, weil ich mich weigere, mich über Elvis und seine Schwächen lustig zu machen. Das heißt nicht, dass ich ihm in allen Bereichen nacheifere. Im Gegenteil: Sein Beispiel hat mich immer davon abgehalten, mich mit Aufputschtabletten oder anderen Medikamenten vollzupumpen. Auch von härteren Drogen hielt ich mich immer fern. Ich erlebte ja mit, wie Kollegen in Las Vegas mit Kokain umgingen. Elvis selbst hat nie harte Drogen genommen, er war zwar medikamentenabhängig, aber nicht drogensüchtig. Viel zu oft wurde ihm das in den deutschsprachigen Medien unterstellt, da die Übersetzung für „drugs" ebenso „Medikamente" wie „Drogen" bedeutet. Elvis empfand seinen Medikamentenkonsum nie als illegal oder falsch und rechtfertigte ihn dadurch, dass sein Leibarzt Dr. George Nichopoulos, genannt „Dr. Nick", ihm die Pillen verschrieben hatte. Drogen- oder Alkoholkonsum hätte sich auch nicht mit seinem Glauben als Baptist in der evangelikalen „First Assembly of God Church" vereinbaren lassen.

Natürlich bin ich mir bewusst, dass ich mein Idol nie erreichen kann. Den Abstand zwischen Elvis und mir vergleiche ich mit einer Mauer. Dahinter steht Elvis, unerreichbar, aber der erste auf der anderen Seite bin schon ich. Das sage ich nicht nur mit einem gewissen Augenzwinkern, sondern auch mit jenem Respekt, den ich ihm immer entgegen gebracht habe. Wenn ich auf die Frage, was für mich das „Idol" Elvis ausmacht, drei Begriffe nennen müsste, dann fallen mir intuitiv sein Aussehen, seine Güte und sein Lebensmotto ein.

Ich lege Wert auf authentische Kleidung und auf einen Look, der Elvis aus den 70er Jahren nachempfunden ist. Ich habe dieselbe Größe und dieselbe Schuhnummer wie Elvis. Viele Weggefährten haben auf meine Ähnlichkeit zu meinem Vorbild hingewiesen. Das hat mir ein Gefühl der Nähe gegeben. Elvis zählte wohl zu den größten Schwerverdienern in der Musikbranche. Bei all dem, was er im Lauf der Jahre verprasst hat, erwies er sich doch auch als einer der größten Wohltäter, der nie vergaß, aus welchem Milieu er selbst gekommen war. Daher ist auch für mich eine erfolgreiche Karriere ohne einen gewissen Anteil an Wohltätigkeitsveranstaltungen nicht denkbar. Dabei geht es mir nicht darum, einen Geldbetrag von A nach B zu verschieben. Hinter jedem Benefizkonzert stehen betroffene Schicksale, die mir persönlich am Herzen liegen. Und schließlich sein Arbeits- und Lebensmotto „TCB": Das sind für mich lebendige Buchstaben von einer besonderen Brisanz. Ich führe sie als Autokennzeichen, ich habe sie in meine Brille und in den Wandverputz meines Vorzimmers einarbeiten lassen. Mit einem gewissen Zittern habe ich jenen Tag erwartet, an dem ich so alt sein würde wie Elvis, als er starb. Mittlerweile habe ich Elvis altersmäßig überlebt und seither oft darüber nachgedacht, wie lange ich noch als Elvis auftreten werde. Aber jede Prognose – noch zehn Jahre, noch 15 Jahre – habe ich wieder verworfen. Vermutlich werde ich so lange dieses Leben führen, wie ich die Kraft dazu habe und die Stimme mitspielt. Die Ästhetik muss passen, das Aussehen, die Haare, das Gewicht. Dafür kasteie ich mich auch und betreibe Sport. Vielleicht werde ich als Sechzigjähriger der erste grauhaarige Elvis sein. Natürlich werde ich dann nicht mehr herumhüpfen wie am Beginn meiner Karriere. Wer weiß? Ich kann sowieso nicht in die Zukunft blicken. Letztendlich kommt es, wie es kommen muss.

„Taking Care of Business" – Tun, was man tun muss; das gilt auch für mich und mein Leben … mein Leben mit Elvis Presley!